Mike Bates

DIE PROPHETIE SALOMOS

Verborgene Schätze aus dem Lied der Lieder

MIKE BATES
DIE
PROPHETIE
SALOMOS
VERBORGENE SCHÄTZE
AUS DEM LIED DER LIEDER

Originally published in the USA by
Christian Faith Publishing, Inc.

Under the title
The Prophecy of Salomon

ISBN 978-1-64515-083-1

1. Auflage, April 2021
ISBN 978-3-96588-056-6

king2come

Starenweg 14
D – 32699 Extertal
Fon (05262) 99 51 309
info@king2come.de
www.king2come.de

Übersetzung: Christine Gringer

Die Bibelzitate sind verschiedenen Bibelübersetzungen entnommen. Die jeweilige Übersetzung ist im Text mit den Kürzeln in Klammern gekennzeichnet. Folgende Bibelübersetzungen kamen zum Einsatz:

- Gute Nachricht Bibel (GNB), Deutsche Bibelgesellschaft, Stuttgart 1997
- Hoffnung für alle® (HFA), Copyright © 1983, 1996, 2002, 2015 by Biblica, Inc.®, Brunnen Verlag, Basel, Gießen.
- Luther Bibel, 2017 (LU), Die Bibel nach der Übersetzung Martin Luthers, revidierte Fassung, Deutsche Bibelgesellschaft, Stuttgart 2016.
- Neue Genfer Übersetzung (NGU): *Die Bibel. Neue Genfer Übersetzung.* Neues Testament und Psalmen. 1. Auflage. Deutsche Bibelgesellschaft, Stuttgart 2011
- Schlachter 2000 (SLT): Copyright © 2000 Genfer Bibelgesellschaft

Vorwort

In der gesamten Bibel hat Gott die Geheimnisse Seines Königreichs und Seiner Pläne sowohl verborgen als auch offenbart. Unter der Oberfläche des Hohelieds Salomos liegt ein verborgener Schatz. Ein Geheimnis – und zugleich eine Offenbarung. So sind im Hohelied Salomos beispielsweise Jesu Leben auf der Erde sowie Seine Wiederkunft, die Kreuzigung, die Ankunft des Heiligen Geistes und das Hochzeitsmahl des Lammes sowohl verborgen als auch offenbart.

Die Prophetie Salomos betrachtet das Hohelied als einen prophetischen Einblick in das Gemeinde-Zeitalter. Dabei entdecken wir sowohl die individuelle als auch die gemeinschaftliche Entdeckungsreise der Braut, die zuerst ihren König Jesus erkennt und daraufhin sich selbst als eine „Braut im Werden" entdeckt. Was meine ich damit?

In Offenbarung 19:7 lesen wir: „[…] seine Braut ist bereit!" Um als Gemeinde bereit gemacht zu werden, muss sie ihre Verantwortungen als Verlobte kennen und verstehen, wer sie ist – und was sie werden soll.

So, wie diesem einst innerlich gebrochenen, hoffnungslosen und versklavten Menschenkind das Verlobungsangebot des Königs gemacht wird und dieses von ihr angenommen wird, wird der Gemeinde ein neuer Name, eine neue Identität, neue Vollmacht und eine neue Aufgabe gegeben. Dieses Buch lässt dich entdecken, wie der Heilige Geist Salomo inspiriert hat, die Verwandlung und Bereitung der Braut durch Erlösung, Heiligung, Wachstum, Erwachen und Heilung zu beschreiben. Eine Transformation, die ihr ermöglicht, ein Spiegelbild ihres Bräutigams – König Jesus – in der Welt zu sein, welches herrlich ist und das Evangelium verkündet.

MIKE BATES

Im Hause meines Vaters sind viele Wohnungen.
Wenn es nicht so wäre, würde ich euch gesagt haben:
Ich gehe hin, euch eine Stätte zu bereiten?
Und wenn ich hingehe und euch eine Stätte bereite,
so komme ich wieder und werde euch zu mir nehmen,
damit auch ihr seid, wo ich bin.

Johannes 14,2-4

Inhalt

Einleitung

Chuck Missler sagte einmal:

> Die 66 Bücher, die wir „die Bibel" nennen, stellen ein höchst komplexes System von Botschaften dar [...] jedes Wort, jeder Ortsname, jedes Detail ist offensichtlich [im Original] absichtlich an seinen jeweiligen Platz gestellt worden, als Teil eines übergreifenden, komplexen Plans.[1]

Bei der Auslegung des Hohelieds verfällt man leicht der Versuchung, jedes Wort oder jede Zeile zu zergliedern. Eine weitere Herausforderung besteht darin, überhaupt einen Einstieg zu finden. Deshalb folgt hier eine kurze Erklärung über rabbinisch-jüdische Hermeneutik (Lehre von der Auslegung).

Einfach ausgedrückt, kann die Bibel auf vier Grundebenen studiert und ausgelegt werden: die simple wortwörtliche Bedeutung, die tiefere symbolische und allegorische Bedeutung, die Ebene der Parabeln oder der vergleichenden Bedeutung und die geheime, versteckte, offenbarende Information im Text.[2] Dieses Buch ist eine Untersuchung aus der Perspektive der tieferen symbolischen und der verborgenen – im Text versteckten – Bedeutung. Hin und wieder werden auch die in den Zeilen liegenden Metaphern untersucht.

Durch die Erfassung der Wortherkunft und Bedeutung der hebräischen Wörter in ihrer Tiefe können wir entdecken, wie der Heilige Geist Salomo bewegt hat – mit oder ohne sein Wissen –, sowohl den Bräutigam Jesus zu beschreiben als auch die Braut, die Gemeinde Jesu – und das „Zeitalter der Gnade", das wir auch als das Gemeinde-Zeitalter bezeichnen. Um das prophetische Wesen des Hohelieds aufzuzeigen, trage ich Bedeutungen einzelner Wörter und Symbole aus Gottes Wort zusammen – denn die Bibel legt sich selbst aus. Zusammen mit heutigen Einsichten aus anderen prophetischen Abschnitten der Bibel können wir ableiten, was die Braut Jesu in der nahen Zukunft erwarten kann.

Vor diesem Hintergrund möchte ich festhalten, dass ich die Bibel für das unfehlbare Wort Gottes halte, inspiriert vom Heiligen Geist, geschrieben von hebräischen Männern – mit Ausnahme von Lukas – und aus der Perspektive der hebräischen Kultur. Während ich an die wörtliche Auslegung der Bibel glaube, erkenne ich auch an, dass die Bibel sowohl im Neuen als auch im Alten Bund (wie es Hosea 12:11 und Matthäus 13 herausstellen) Symbole, Metaphern, Poesie und Gleichnisse enthält, die der Herr gebraucht, um uns über die Geheimnisse des Königreichs Gottes zu lehren, diese zu verbergen, aber auch zu offenbaren. Besonders bei Gleichnissen und Poesie liegen also in manchen Fällen hinter der wörtlichen Bedeutung mögliche oder wahrscheinliche tiefere Aussagen, welche wir mit Sorgfalt betrachten sollten, um besser zu verstehen, was die hebräischen Wörter womöglich illustrieren oder repräsentieren.

Wollen wir die Offenbarung und versteckten Geheimnisse ergründen, die uns der Heilige Geist aufzuzeigen versucht, müssen diese – inklusive der historischen Berichte – von einem dynamischen und nicht rein aus einem statischen Blickpunkt untersucht werden. Mit anderen Worten: Die ganze Bibel, sogar die historischen Aufzeichnungen und die Art und Weise, in der der Heilige Geist sie kommuniziert hat, ist – wie das Wort Gottes eben auch – lebendig und wirksam (vgl. Hebräer 4:12). Innerhalb biblischer Berichte gibt es Gedichte und Gleichnisse – also nicht nur historische Aufzeichnungen von der Vergangenheit, sondern manchmal Voraussagen für die Zukunft. Salomo gibt uns einen Hinweis auf diese Wahrheit in Prediger 1:9 und 3:15. Am einfachsten wird dieses Prinzip im Bericht über Ruth und Boas sichtbar. Wir wissen, dass dieser sowohl historisch ist – als auch eine prophetische Offenbarung über den Messias und Seine Kirche.

Während die wörtlichen und historischen Auslegungen des Hohelieds von enormem Wert sind, glaube ich, dass sein prophetischer Blick so bedeutungsvoll wie der des Buches Ruth ist. Das Hohelied ist eine tiefsinnige Vorausschau der Gemeinde und somit weitaus mehr als eine Beschreibung der intimen Beziehung zwischen Mann und Frau, so wie es Jahrhunderte lang verstanden wurde. In diesem kleinen Buch finden wir eine Abbildung der Liebe Gottes für Seine Braut Israel, sowie Jesu Beziehung zu Seiner Braut, der Gemeinde, in der Vergangenheit, der Gegenwart und der Zukunft (siehe auch Jesaja 54:5; Jeremia 2,2; Hesekiel 16:8-14; Hosea 2:16-20; 2. Korinther 11:2; Epheser 5:23-25; Offenbarung 19:7-9 und 21:9).

Diese Auslegung des Hohelieds hat keinen Anspruch auf Vollständigkeit. Sie soll vielmehr die geheimnisvollen Anteile hinsichtlich der Gemeinde erforschen, von denen ich überzeugt bin, das sie dort sowohl verborgen sind, als auch prophetisch offenbart werden und entdeckt werden können. Viele Passagen der Bibel prophezeien und deuten schemenhaft auf den Messias hin, um uns eine Vorstellung von Ihm zu geben. Doch das Hohelied ist anders. Es möchte uns über eine rein intellektuelle Ebene des Wissens über Jesus hinausführen. Es möchte uns nicht nur lehren, sondern unser Herz und unsere Seele erreichen, unsere Emotionen und Gefühle berühren und unsere Leidenschaft für Christus entzünden.

Wir Menschen sind begrenzt und durch die Zeit gewissermaßen eingeschränkt. Gott ist es nicht. Genauso wenig wie Sein Wort, das Er uns gegeben hat. Gott existiert außerhalb der Begrenzungen unserer linearen Zeit. In der Bibel lesen wir, dass Gott das Ende vom Anfang her darlegt, was wiederum auf einfachste Weise erklärt: Er kennt die gesamte Geschichte und hat diese durch Sein Wort im Voraus offenbart. Ich glaube, das Hohelied ist genau solch eine Botschaft; vom jüdischen König, Jesus, an Seine Braut, die Gemeinde, über die Ehe und die Hochzeit. Wie es auch das Neue Testament vermittelt, wird diese Eheschließung in derselben Tradition und Kultur der Zeit stattfinden, in welcher der König in

Seinen Garten und Weinberg kam, um diese Braut zu suchen und zu erwerben.

Und dazu, ehe ich versuche, dieses Lied prophetisch zu deuten, wird ein weiterer grundlegender Eckstein, auf den wir bauen werden, benötigt. Da es sich hier um das Portrait der Liebesgeschichte und Ehe eines jüdischen Königs und seiner Braut handelt, brauchen wir als „Heidenchristen" ein Minimum an Grundverständnis über den historischen, jüdischen Hochzeitsablauf. Ein Vorgang, der Jesus und Seine Gemeinde betrifft und worauf sich der Herr mehrfach bezieht, wenn er sich als Bräutigam bezeichnet – von vielen jedoch bislang noch unentdeckt.

Um es in dieser Erörterung einfach und begrenzt zu halten, werde ich den historischen, jüdischen Hochzeitsablauf in sechs Phasen erläutern:

1. VERLOBUNG: KIDDASHIN

Der erste Schritt war die Verlobung. Sie wurde vom Bräutigam oder seinem Vater initiiert und machte in der historischen hebräischen Kultur ein Paar rechtlich zu Mann und Frau – allerdings auf eine beschränkte Weise: Man lebte noch nicht zusammen. Die Übertragung ist, der himmlische Vater sandte Jesus in die Welt und initiierte unsere Beziehung zu Ihm.

Eine Verlobung erforderte die Zahlung des Brautpreises. Diese Zahlung stellte etwas von Wert dar, wurde der Braut in Form von Geschenken gegeben und war die Garantie und das Versprechen des zukünftigen Bundes. Diese Zahlung war rechtlich bindend und sicherte die Ehebeziehung zwischen Mann und Frau.

Wie wir wissen, war der Preis, den Jesus bezahlte, Er selbst, Seine Kreuzigung und Sein Tod am Kreuz.

Das Annehmen der Geschenke durch die Braut und das Trinken eines ersten Bechers Wein, genannt der *Becher der Heiligung*, vervollständigte das Ritual der Verlobung. Das hebräische Wort für Verlobung ist *Kiddashin*, was *Heiligung (gereinigt, heilig gemacht, ausgesondert oder etwas/jemandem geweiht)* bedeutet.

Die nächste Phase im Hochzeitsprozess offenbart etwas, von dem ich glaube, dass es vielen Christen noch verborgen ist: die Bedeutung und der Zeitpunkt der Taufe. Nach dem vollendeten Ritual des *Kiddashin* und vor der Hochzeit musste sich die Braut einer zeremoniellen Waschung, einer Reinigung durch das vollständige Eintauchen in „lebendiges" Wasser, die *Mikwe*, unterziehen. Die *Mikwe-Taufe* weist auf eine Trennung vom früheren Weg hin und zeigt auf, dass man von nun an auf einem neuen Weg ist. Im Fall der Hochzeit deutet sie darauf hin, dass die Braut das alte Leben verlässt, um ein neues Leben mit dem Ehegatten zu beginnen (vgl. 1. Mose 2:23-24, Epheser 5:31). Unter anderem bedeutet diese zeremonielle Waschung in jüdischer Tradition und Kultur einen Wechsel der Zuständigkeit. Die Braut wechselt von der Autorität ihres Vaters oder Bruders in den Zuständigkeitsbereich ihres Ehemannes. Und da das Untertauchen im Wasser während der *Mikwe* als geistliche Wiedergeburt gilt, ist das Ergebnis die Trennung der Braut von ihrer Vergangenheit.

2. RÜCKKEHR DES BRÄUTIGAMS ZUM HAUS SEINES VATERS

Auf die Verlobungszeremonie folgte eine Zeit der „Trennung", in der sich die Braut auf ihr neues Leben mit ihrem Mann vorbereitete. Der Bräutigam hingegen kehrte zum Haus seines Vaters zurück, um ein Zuhause für seine Braut vorzubereiten. Bevor er fortging, sagte er folgende Sätze zur Braut: *„Ich gehe jetzt, um einen Platz für dich vorzubereiten. Wenn ich jetzt gehe, werde ich zurückkommen, um dich zu holen."* Das ist die gleiche Aussage, die Jesus in Johannes 14:1-3 gemacht hat.

Als Christen befinden wir uns jetzt in diesem Zeitabschnitt – und dies bereits seit 2.000 Jahren. Wir finden die entsprechende Anspielung auch im Lied Salomos.

3. WIEDERKEHR DES BRÄUTIGAMS ZU SEINER BRAUT

Sobald der Vater des Bräutigams seine Erlaubnis gab, kehrte der Bräutigam ohne Ankündigung zum Haus des Brautvaters zurück, oft um Mitternacht, und holte seine Frau, woher der Ausdruck *Dieb in der Nacht* stammt (1. Thessalonicher 5:2). Es sollte erwähnt werden, dass es zur Vorbereitung der Braut gehörte, eine Lampe mit Öl bereit zu halten – für den Fall, dass der Bräutigam nachts kommen würde. Jesus benutzt diese Illustration in Matthäus 24 und 25, als Er auf Seine Wiederkunft hinweist.

Zu diesem Zeitpunkt wurde die Braut in dieser Tradition *gestohlen, weggeschnappt oder „entrückt"*, wenn der Bräutigam mit einem Zuruf (vgl. Matthäus 25:6) und dem Blasen des Schofars (Posaune) kam (vgl. 1. Thessalonicher 4:16-17, Offenbarung 4:1).

4. VOLLZUG DER EHE – *NISUIN*: BRAUT UND BRÄUTIGAM TRETEN IN DAS HOCHZEITSGEMACH EIN

Die Hochzeit, die im Hebräischen als *nesu'in* bekannt ist (was *Emporheben* bedeutet), wird durch die *Chuppa* („unter einen Baldachin kommen") vervollständigt. Die Braut wird im *Appiryon*, der Brautkutsche oder dem Triumphwagen, zur *Chuppa* (der Baldachin des Bräutigams, der Himmel) gebracht, direkt zur Hochzeitszeremonie im Haus seines Vaters, wo sie ihr Bräutigam – mit einer Girlande aus Rosen und Myrrhe geschmückt – erwartet.

Die Braut und der Bräutigam gehen dann zum Hochzeitsgemach, hebräisch *chadar,* um die Ehe zu vollziehen.

5. HOCHZEITSMAHL IM HAUS DES BRÄUTIGAMVATERS

Auf die offizielle Hochzeit folgte die Hochzeitswoche des Festes. In dieser Phase fanden sowohl die Hochzeitsnacht als auch das Hochzeitsmahl statt (vgl. Offenbarung 19:7-9). Das war der Moment, an dem das Brautpaar einen zweiten Kelch Wein miteinander teilte, bekannt als „Kelch der Vollendung" (vgl. Matthäus 26:29).

6. ÖFFENTLICHES AUFTRETEN DES VERHEIRATETEN PAARES – RÜCKKEHR ZU IHREM ZUHAUSE

Die Reise durch dieses prophetische Lied muss aus der Perspektive der hebräischen Wurzeln angetreten werden. Christus muss uns, die wir nicht in der jüdischen Kultur zuhause sind, dahingehend den Schleier von den Augen entfernen (vgl. 2. Korinther 3:14-16), wenn wir die tiefere Botschaft von Jesus, von uns selbst und von der Gemeinde als dem Leib Jesu klar sehen wollen.

Betrachten wir dieses zutiefst poetische Werk unter Berücksichtigung der Symbolkraft, die alles durchwirkt, fällt auf, was das Hohelied beinhaltet:

- Es erzählt von Jesu Verlangen nach Seiner Braut – Seine Gemeinde – und von dem Preis, den Er für sie bezahlt hat.
- Es zeigt unsere Ungerechtigkeit.
- Es spricht davon, Sein Angebot anzunehmen und dadurch gerecht und rein zu werden.
- Es gibt einen Einblick in unseren Verlobungsstand, der dadurch möglich ist, dass wir den Brautpreis annehmen, den Jesus für unsere Heiligung bezahlt hat.
- Es beschreibt Jesu Bewunderung für Seine Gemeinde.
- Es ist ein Ausdruck von gegenseitiger und individueller Liebe.
- Es offenbart das Erwachen der Braut.
- Es beschreibt die schlafende Gemeinde.
- Es berichtet darüber, wie Jesus die Welt verlässt und wie Ihm die Gemeinde später folgt.

- Es beschreibt die Hochzeit und die Ehe zwischen Christus und Seiner Gemeinde.
- Es offenbart, wie die Gemeinde gemeinsam mit Christus zur Erde zurückkehrt.

1

Die Hauptpersonen

„Nachher ist man immer schlauer“, sagt der Volksmund. Betrachtet man das Hohelied Salomos von dieser Seite des Kreuzes, dann lesen wir es, wie uns die meisten Kommentatoren bestätigen, als die Geschichte von Christus und Seiner Braut, der Gemeinde. Schon die erste Zeile macht deutlich: Dieses Lied ist weitaus mehr als ein Lied, das über die Liebe zwischen einem Mann und seiner Braut geschrieben wurde. Und wäre es ein normales Liebeslied, hätte man ihm sicher nicht die Bezeichnung *Das Lied der Lieder* zuteil werden lassen. Nein, dann wäre es, wie Paul McCartneys bekannter Song es ausdrückt: „Just another silly love song“ („nur ein weiteres albernes Liebeslied“).

Die Tatsache, dass das Hohelied fast eintausend Jahre vor dem ersten Erscheinen Jesu auf der Erde geschrieben wurde, lässt erkennen, dass der Unterton, der sich durch das ganze Hohelied zieht, ein prophetischer ist. Diese Prophetie stellt uns von Anfang an eine Braut vor, die in eine Liebesbeziehung und in einen Bund der Vertrautheit gebracht wird. Eine Braut, die zu einem „Schaf auf Seiner Weide“ wird. Wir lesen später von einer Gemeinde, die Seine Stimme hören kann – eine Gemeinde, zu der Er spricht.

Die Hauptfiguren im Hohelied sind: Die Braut, von der wir jetzt wissen, dass sie die Gemeinde ist. Jesus, der Bräutigam, sowie Seine Freunde, die Töchter Jerusalems, die mehr sind als der Chor im Refrain. Die Freunde stehen für die Nation Israel. Jesus wurde, wie wir durch die Weissagung in Sacharja 13:6 wissen, im Haus Seiner Freunde verwundet. Und mitunter können wir diese Freunde an bestimmten Stellen im Hohelied als die erkennen, die außerhalb einer Bundesbeziehung mit dem Bräutigam stehen. Außerdem ist offensichtlich: Der König, von dem Salomo spricht, ist mehr als er selbst, denn Salomo beschreibt ihn als einen Hirten. Salomos Vater David war ein Hirte und das war auch Jesus, der Sohn Davids. König Salomo jedoch hätte die Aufgabe eines Hirten an andere übertragen (vgl. Hohelied 1:7-8; Johannes 10:1-16).

Ein Hinweis für Männer: Liebe Männer, wir dürfen uns nicht unwohl fühlen, wenn wir als Braut beschrieben werden. Die Frau im Hohelied repräsentiert jeden Gläubigen, ob männlich oder weiblich. Ein Symbol, das auch von Paulus in Römer 7:1-4 validiert wurde.

DIE BRAUT UND DAS GEHEIMNIS DER BRAUT

Die erste Stimme, die spricht, ist die der Braut. Wie Paulus es deutlich in Epheser 5:32 zum Ausdruck bringt: Die Gemeinde – die Braut – ist im Alten Testament ein verborgenes Geheimnis. Um verdeckte Dinge zu verstehen, muss man das Hauptprinzip zum Aufschließen von Mysterien, Geheimnissen und verborgenen Dingen kennen und dann anwenden. Zum Schutz und Versiegeln einer bestimmten Botschaft hat der Herr in verschiedenen Texten eine tiefere Bedeutung versteckt. Diese Botschaft geht über das an der Oberfläche Erkennbare hinaus und Er wünscht sich, dass wir sie entdecken. Dieses Prinzip beschreibt Salomo in Sprüche 25, Vers 2: *„Gottes Ehre ist es, eine Sache zu verbergen, die Ehre der Könige aber, eine Sache zu erforschen."* Auch Jesus verbarg und offenbarte gleichermaßen die Prinzipien und Geheimnisse des Himmelreichs, sobald Er in Gleichnissen redete.

Jüdische Gelehrte verstanden, dass die Thora eine innere Dimension enthielt. Jesus bezog sich darauf, wenn er sagt: *„Ihr durchforscht die Heilige Schrift, weil ihr meint, in ihr das ewige Leben zu finden. Und tatsächlich weist gerade sie auf mich hin."* (vgl. Johannes 5:39, auch Lukas 24:27, Hebräer 10:7, Psalm 40:8). Sie wussten, käme der Messias, würde Er die verborgenen

Geheimnisse der Schrift offenbaren. Ein Beispiel dafür finden wir in der Geschichte der Frau am Brunnen in Johannes 4:25. Jesus selbst ist das verborgene Geheimnis. In der Bibel ist sowohl verborgen als auch offenbart, wer Er ist, was Er tat, tut und was Er tun wird. Ebenso ist Seine Braut in der Bibel verborgen – oder verschleiert – und offenbart (vgl. Epheser 3:3-5, 9 und Kolosser 1:25-27).

Der Ausdruck *Braut* im Hohelied Salomos, *Kallah*, bezieht sich auf eine Braut vor der Hochzeit. Eine Braut, die verlobt bzw. versprochen ist. Sie deutet auf die Gemeinde hin, die auf das Hochzeitsmahl wartet. *Kallah* ist vom Wortstamm *kala‘* abgeleitet und bedeutet, *vollständig zu sein, vollendet* oder *perfekt gemacht*. Wie Paulus in Kolosser 2:10 verkündet, ist die Gemeinde Jesu in Ihm vollendet. In Hebräer 10:14 wird vom Verfasser festgestellt, dass Jesus diejenigen, die geheiligt werden und eine innige Beziehung mit Ihm eingegangen sind – oder sollen wir sagen, die mit Ihm verlobt sind –, auch vollendet hat.

Die Braut trägt den Namen Sulamith. Was bedeutet ein Name? Sehr viel, wenn wir es mit biblischen Schriften zu tun haben. Schon der Name *Sulamith* ist prophetisch, denn in der Namensbedeutung erkennen wir, in wen die Braut verwandelt werden wird. Außerdem ist es wichtig festzuhalten, dass der Ausdruck Sulamith ein Adjektiv und kein Substantiv ist. Dies macht es zu einer Beschreibung der Braut. Im Hebräischen sind Adjektive den Substantiven nachgestellt. Daher sehe ich es so: Wo immer wir die Braut als etwas beschrieben oder definiert sehen, beschreibt es das, wozu sie geworden ist. Mit anderen Worten: Sie war am Anfang nicht in diesem oder jenen Zustand oder Status, sondern wird dies erst. Alles an Jesus, Sein Werk der Versöhnung, die Erlösung und Wiederherstellung ist somit eine Beschreibung dessen, was wir *werden* können.

Um zu sehen, in was die Braut verwandelt wird, müssen wir uns zuerst den König, Salomo, ansehen. Sein Name bedeutet friedlich. Er kommt vom Wort *Schalom*, was *Frieden*, *Freund*, *großartig*, *Gesundheit*, *perfekt* und *glücklich* bedeutet. *Schalom* entspringt dem Wortstamm *shalam*, das wiederum bedeutet: *wiedergutmachen, vollenden, gut machen, sicher sein, zurückerstatten, wiederherstellen*. Sulamith, ebenfalls von *shalam* abgeleitet, weist also darauf hin, dass sie *besser gemacht* wurde, *friedvoll, vollendet, abgeschlossen, ganz, sicher*. Verlorenes wurde ihr ersetzt. Sie wurde *wiederhergestellt*.

Wir können im Hohelied lesen, wie sie durch ihre Verlobung mit dem König jetzt zu Ihm gehört und den Namen ihres Bräutigams trägt – von einem Daseinszustand in einen komplett anderen hineingelangt. Ihre Geschichte ist die einer Verwandlung – von Lumpen zur Gerechtigkeit. Sie erlebt eine neue Geburt, einen Neustart, eine vollständige Veränderung in Leben und Status. Sie ist eine „Braut im Werden", ein Prozess ist im Gange hinein in das Portrait von Anmut und Schönheit. Sie wird gefällig, attraktiv, passend und angemessen für den König zubereitet.

Sulamith wird auch als *Schunemiterin* verstanden, eine Frau aus *Schunem*, eine Stadt im Gebiet des Erbteils Issachars (Wortbedeutung: *Er wird eine Belohnung bringen, Wiedergutmachung*). In Schunem erweckte Elisa den Sohn einer Frau von den Toten. Könnte diese Symbolik eventuell bedeuten, dass die Braut im Hohelied vom Stamm Issachar ist? Zuerst prophezeite Jakob in 1. Mose 49:14-15, dass Issachar eine Last tragen und zu einer Gruppe von Sklaven werden würde. Der zweite Punkt ist: Der Name Issachar ist von zwei Wörtern abgeleitet: das erste Wort *nasa* oder *nasah*, das *hochheben* bedeutet, trägt in sich eine Anzahl von wörtlichen und symbolischen Bedeutungen, wie zum Beispiel *begnadigen, erhöhen, erhalten, vergeben, wegtragen* und *heiraten*. Das zweite Wort *sakar* bedeutet *Gehalt, Anstellung, Lohn, Wert* und stammt von einem Wort, das *kaufen* bedeutet. Issachar steht also metaphorisch für die Kirche.

Die Kirche aus Menschen, die einst Sklave der Sünde waren, dessen Lohn der Tod ist, wurde von Christus, dem Einen, mit dem sie verlobt ist, freigekauft. Ihr wurde vergeben. Sie wurde begnadigt; das Gewicht der Sünde aufgehoben und weggetragen. Und das ist noch nicht alles! Mit den Worten jeder seriösen

Werbung ausgedrückt: *„Es kommt noch besser!“ Schunem* gilt als der gleiche Name wie *Shuni*, was interessanterweise *Stille* oder *Ruhe* bedeutet. Sulamith beschreibt dann also eine Person, die in Gottes Ruhe eingetreten ist oder dies tun wird (vgl. Hebräer 3 & 4). Aber das Wichtigste ist: Wir erkennen nicht nur, dass Sein Name der Braut gegeben wird und sie nach seinem Namen benannt ist. Nein, denn Sein Name ist nicht nur auf ihr – Er ist in ihr (vgl. Galater 3:27; Kolosser 1:27)! Vergiss nicht: Ein Name überträgt immer auch Autorität.

DER RUF UND DIE ANNAHME DER BRAUT

Doch so wird uns diese Person zuerst nicht vorgestellt. Die Frau, die wir am Anfang sehen, ist verzweifelt und gebunden. Sie ruft: *„Er küsse mich mit den Küssen seines Mundes!“* (Hohelied 1:2, SLT). Das Wort *Kuss* trägt in sich die Bedeutung *bewaffnet sein, ausgerüstet, beigefügt* und *berührt von*. Zweitens kommt es von einem Wort, das die Bedeutung *brennen* hat. Am Anfang unserer Geschichte erkennen wir also die Bitte einer Person, die auf die Quelle des Lebens gestoßen ist, nämlich auf Hoffnung, Frieden, Erlösung und Rettung. Sie erkennt ihr Bedürfnis, mit diesem „König der Könige“ vereint zu sein und von Ihm berührt zu werden. Es sind Sein Kuss und Seine Berührung, die sie nicht nur zurüsten und ausrüsten, sondern auch ein Feuer der Reinigung und der Leidenschaft in ihr entzünden werden.

Der *Kuss Seines Mundes* ist Sein Wort und alles, was Sein Wort umfasst: sowohl das Wort, das uns gegeben ist, als auch das, welches uns zugesprochen wird. Es ist Sein Atem, Sein Geist. Genau der Atem, der Adam – dem Mann des Staubes – Leben und eine vetrauensvolle Beziehung mit Gott einhauchte.

In der Bibel sehen wir den Kuss auch als Zeichen der Versöhnung (vgl. 1. Mose 33:4, 2. Samuel 14:33). Durch Sein Leben, das Jesus für Seine Gemeinde gegeben hat, kann auch unser Geist wieder leben. Deshalb können wir wieder mit Ihm vereint sein und in der

Gegenwart Gottes leben. Sein Leben und Seine Worte müssen in unseren Seelen freigesetzt werden, wenn wir für die Kämpfe, mit denen wir konfrontiert sind, ausgerüstet sein wollen. Sein Kuss repräsentiert die Gabe Seines Geistes an Seine Braut und damit auch Seine Vereinigung mit Seiner Braut.

Es ist an ihr, Ihm die Erlaubnis für Seinen Kuss und Seine innige Berührung zu erteilen und Ihm den persönlichen Zugang zu ihrem Herz und zu ihrer Seele zu geben. Sie muss den Wunsch danach haben, den Kuss zu erlauben. Der Kuss bedeutet das Öffnen unserer Herzenstür, damit wir Innigkeit und echte Beziehung mit Jesus erleben können. Eine Vertrautheit, die über das hinausgeht, was traditionelle oder von Menschen gemachte Religion anbietet. Jesu Beziehungsangebot geht über rein intellektuelles, theoretisches und philosophisches Wissen über Jesus hinaus, das oft nur dazu dient, die Trennung zwischen Gott und Mensch aufrecht zu erhalten. Innigkeit bedeutet den uneingeschränkten Zugang des Bräutigams, Jesus, zu seiner Braut, der Gemeinde. Eine Beziehung, die sich an der Wiederherstellung der Gemeinschaft zwischen Gott und den Menschen zutiefst erfreut. Hiob hat es nach seiner persönlichen Begegnung mit Gott wie folgt beschrieben: *„Bevor ich Dich kannte, als mein ganzes Wissen noch dem entstammte, was andere mir erzählt hatten, da habe ich von Dingen gesprochen, die weit über mein Verstehen hinausgingen. Aber jetzt, wo ich Dich gesehen und erlebt habe, weiß ich, wie falsch ich über Dich gedacht habe.“* (vgl. Hiob 42:3-5)

> Kommt alle her zu mir, die ihr euch abmüht und unter eurer Last leidet! Ich werde euch Ruhe geben. Vertraut euch meiner Leitung an und lernt von mir, denn ich gehe behutsam mit euch um und sehe auf niemanden herab. Wenn ihr das tut, dann findet ihr Ruhe für euer Leben.
>
> Matthäus 11:28-29, HFA

Nachdem sie Seinen Kuss erhalten hat, hören wir die Braut in Hohelied 1:4 rufen: *„Ziehe mich dir nach.“* (Hohelied 1:4, SLT).

So wie Hosea sagte, der Herr begibt sich auf unsere Ebene, zieht uns sanft und liebevoll und nimmt unsere Lasten weg. Er behandelt uns nicht wie Sklaven, sondern wie Söhne. Er zwingt uns nicht, sondern gibt uns die Gelegenheit, Ihm freiwillig zu folgen (vgl. Hosea 11:4, Johannes 6:35, 44; 12:32).

Das Prinzip des *Zeitalters der Gnade* lässt sich in dem Ausdruck *„führe mich fort / ziehe mich dir nach*" zusammenfassen. Es verweist auf die Bereitschaft der Braut, sich Ihm aus eigenem und freiem Wunsch hin treu zu ergeben, Ihm zu folgen und allein Ihm gehorsam zu sein. Es kommt der Tag, an dem es diese Wahlmöglichkeit nicht mehr geben wird. Der Tag, an dem jedes Knie sich beugen wird und Er mit eiserner Hand regieren und richten wird.

„Ziehen" bedeutet auch entwickeln. Wir sollten aus vollem Herzen auf Jesus reagieren, dass Er uns leitet, lehrt und uns weiterentwickelt – zum Wachsen bringt.

Das alles tun wir, während Er uns zu Seinem verborgenen Ort bringt, als solche, die um Seine tiefe Liebe zu uns wissen. Schauen wir uns Hosea 11:4 genauer an. Hier erkennen wir: Gott zieht uns mit Liebe; Er heilt, gibt Kraft und entfernt jedes Joch von Unterdrückung und Knechtschaft. Erkennt die Braut den gesalbten König und Seine Liebe für sie, weiß sie, dass Er den Wunsch und die Befugnis hat, sie wegzuführen, um sie von dem Leben freizusetzen, das sie bis dahin gelebt hat. Indem Er mit einer sanften, liebenden Stimme ruft und führt, zeigt Jesus, wie wertvoll wir Ihm sind und wie sehr Er sich nach Beziehung und Gemeinschaft mit jedem von uns sehnt. Er wünscht sich mehr als alles andere, Seiner Braut den Frieden zu schenken, den sie so sehr braucht. Jesus führt und leitet durch Frieden. Egal, wie unsere Umstände, Prüfungen und Probleme im Leben aussehen, in Jesus steht uns Frieden zur Verfügung (vgl. Jesaja 55:12; Lukas 1:79; Johannes 16:33). In diesen Frieden treten wir immer tiefer ein, wenn wir Schritte der Heiligung gehen.

Sowie die Braut vom Bräutigam fortgezogen und von den Weinbergen ihrer unterdrückenden Brüder entfernt ist, lässt sich im Hohelied der Gedanke der Heiligung entdecken.

2. Korinther 6:17 drückt es so aus: „*Verlasst sie und trennt euch von ihnen!*“ (HFA) Eine Braut muss sich von ihrem früheren Leben trennen und unter eine neue Autorität kommen, wie in Psalm 45:11-12 beschrieben:

> Höre, Tochter, schau her und neige dein Ohr; vergiss dein Volk und das Haus deines Vaters! Und wird der König deine Schönheit begehren – denn Er ist dein Herr –, so huldige ihm!
>
> Psalm 45:11-12, SLT

Der Psalmist gibt der Braut hier die Anweisung, alte Bindungen, Lebensstile und alles abzuschneiden, das mit ihrem neuen Leben in Konkurrenz steht. Wie wir im Vers 15 des zweiten Kapitels des Hohelieds sehen werden, ist es Aufgabe der Braut, die täglichen Ablenkungen zu überwinden, die ihre Beziehung zu ihrem Bräutigam stören wollen. Als sie in „Seine Gemächer“ gebracht wird, sehen wir eine von Satans hauptsächlichen Angriffsstrategien gegen diese Innigkeit: Verurteilung und Verdammnis! Als sie in Seine heilige Gegenwart kommt, hat sie das plötzliche Gefühl, dem König nicht würdig zu sein.

EINE BRAUT AUS DER DUNKELHEIT GERUFEN

In Hohelied 1:5 verkündet sie: „*Schwarz bin ich, aber lieblich*“. (Hohelied 1:5, SLT). Jesus, der Bräutigam, ruft jene, die in Dunkelheit leben und keinen Frieden haben, in Seine Gegenwart (vgl. 1. Petrus 2:9). Oberflächlich betrachtet beschreibt „schwarz, aber lieblich“ die braun gebrannten Frauen der damaligen Zeit. Im Gegensatz zu den hellhäutigen Frauen in den Königsgemächern waren diese oft einfache Sklavinnen, die auf den Feldern arbeiteten. Bei genauerer Betrachtung beschreibt „schwarz, aber lieblich“ eine Person, die erkennt, dass sie Christus und Seine Annahme braucht und ihre eigene Rechtschaffenheit nicht mehr als ein schmutziges Kleid ist. Unsere spontane Reaktion, wenn wir die Gegenwart Jesu spüren, ist oft: „*Schau mich nicht an!*“ Genau wie Jesaja fühlen wir uns unwürdig und untauglich für den König. Jesaja sagte: „*Wehe mir, ich vergehe! Denn ich bin ein Mann mit unreinen Lippen und wohne unter einem Volk, das unreine Lippen hat; denn meine Augen haben den König, den HERRN der Heerscharen, gesehen!*“ (Jesaja 6:5, SLT)

In Hohelied 1:5 vergleicht sich die Braut mit den „Zelten von Kedar“. In Psalm 120 finden wir einen Schlüssel, um diese Metapher zu verstehen:

> Ich rief zum HERRN in meiner Not, und er erhörte mich. HERR, rette meine Seele von den Lügenmäulern, von den falschen Zungen! Was wird Er dir geben und was dir hinzufügen, du falsche Zunge? Geschärfte Kriegerpfeile und glühendes Ginsterholz! Weh mir, dass ich ein Fremdling bin in Mesech, dass ich wohne bei den Zelten Kedars! Lange genug hat meine Seele gewohnt bei denen, die den Frieden hassen! Ich bin für den Frieden; doch wenn ich rede, so sind sie für den Krieg.
>
> Psalm 120:1-7, SLT

Das Wort *Kedar* bedeutet nämlich *dunkel* oder *Dämmerung* und leitet sich von einem Wort ab, das *trauern*, *Dunkelheit* und *Leid* bedeutet. Bekanntlich bezieht sich Dunkelheit auf ein Fehlen von Licht oder Wahrheit. Daher wurde die Braut aus Betrug, Dunkelheit und Lügen freigesetzt. Sie ist frei von Sklaverei, frei Ihn anzubeten, frei von Angst oder Mangel an Frieden. Hesekiel 27:13; 32:18+26; 38:2-3; 39:1 zeichnet – genau wie Psalm 120 – ein Bild von Mesech als kämpfend, terroristisch, Menschen versklavend, heidnisch, weltlich, böse, einer von denen, die Gottes Urteil ereilen wird. *Mesech* symbolisiert die Menschen außerhalb des Bundes mit Gott. Psalm 120 beschreibt eine Person, die Heimweh empfindet, weil sie mitten im Lager des Feindes lebt. Dort lebt sie wie ein Fremder in einem Land von Menschen, die den Herrn nicht kennen. Inmitten derer, die hassen und verfolgen – genau wie es Christen in unserer heutigen Welt ergeht. Licht und Dunkelheit vermischen sich nicht. Deshalb werden Kriege geführt. Darum herrscht Mangel an Frieden. Die wahre Braut wird in ihrem Glauben und in ihrer Treue zum Herrn keine Kompromisse eingehen (vgl. 2. Korinther 6:14; 1. Johannes 2:15). Das macht sie zum Feind derer, in deren Land sie lebt.

Auch wenn sie sich selbst als dunkel und schwarz sieht: Jesus beschreibt sie anders. Unsere Schönheit und unser Wert für Ihn liegen nicht in dem begründet, was wir besitzen; auch nicht in unseren Gaben oder Talenten; nicht in dem, was wir getan haben oder nicht getan haben; nicht in dem, wie wir aussehen oder in jeglicher anderen menschlichen Bemessung. Unser Wert für Ihn liegt darin, wer wir in Ihm und durch Ihn sind. Wir sind Seine Schöpfung, ursprünglich in Seinem Ebenbild erschaffen, geschaffen für die Gemeinschaft mit Ihm. So unermesslich groß ist Seine Wertschätzung dieser Gemeinschaft mit jedem von uns, dass Er freiwillig aus dem Himmel herabkam, um einer von uns zu werden. Er war willens, Sein Leben niederzulegen und damit den geforderten Preis zu zahlen, damit diese Beziehung wieder möglich wurde. Darin findet die Braut ihren wahren Wert.

In Ihm wurden wir hell und rein und passend gemacht. Allein Sein Werk hat uns würdig gemacht, um erneut Gemeinschaft mit Gott zu haben; und Seine Söhne und Töchter genannt zu werden. Er sieht uns als rein und unbefleckt an. Zu Seiner Braut sagt Er: *„Schön bist du, meine Freundin, in allem, und kein Makel ist an dir!“* (Hohelied 4:7, SLT). Jesus hat Seine Gemeinde gereinigt. Er hat Seine Braut geheiligt, sie ist also heilig und nun ohne Sünde (vgl. Epheser 5:25-27).

Leider haben viele von uns immer wieder mit einem Gefühl der Wertlosigkeit und Scham zu kämpfen. Doch betrachte es mal so: Selbst wenn es aus menschlicher Sicht nichts Gutes in uns gäbe, bleibt die Tatsache bestehen: *„Für die, die in Christus sind, gibt es keine Verdammnis.“* (vgl. Römer 7:18; 8:1) In unserem Inneren tobt ein Kampf in Bezug auf das, wer wir waren, gegenüber dem, wer wir jetzt sind. Wir sind nicht mehr verdammt. Verdammnis ist das verurteilende Reden des Feindes. Er will uns ein Gefühl von Schuld vermitteln mit dem Ziel, dass wir uns von Jesus und Seiner Gegenwart fernhalten. Verdammnis sagt, wir verdienen Bestrafung. Das Ansinnen der Verdammnis ist es, der Braut eine Last von Scham und Schande aufzuerlegen. Deshalb müssen wir verstehen, dass Jesus nicht nur unsere Bestrafung aufgehoben, sondern auch unsere Schuld und Scham getragen hat.

Das innere Überzeugtwerden von Gerechtigkeit muss trotzdem Teil unseres Lebens bleiben. Es macht uns bewusst, was dem Herrn missfällt und zeigt auf, was die Beziehung zu Ihm behindert oder Leid hervorbringt. Durch solch eine Überführung können wir Verantwortung übernehmen und in Seiner Kraft notwendige Veränderungen vornehmen. Doch das hat nichts mit Verdammnis zu tun. Ihr müssen wir uns nicht unterwerfen. Sie ist nicht vom Herrn. Verdammnis hat das Ziel, uns vom Herrn zu trennen. Sie wirkt zerstörerisch. Überführung hingegen wird uns an einen Ort des Gehorsams führen. In Johannes 15:14-15 lesen wir, dass Gehorsam zu Offenbarung führt. Offenbarung ist an Seinem verborgenen Ort verfügbar: in Seinen Gemächern.

SEINE GEMÄCHER

Im Hohelied 1:4 sagt sie:

> Der König hat mich in Seine Gemächer gebracht …
>
> Hohelied 1:4, SLT

Der Begriff *Gemächer* bezieht sich auf den verborgenen Ort, auf das Allerheiligste. In Psalm 91 lesen wir, dass der verborgene Ort unser Ort des Schutzes ist, unser Zufluchtsort, der Platz, an dem Er uns bedeckt. Es ist also der Ort, an dem wir allein mit dem Herrn sind, ein Platz, der nur durch das Blut Jesu zugänglich ist, das uns den Weg frei gemacht hat. Dieser Ort ist denen vorbehalten, die in einer Bundesbeziehung mit Christus stehen.

> Da wir nun, ihr Brüder, kraft des Blutes Jesu Freimütigkeit haben zum Eingang in das Heiligtum, den er uns eingeweiht hat als neuen und lebendigen Weg durch den Vorhang hindurch, das heißt, durch sein Fleisch.
>
> Hebräer 10:19+20, SLT

An dem verborgenen Ort werden wir mit Jesus vertraut. Laut Matthäus 6:6 wird das, was im Verborgenen geschieht, öffentlich. Es wird im guten Sinn gesehen werden, wenn du Zeit am verborgenen Ort mit Jesus verbringst. Sein Wort, Seine Weisheit, Kraft und Herrlichkeit werden auf dir ruhen. Wie bei Mose, dessen Gesicht nach seiner Erfahrung in Gottes Gegenwart strahlte, wird auch die Braut durch ihre Vertrautheit mit dem Bräutigam die Herrlichkeit des Herrn widerspiegeln.

Ein weiteres Geschenk, das wir durch Vertrautheit mit Jesus erhalten, finden wir in Epheser 1:17+18 und in Psalm 25.

> … in meinen Gebeten an euch zu gedenken, dass der Gott unseres Herrn Jesus Christus, der Vater der Herrlichkeit, euch den Geist der Weisheit und Offenbarung gebe in der Erkenntnis seiner selbst, erleuchtete Augen eures Verständnisses, damit ihr wisst, was die Hoffnung seiner Berufung und was der Reichtum der Herrlichkeit seines Erbes in den Heiligen ist.
>
> Epheser 1:17+18, SLT

Offenbarungswissen, d. h. wenn Gott Seine Geheimnisse und Mysterien des Bundes offenbart, geschieht, wenn du in eine tiefe und innige Beziehung mit Christus eintauchst. Psalm 25 spricht in diesem Zusammenhang von den „Geheimnissen des Herrn“. Kennst du Gottes Geheimnisse? Kennst du Seinen Bund, Seinen Rat? Die Vertrautheit mit Ihm wird dich an den Ort bringen, an dem du Seine Absichten und Seinen Willen auf der Erde für dein Leben erkennst und verstehst. Die erste Offenbarung der Braut ist, dass sie frei ist. Sie hat ein neues Leben und befindet sich in einem Überfluss an Segen, der ihr zur Verfügung steht.

DER BRÄUTIGAM-KÖNIG

Der König im Hohelied ist selbstverständlich Jesus, der König der Könige und Herr der Herrn, der gute Hirte, der Bräutigam (vgl. Offenbarung 17:14, Johannes 10:1-18, Matthäus 9:15). Wie im Gleichnis des Gutsbesitzers beschrieben, ist Er auch der Sohn, der zum Weinberg Seines Vaters gesandt wird. Von den Pächtern des Weinbergs wird Er zuerst abgelehnt und später getötet. So wollten die Pächter das Erbe und damit das Eigentumsrecht und die Autorität über den Weinberg an sich bringen (vgl. Markus 12:1-12). In Hohelied 8:11-12 lesen wir, dass dieser Weinberg schon immer dem König gehört hat – und wir, Seine Gemeinde, werden unseren Teil erben (vgl. Apostelgeschichte 26:18; Epheser 1:11). Mit diesem Gleichnis wird unmissverständlich die Welt beschrieben. Diese Welt wurde durch Jesus – die Weisheit und das Wort Gottes – geschaffen. Er erhält sie bis heute durch Seine Macht. Für diese Welt hat Er den Menschen Vollmacht erteilt, sogar in dem Wissen, dass die Menschen rebellieren und ihre Vollmacht an Satan verlieren würden. An ihn, der den Thron Christi besteigen und in Besitz nehmen will.

LIEBE BESSER ALS WEIN

Die Liebe dieses Königs ist besser als Wein. In der Bibel steht Wein für eine Sache, die sowohl zum Guten als auch zum Schlechten genutzt werden kann. Wein ist ein Genuss. Man trinkt Wein zum Feiern und, wie der Psalmist sagt: „*um das Herz zu erfreuen*". Im Buch der Sprüche lesen wir, dass Wein Bitterkeit, Leid, Trauer und Kummer fortnimmt. Und doch: Gottes Liebe ist weit mehr und besser als alles, was Wein – oder anders gesagt, diese Welt – zu bieten hat. Seine Liebe ist stärker als der Tod, sie bringt mehr Heilung und Erfrischung als jeder Wein und jede Ablenkung. Sie ist segensreicher, notwendiger, begehrens- und erstrebenswerter als alles, worum jemand bitten oder was wir uns je vorstellen könnten. Dennoch erkennen wir das oft nicht. Es ist eine äußerst traurige Angelegenheit, wenn wir im Tiefsten Seiner Liebe nicht vertrauen und sie nicht an uns heranlassen. Denn dadurch lassen wir uns den Segen und die Erfüllung, die nur Seine Liebe bringen kann, entgehen (vgl. Psalm 104:15; Sprüche 31:6).

SEIN KUSS

> Er küsse mich mit den Küssen seines Mundes!
> Denn deine Liebe ist besser als Wein.
> Hohelied 1:2, SLT

Als wir mit der Braut bekannt gemacht wurden, erwähnte sie Seinen Kuss. Dieser beinhaltet Seinen Geist und Sein Wort. Im 1. Mose 2:7 und 1. Mose 7:22 lesen wir: *„Die Lebenskraft im Menschen ist der Atem Gottes.“ (SLT),* oder wie es im Hebräischen heißt: *ruach*, Geist. Von diesem hebräischen Wort leitet sich der Name des Heiligen Geistes ab (vgl. Psalm 51:12). Obwohl die beiden hebräischen Wörter aus 1. Mose 1:2 und 1. Mose 2:7 unterschiedlich sind, wird der Bezug vor allem durch die Bibelstelle aus 1. Mose 7:22 deutlich: Gott atmete in den von Ihm geformten Mann hinein. So kam durch Gottes Geist Leben in Adam. Es ist Sein Geist, Sein Atem, der uns Leben gibt (vgl. Johannes 6:63; 1. Korinther 15:45). Aber nicht nur das, sondern als ein Teil unseres Erbes auch das ewige Leben.

> Wenn aber Christus in euch ist, so ist der Leib zwar tot um der Sünde willen, der Geist aber ist Leben um der Gerechtigkeit willen. Wenn aber der Geist dessen, der Jesus aus den Toten auferweckt hat, in euch wohnt, so wird derselbe, der Christus aus den Toten auferweckt hat, auch eure sterblichen Leiber lebendig machen durch seinen Geist, der in euch wohnt.
> Römer 8:10-11, SLT

Der *Kuss* in dem Vers aus dem Hohelied ist das hebräische Verb *nashaq,* in der hebräischen Verbform des Imperfekt (*Qal*; vgl. *Complete Jewish Bible*). Diese Verbform zeigt an:

- Eine nicht vollständige oder zukünftige Handlung,
- eine Handlung, die in der Vergangenheit, Gegenwart oder Zukunft liegt,
- eine Handlung, die im Gange und fortlaufend ist,
- eine Handlung, der eine Bedingung zuvorsteht.

In dieser Verbform stecken also *gestern, heute* und *in Ewigkeit* – genau wie in Jesus selbst. Ebenso kann *nashaq* auf eine übliche Gewohnheit, eine Verpflichtung oder auf eine Möglichkeit hinweisen. Den Herrn verlangt danach, Seine Braut zu berühren, zu küssen, zu befähigen, sie auszurüsten, wenn sie es Ihm nur erlaubt. Seine Sehnsucht ist, dass ihr Verlangen nach Ihm genauso groß ist wie Seines für sie.

Doch zunächst zurück zum Gedanken über „lebendig machen". Als ich den Begriff des *Lebens* studierte, bin ich auf einige sehr interessante Kommentare und Bedeutungen der hebräischen Wörter gestoßen, die der Schreiber in diesem Abschnitt verwendet. Es kann sehr interessant sein, sich das Wort für Wort näher anzuschauen. Dann kann es zum Beispiel bedeuten: *„Lass ihn mir zu trinken geben"* – in diesem Fall speziell von der Brust. Wie das? Einer der hebräischen Namen für Gott ist *El Schaddai*: „Gott der Allmächtige", „Gott, in dem alle Genüge ist" oder auch der „Gott der vielen Brüste". Dies wird in der Bibel in 1. Mose 49:25 erwähnt (vgl. auch 1. Mose 17:1; 28:3; 35:11; und auch in Hiob, Ruth und den Psalmen finden sich Hinweise dazu). Der Gedanke dabei ist, Gott ist die Quelle aller Genüge, aller Nahrung und allen Segens. Auch Jesaja beschreibt diesen Aspekt Gottes: Er ist der, der wie eine Mutter tröstet (vgl. Jesaja 66:13). In Psalm 91 ist El Schaddai jedoch der Zerstörer von Feinden, wie zum Beispiel Sorgen, Angst, Gefahr oder Bedrohung.

Von El Schaddai, also von Jesus selbst, geküsst zu werden oder von Ihm zu trinken, bedeutet Zugang zur Quelle aller Genüge zu haben und damit Nahrung, Segen, Schutz und Trost; alles, was wir brauchen, damit unser Leben möglich ist. Einige Theologen glauben, dies sei ein Hinweis darauf, dass Gott uns von Seinem Wort buchstäblich zu trinken gibt. Jesus sagte: „*Wer Durst hat, der soll zu mir kommen und trinken!*" (vgl. Johannes 7:37, HFA). Er ist das lebendige Wasser, das für immer die wahren Bedürfnisse unserer Seele stillt (vgl. Johannes 6).

Wenn man sich mit dem Hohelied Salomos befasst, muss man selbstverständlich über Leidenschaft und Liebe sprechen. Dabei bleiben wir bei dem Zusammenhang der hebräischen Wortwurzel von *Kuss*. Das Wort *nashaq* spricht davon, *in Brand zu geraten*, *entfacht zu werden* oder *zu brennen*. Wie wir wissen, kann ein Kuss sowohl etwas entzünden als auch ein Beweis von Liebe und Leidenschaft sein. Bevor wir noch tiefer in die Bedeutung von *nashaq* (küssen) konkret aus dem Hohelied 1:2 einsteigen, möchte ich hier einige interessante Fakten vorstellen, welche Bedeutung das Wort *Kuss* in der Bibel sonst noch haben kann.

Ein Kuss ist ein Symbol für Vergebung, Versöhnung oder für die Wiederherstellung einer Beziehung (vgl. 1. Mose 33:4; 2. Samuel 14:33). Der Kuss steht für Gunst, Ehrfurcht und Respekt. Er kann demütige Unterordnung, z. B. Anbetung ausdrücken (vgl. Psalm 2:11-12). Die im Hohelied 1:2 verwendeten Worte sind:

Küsse, *neshiqah,* ist ein vom Verb *nashaq,* küssen, abgeleitetes Substantiv mit der Bedeutung:

- Männer zu bewaffnen (***wörtlich*** oder ***bildlich***; mit militärischen Waffen ausrüsten; vgl. 1. Chronik 12:2 und 2. Chronik 17:17)
- herrschen: ζυ
- zu berühren (vgl. Hesekiel 3:13; die Flügel der Cherubim, die sich sanft berühren)

Es beinhaltet das Prinzip von

- Bindung, aneinander binden (verbinden oder aneinanderfügen), umarmen

Wir erinnern uns: Gleich zu Beginn unserer Geschichte lernten wir eine Person kennen, die in Berührung mit der Quelle des Lebens, der Hoffnung, des Friedens und der Rettung und Versöhnung kam. Jene, die ihr Bedürfnis erkannte, mit dem König der Könige vereint zu sein und von ihm berührt zu werden. Sein Kuss und Seine Berührung stellen sie wieder her, schreiben ihre Geschichte neu, machen sie neu, heil und wieder ganz. Sein Kuss rüstet sie aus und entfacht zugleich in ihr ein Feuer der Reinigung, der Leidenschaft und der Sehnsucht. Der Herr sucht schon nach dem geringsten Ausdruck ihrer Sehnsucht, damit Er darauf reagieren kann. Dieser Ausdruck ist natürlich unser *Kuss*, unsere Reaktion auf Ihn. – Unser Kuss ist unsere Anbetung:

- Hingabe
- Gehorsam
- Glaube, der empfängt und Ihm und Seinem Wort vertraut
- Dank und Lobpreis

Die Braut sprach vom „Kuss Seines Mundes". Nochmals: Der Mund ist per Definition das Instrument der Sprache, der Anweisungen und des Atems. Aus Gottes Mund kommen Sein Geist und Sein Wort. Mit Seinem Kuss gibt Jesus Seiner Braut Seinen Geist und vereint Sich so mit Seiner Braut. Ich glaube, aus diesem Grund finden wir in diesem Lied wiederholt auch die Aussage: *„Weckt die Liebe nicht auf und facht die Leidenschaft nicht an, bis die Zeit dafür kommt!"* (Hohelied 8:4, HFA; siehe auch 2:7; 3:5; 5:8) Eine solche Beziehung erzwingt sich keine Liebe und Zuneigung. Sie wartet darauf, eingeladen und erwünscht zu sein.

Die Bedingung ist, dass die Braut von Herzen danach verlangt, von Seiner Liebe fortgezogen zu werden und Sich ihm hinzugeben – und dies zum Ausdruck bringt.

Sein Kuss ist Sein Atem. Sein Geist, der Atem des Lebens, ist der gleiche Atem oder Kuss durch den Mund Gottes, welcher Adam, dem Mann des Staubes, Leben und eine vertraute Beziehung mit Gott ermöglichte. Durch ihn machte Er Adam zu einem lebendigen Ausdruck Seiner selbst. Jesus hat Seiner Braut, der Gemeinde, Sein Wort, Seinen Geist und Sich Selbst gegeben. Jetzt werden wir durch Seinen Kuss der lebendige Ausdruck Christi in der Welt sein! Sein Leben, das Er an und für Seine Gemeinde gegeben hat, brachte unseren Geist dazu, wieder lebendig zu sein. Es erlaubte uns, mit Gott vereint zu sein und in Seiner Gegenwart zu leben – und Seiner Gegenwart in uns zu wohnen. Sein Geist und Sein Wort in unseren Seelen freigesetzt, rüsten uns als Seine Gemeinde für die Kämpfe zu, denen wir in dieser Welt gegenüberstehen. – Jesus sagte:

> Es steht geschrieben: „Der Mensch lebt nicht
> vom Brot allein, sondern von einem jeden Wort,
> das aus dem Mund Gottes hervorgeht!"
> Matthäus 4:4, SLT. Jesus zitiert hier 5. Mose 8:3.

Sein Kuss ist Sein Wort und alles, was Sein Wort umfasst, was uns gegeben und zugesprochen ist. Das Wort des Königs hat Macht und Autorität. Was der König bestimmt, muss umgesetzt werden. Lesen wir im Hohelied die Worte Jesu bezüglich Seiner Braut, ist wichtig zu erkennen, wie Er die Braut sieht und beschreibt. Denn das ist es, was sie jetzt ist und einst sein wird.

Worte, die aus dem Mund kommen, sind ein hörbarer Ausdruck dessen, was im Herzen und in der Seele des Menschen ist (vgl. Psalm 45:2). Bei Gott bedeutet dies: Sein Wort ist der Ausdruck Seines Herzens und Seines Willens – gewirkt durch den Heiligen Geist. Jesus sagt, dass der Mensch nicht allein durch irdische Lebensmittel leben kann oder allein von dem, was den Leib und den natürlichen Intellekt sättigt und aufrechterhält. Es bedarf der Anweisung und Leitung durch Sein Wort durch den Heiligen Geist. Es gilt also nicht nur, den natürlichen Menschen zu ernähren. Adam und Eva haben dies versucht und gingen zugrunde; sie sind der Täuschung erlegen. Uns ergeht es ebenso, wenn es uns an geistlichem Verständnis fehlt. Ohne Gottes Geist und ohne Sein Wort sind wir schwach und den Täuschungen und Angriffen des Feindes schutzlos ausgeliefert. Sein Geist der Wahrheit und Weisheit in uns, zusammen mit Seinem Wort, rüsten Seine Braut aus. Durch das Geschenk des Heiligen Geistes ist die Gemeinde mit allen geistlichen Waffen ausgestattet, die in Epheser 6:10-18 beschrieben sind. Diese Kampfwerkzeuge wurden vom Herrn selbst in Seiner Braut freigesetzt. Nicht für den Kampf gegen Menschen, sondern gegen Mächte und Gewalten, gegen die Beherrscher der Finsternis dieser Welt, gegen die geistlichen Mächte und gegen die Bosheit in den himmlischen Regionen.

Gottes Weisheit und diese geistlichen Waffen bevollmächtigen die Gemeinde mit der Stärke, Kraft und Autorität des Herrn. Sie befähigen die Braut, den Systemen, Strategien, Angriffen und Täuschungen des Teufels zu widerstehen und diese sogar zu überwinden. An erster Stelle steht die „Waffenrüstung Gottes". In Römer 13:12 lesen wir, dass dies die „Waffenrüstung des Lichts" ist. Christus selbst ist das Licht, die Wahrheit, welche die Dunkelheit als das bloßstellt, was sie ist! Er selbst hat Seine Gemeinde mit Gerechtigkeit und der Botschaft des Heils und des Friedens ausgerüstet. Dieser Friede bedeutet unter anderem: *zusammengefügt, wiederhergestellt und heil zu sein.* Seine Braut ist mit einem Glauben ausgerüstet, der sie befähigt, alle feurigen Pfeile des Bösen auszulöschen. Die Braut ist ausgestattet mit Errettung *(Rettung, Befreiung, Sicherheit vor Zerstörung)*, bewaffnet mit einer Angriffswaffe, dem Schwert des Geistes (dem Wort Gottes), und versehen mit der Macht des Gebets und dem Flehen im Geist.

Sein Kuss ist ein Ausdruck Seiner Liebe, „einer Liebe, besser als Wein". Wie schon zuvor festgestellt, sagen Psalm 104:15 und

Sprüche 31:6-7: *„Wein macht das schwere Herz dessen froh, der dahinsiecht, sodass er seine Armut und Mühsal vergisst."* Ganz klar spricht Salomo hier von einem Getränk, das die Seele zufriedenstellt. Wir erinnern uns, dass Jesus zum Durstigen in Johannes 7:37-39 sagt, er solle zu Ihm kommen und trinken. So sind Sein Wort und Sein Geist besser, kostbarer, angenehmer und erfüllender als alles, was die Welt zu bieten hat. Jesus allein besitzt die Fähigkeit, uns wirklich gesund, froh und glücklich zu machen. Dennoch: Wenn wir von Ihm trinken und Seinen Kuss erhalten wollen, dann müssen wir Ihn auch zurück küssen.

Wir haben gesehen, dass das Wort *Kuss* auch die Bedeutung von *Berührung* und *Anbetung* hat.

Jesus erwiderte: „Jemand hat mich ganz bewusst berührt. Ich habe gespürt, wie heilende Kraft von mir ausgegangen ist!"

Lukas 8:46, HFA

Lesen wir in den Evangelien von den Personen, die Jesus berührt hat, oder die Ihn berührten, fällt auf, dass sie alle durch Seine Kraft gereinigt, geheilt und wiederhergestellt wurden. Unsere Berührung, unser Kuss, ist unsere Anbetung. Im Neuen Testament finden wir an mindestens 60 Stellen das griechische Wort für *küssen*. Es bedeutet Anbetung, Verbeugen, in Ehrfurcht vor jemandem niederzufallen. Solch eine *Berührung* geben und empfangen wir durch Anbetung, besonders durch leidenschaftliche Anbetung. Sie wird eine drastische Veränderung in der Braut hervorbringen, vor allem in Bezug auf ihr Selbstbild.

BERICHTIGT UND UMGESCHRIEBEN: EIN NEUES SELBSTBILD

Im Hohelied lesen wir, wie die Braut sich selbst sieht, wie andere sie definiert haben und wie Er sie beschreibt. *„Schwarz bin ich, aber lieblich, [...]; doch meinen eigenen Weinberg habe ich nicht* *gehütet!"* (Hohelied 1:5-6, SLT). Als sie den Bräutigam zum ersten Mal trifft, ist sie sich ihrer Unzulänglichkeit vollkommen bewusst. Vor ihrem Auge stehen ihre Defizite und ihr Versagen. Sie weiß, an was es ihr fehlt und wo sie es nicht geschafft hat, in rechter Weise aufzutreten. Sie wird an ihre Unfähigkeit erinnert; an die Bereiche, denen sie machtlos, hilflos und hoffnungslos gegenüber steht. Ihre Unzulänglichkeit ist ihr vor Augen und damit die Überzeugung, untauglich und unpassend für den König zu sein. Sie ist „schwarz aber lieblich" wie die Zelte von Kedar. Schön? Vielleicht äußerlich. Doch als Er in ihr Herz sieht, ruft sie, dass Er nicht genau hinsehen soll: *„Wenn du nur wüsstest, wo ich hergekommen bin, und was ist, wenn du meine Vergangenheit kennen würdest."* Viele Christen werden das Gefühl nicht los, Seiner Liebe nicht wert zu sein. Schließlich hat die Braut ja nichts getan, um sich diese Liebe zu verdienen.

Wenn sie in den Spiegel schaut, sieht sie ein Opfer ihrer Umstände. Sie spricht von der Misshandlung durch ihre Brüder. Sie ist sich stets ihrer Vergangenheit bewusst – und auch den derzeitigen Verletzungen, dem gegenwärtigen Schmerz und ihrer Gebundenheit an den Willen ihrer Brüder. Aber sie steht kurz davor, Freiheit und Heilung zu erfahren. Sie wird in der Lage sein fortzugehen, alles loszulassen und an Ihn abzugeben. Auch wenn sie vielleicht ein bisschen verwirrt ist oder sich wegen ihrer momentanen Position, ihres Status' und ihrer Stellung schämt, in ihrem tiefsten Inneren ahnt sie, dass diese Beziehung mit dem König am Ende doch möglich sein könnte!

Diese namenlose, unscheinbare Braut, die – wie wir alle – in einem Zustand von Dunkelheit festgehalten war, wird durch Christus sowohl sofort als auch in einem Prozess in eine neue Person verwandelt. Wie Saulus, der zu Paulus wurde, müssen wir das alte „Ich" mit Christus kreuzigen und am Kreuz lassen, wie es auch durch die Taufe zum Ausdruck kommt. Als die Braut den

Schmerz, die Scham, die Schuld und das Gefühl der Verdammnis an ihren Bräutigam abgibt, sehen wir, wie der König ihr ihren Namen gibt. Er reinigt ihr Herz. Wie helle Wolle und wie Lilien wird sie gemacht, und rein und weiß wie Schnee.

Sie hielt sich für schwarz wie die Zelte von Kedar und tatsächlich war sie so schwarz wie etwas, das kein Licht reflektiert. In diesem Zustand hat sie Ihn nicht widergespiegelt. Sie konnte auch nichts widerspiegeln, weil in ihr das Licht fehlte. Als sie anfängt, Ihm zu folgen, bestimmt Er, dass sie weiß ist. Weiß ist die „Farbe", die das gesamte Lichtspektrum reflektiert. Mit anderen Worten: Sie ist jetzt eine vollständige Reflektion von Ihm und von der Wahrheit.[2]

Sie wird jetzt so weiß wie die Lilie beschrieben; ohne jegliche „Ichbezogenheit" hat sie alles an Ihn übergeben. Sie ist nicht mehr schwarz, weil sie nicht mehr an ihrer Sünde, ihrer Vergangenheit, ihrem Scheitern, ihren Verletzungen oder an ihren Schmerzen festhält. Ihre Schönheit ist wie die des Mondes. Auch wenn sie verängstigt und verwundet ist, Unvollkommenheiten und vielleicht Narben aufweist, ist sie dennoch schön, weil sie eine Widerspiegelung von Ihm geworden ist (vgl. Hohelied 6:10). Ihre Scham wurde weggenommen. In Jesaja 4:1 lesen wir:

> An jenem Tag werden sieben Frauen einen Mann ergreifen und sagen: Wir wollen selbst für unser Brot und für unsere Kleider sorgen; lass uns nur deinen Namen tragen, nimm unsere Schmach hinweg!
>
> Jesaja 4:1, SLT

Schmach kann sich im Hebräischen auf *Schande*, *Scham* und *Schuld* beziehen; sie kann *Verwitwung*, *Unfruchtbarkeit* und *Verletzungen* beinhalten. Das erinnert uns an Ruth, dem ersten Beispiel einer nichtjüdischen Braut, die in einen Bund mit Gott gebracht wird und fortan einen neuen Namen trägt. Wenn wir beim Namen Jesu genannt werden – der Name, in dem alle Macht liegt, der Name, vor dem sich einmal jeder beugen muss – tragen wir die Autorität, die in Seinem Namen und im Bund mit Ihm enthalten ist. Wie Jesu Jünger bekommen wir das Recht, Seinen Namen zu gebrauchen und in Seinem Namen zu handeln. Es ist der Name und die Vollmacht, durch die sie die Kranken heilten, Menschen wiederherstellten, Dämonen austrieben und so vieles mehr. All das zu Seiner Ehre. Dies geschieht auf der Grundlage dessen, wer Er ist und was Er für uns getan hat.

Sobald ihre Schmach fortgenommen ist, ist Seine „Braut-Gemeinde" rein, unverfälscht und heilig. In Hohelied 4:7 und 6:9 ruft Er aus: *„Es ist kein Makel an dir, unbefleckt und perfekt, absolut nichts ist verkehrt an dir."*

... damit er sie sich selbst darstelle als eine Gemeinde, die herrlich sei, weder Flecken noch Runzeln noch etwas Ähnliches habe, sondern dass sie heilig und tadellos sei.

Epheser 5:27, SLT

Das Streben nach Heiligkeit und Heiligung ist die angemessene Antwort auf das Angebot der Verlobung und sollte Herzensanliegen der Braut sein: Tag für Tag, mehr und mehr in das Ebenbild ihres Herrn verwandelt zu werden und sein Abbild zu tragen. Das Ebenbild, das Adam und Eva verwirkten, wird in Christus wiederhergestellt. Genau wie die Braut im Hohelied dürfen wir das uns aufgebürdete Bild loslassen und Seinen Charakter und Sein Ebenbild übernehmen.

Sobald der Braut Sein Geist und Sein Wort gegeben werden und sie Sein Angebot annimmt, bekommt sie auch Seinen Namen.

... dein Name ist wie ausgegossenes Salböl ...

Hohelied 1:3, SLT

Er ist willens, Seinen Namen zu geben, und Er gibt ihn allen, die willens sind, ihn anzunehmen.

SEIN NAME

Eine Olive muss zerdrückt werden, damit sie ihr Öl freigibt. Unter gewaltigem Leidensdruck betete unser Herr Jesus in der Nacht, in der Er die Sünde der Welt auf sich nahm: *„Wenn möglich, nimm diesen Kelch von mir!"* Diese Begebenheit ereignete sich im Garten Gethsemane. *Gethsemane* heißt übersetzt *Ort des Ölpressens* oder *Ölkelter* (vgl. Matthäus 26:36 ff). Genau wie in Jesaja Kapitel 53, Verse 5 und 10 prophezeit, wurde der Messias wegen unserer Missetaten zerschlagen. Und es gefiel dem Herrn, Ihn zu zerschlagen. Das Wort, das hier mit *zerschlagen* übersetzt wird, bedeutet auf Hebräisch *brechen, vernichten.* Das ist von besonderer Wichtigkeit, denn Sein Name Christus, *Christos*, bedeutet auf Hebräisch *Masciach*, Messias, *gesalbt, der mit Öl Gesalbte* oder *der Gesalbte.* Wie wir in Johannes 1:41, Daniel 9:25 und Jesaja 61:1 lesen – und wie Jesaja 11:2 und Johannes 1:32-33 bestätigen – war Jesus mit dem Heiligen Geist gesalbt.

Als Maria das teure Öl über Jesu Kopf ausgoss und der Duft des Öls das Haus erfüllte, sagte Jesus, diese Salbung mit teurem Öl sei ein Hinweis auf das Ausgießen Seines Lebens für unsere Errettung gewesen. Nach Seinem „Zerschlagenwerden" goss Jesus Seinen Geist, den Heiligen Geist, auf Seine Gemeinde aus, sodass wir nun die gleiche Salbung, die Er besaß, in uns haben, um so einer leidenden Welt dienen zu können (vgl. Apostelgeschichte 2:33; Titus 3:5-6).

ER WURDE AUSGEGOSSEN

Laut Hohelied 1:3 ist Sein Name „ausgegossenes Salböl" oder in dem Zusammenhang kann das Wort auch *ausgeleert* bedeuten. Jesus entleerte, entäußerte sich Seiner Selbst, um Mensch zu werden und Sein Leben zu geben, sodass wir leben können.

Sein „ausgegossener Name“ besagt, dass Jesus, unser König und Bräutigam, als ein Opfer für unsere Erlösung ausgegossen wurde. Genauso wird Sein Geist auf alle ausgegossen, die Ihn aufnehmen (vgl. Apostelgeschichte 2:33, 10:45; Titus 3:6). Wir sind dafür ausgerüstet, den Duft Christi zu verströmen, weil Er sich als ein Opfer für Seine Braut-Gemeinde ausgegossen hat.

Matthäus 1:16 besagt, Sein Name soll Jesus sein, der Christus genannt wird, „der Gesalbte“ (im Hebräischen „Messias“). Daniel prophezeite, der Messias wird „... ausgerottet werden, aber nicht um seinetwillen ...“ (vgl. Daniel 9:26). Ausgelöscht und gekreuzigt gab Er sich als Opfer für unsere Gerechtigkeit und Heiligung. Er erlöste und erkaufte Seine Braut für Sich, eine Braut, die nicht nur die Segnungen Seines Namens trägt, sondern auch die Vollmacht, diese Segnungen zu nutzen, um andere zu segnen und zu beschenken und die Macht des Satans zu besiegen.

Jesus ist das teure, ausgegossene Öl. Sein Name erfrischt, heilt und stärkt. Sein Name ist das Freudenöl (vgl. Psalm 45:8-9). Sein Name heilt gebrochene Herzen, befreit Gebundene und Gefangene, bringt den Leidenden Trost, schenkt Freude, wo einst Verzweiflung, Kummer und Leid herrschten. Sein Name besiegt die Dunkelheit der Depression, macht gerecht und sorgt dafür, dass Seine Braut dem Herrn Ehre bringt (vgl. Jesaja 61:1-3; Lukas 4:18). Durch diesen Namen nimmt uns der Vater in Seine Familie und in Seine Gegenwart auf – oder, wie es die Braut ausgedrückt hat, in Seine Gemächer.

Es ist Seine Sehnsucht, dass Menschen freien Zugang zu Seinem Allerheiligsten haben. Sein Verlangen nach dir und mir ist noch größer als das, was wir als Christen oft verstehen oder begreifen können. Mehr als alles andere möchte Er Sich Seiner Braut offenbaren, Seine Macht und Herrlichkeit zeigen und Seinen verborgenen Rat und die Tiefen Seines Wissens und Seines Wortes mit uns teilen. Das alles steckt in Seinem Namen, den wir nun tragen dürfen. Sein Name macht uns zu einem Licht, das Ihn selbst anderen vor Augen stellt.

SEIN NAME IST DAS SALBÖL

Lieblich duften deine Salben;
dein Name ist wie ausgegossenes Salböl ...
Hohelied 1:3, SLT

Was genau meint die Braut, wenn sie von dem Duft Seines Namens spricht? Wenn sie ausdrückt, dass Sein Name wie „ausgegossenes Salböl" ist? Sein Name, Jesus, *Yehoshua* oder *Yeshua* bedeutet „Der HERR ist Rettung". *Christus* bedeutet: *Messias – Mashiach*. Also ist sein Titel: „Der Gesalbte". Wir lesen hier, dass Sein Name als Salböl ausgegossen ist. Im Hebräischen weist das Wort *shemen*, Salböl, vom Wortstamm *shaman* auf eine Flüssigkeit hin. Diese stammte zum Beispiel von Oliven, war in der Regel parfümiert und wurde nicht nur verwendet, um Könige, Priester und alles Gott Geweihte zu salben, sondern auch für medizinische Zwecke eingesetzt.

Beachtenswert ist außerdem der Wortstamm für Balsam: *shem*, was übersetzt *Name* heißt. Also ist Sein Name das Salböl. Interessant sind auch die Inhaltsstoffe des Salböls, die Mose im 2. Buch Mose mischen sollte.

Und der Herr redete mit Mose und sprach:
„Nimm du dir auserlesene Spezerei: 500 Schekel feinste Myrrhe und halb so viel wohlriechenden Zimt, 250 Schekel, und wohlriechenden Kalmus, auch 250, dazu 500 Schekel Kassia, nach dem Schekel des Heiligtums, und ein Hin Olivenöl; und mache daraus ein heiliges Salböl, eine Mischung von Gewürzsalbe, nach der Kunst des Salbenbereiters gemischt; ein heiliges Salböl soll es sein."
2. Mose 30:22-25, SLT

Auch die Verse 7 und 8 aus dem Psalm 45 sind in diesem Zusammenhang wichtig. Hier wird prophetisch von Jesus gesprochen, dem Bräutigam und König, und über die Tatsache, dass Er mit

Freudenöl gesalbt ist und Seine Kleidung den Duft des heiligen Salböls verströmt. Auch in Hohelied 3, Vers 6 finden wir den Hinweis auf Seinen Duft. Vergleichen wir diesen mit dem Duft der Braut in Hohelied 4:13-14, erkennen wir, dass sie mit Seiner Salbung gesalbt ist und Seinen Duft verströmt. Genauso verströmt die Gemeinde den Duft Christi, wie in 2. Korinther 2:14-16 beschrieben wird. Öl ist in der Bibel ein Symbol für den Heiligen Geist. Es ist das Werk des Heiligen Geistes, dass der Duft Christi auf die Gläubigen übertragen und freigesetzt wird. Wir, Seine Braut, sind Sein Wohlgeruch – sowohl für den Vater, als auch für die Welt.

> Gott aber sei Dank, der uns allezeit in Christus triumphieren lässt und den Geruch seiner Erkenntnis durch uns an jedem Ort offenbar macht! Denn wir sind für Gott ein Wohlgeruch des Christus unter denen, die gerettet werden, und unter denen, die verlorengehen; den einen ein Geruch des Todes zum Tode, den anderen aber ein Geruch des Lebens zum Leben.
>
> 2. Korinther 2:14-16, SLT

Paulus schreibt, dass der Duft Christi im Gläubigen die Erkenntnis Christi in der Welt bewirkt. Für die Welt ist es „ein Geruch des Lebens zum Leben" oder „ein Geruch des Todes zum Tode". Menschen, die auf den Heiligen Geist ansprechen, werden in eine Beziehung mit Christus gezogen. Diejenigen, die das Licht Seiner Wahrheit ablehnen und die Dunkelheit bevorzugen, werden den Duft Christi abstoßend und sogar widerlich finden.

Schauen wir uns doch mal genauer den Duft des Öls an, das Maria auf Jesu Füße ausgoss und Ihn damit laut Johannes 12:1-7 für Sein Begräbnis salbte. Es war ein Wohlgeruch, der das ganze Haus erfüllte und alle Anwesenden durchdrang. Wir, die Braut, verströmen Seinen Wohlgeruch, weil wir mit Christus eins gemacht sind (vgl. 1. Korinther 6:17). Dazu passt Römer, Kapitel

6. Unser alter Mensch wurde mit Jesus gekreuzigt und starb. Und, wie die Taufe symbolisiert, wurden wir mit Ihm begraben und in Ihm zu neuem Leben auferweckt.

Ich erwähnte bereits Seinen Kuss, Seinen Atem. In Hohelied 7:8 vergleicht der König den Atem der Braut mit dem Geruch von Äpfeln – und im Hohelied 2:3 beschreibt die Braut den König als Apfelbaum, von dessen Frucht sie gegessen hat, und dass sie dadurch erfrischt wurde. Er selbst ist der Duft, den sie verströmt. Sie ist mit Seinem Geist gefüllt (vgl. Lukas 5:37-39; Apostelgeschichte 2 und Epheser 5:18). Sein Geist fließt aus der Braut. 1. Korinther 6:17 erklärt, warum ihr und Sein Atem identisch sind:

> Wer aber dem Herrn anhängt, ist ein Geist mit ihm.
>
> 1. Korinther 6:17, SLT

Sie hat an Ihm in Innigkeit und Gemeinschaft teil. Wie das Wort „erfrischen“ schon andeutet, wird sie dadurch getröstet und und gestärkt. Tröstung und Stärkung sind Eigenschaften und Segnungen des Heiligen Geistes für uns Gläubige.

DER ORT SEINES NAMENS

Der Herr baut ein Haus. An diesem Ort soll Sein Name wohnen, Seine Familie sein. Der Ort, an dem der Herr Seinen Namen platziert, ist der Ort, an dem Er wohnt, an dem Er verweilt und bleibt (vgl. 5. Mose 12:5, 26:2).

David wurde versprochen, dass sein Nachfolger ein Haus für den Thron und den Namen des Herrn bauen würde. Sein Sohn Salomo baute den Tempel und Gott versprach, dass Sein Name, Sein Herz und Seine Augen für immer dort sein würden (vgl. 2. Chronik 2:4, 7:16). Wir wissen heute, dass die Prophetie an David bezüglich des Tempelbaus durch seinen Sohn Salomo einen tieferen Zusammenhang hat. Der Bau des irdischen Tempels ist auch eine Vorschau, auf das was kommen sollte: Jesus baut Seine Gemeinde, den Tempel des Heiligen Geistes, Seine Familie und Seine Wohnung. Es ist der Ort, an dem Gottes Namen, Sein Herz sowie Seine Gegenwart zu finden sind – mit ewigem Bestand (vgl. 1. Könige 5:5, 9:3; 1. Korinther 6:19; 2. Korinther 6:16). Dort, wo der Herr Seinen Namen platziert, ist Seine Gegenwart. Seine Augen und Sein Herz sind auf den Ort gerichtet, an dem Sein Name wohnt. Mit anderen Worten: Seine Aufmerksamkeit und Sein Interesse, Sein Hauptaugenmerk, Seine Gedanken und Seine volle Zuneigung richten sich unaufhörlich auf den Ort Seines Namens. Wir, Seine Braut, sind Jesus wichtig. Er Selbst hat die Verantwortung für Seine Braut übernommen. Seine Aufmerksamkeit ist pausenlos auf Seine Braut gerichtet – auf den Ort, an dem Sein Name wohnt.

SEINEN NAMEN ERHALTEN

Jude oder Nichtjude, wer auch immer Ihn anruft und sich auf Ihn beruft, Ihn anbetet, wird Seinen Namen, Seine Errettung und Sein Leben erhalten und ein Kind Gottes werden (vgl. Römer 10:13; Apostelgeschichte 15:14; Johannes 20:31). Jeder, der Seinen Namen angenommen hat und auf Seinen Namen getauft ist, hat Vergebung für seine Sünden, ist gerechtfertigt und geheiligt, in den Augen des Vaters rein und erhält die Gabe des Heiligen Geistes (vgl. Apostelgeschichte 2:38; 1. Korinther 6:11). Außerdem werden alle, die Seinen Namen tragen, die sich Seinem Namen, Seiner Autorität und Seiner Heiligung unterstellt haben, Ihn eines Tages von Angesicht zu Angesicht sehen.

Bei Seinem Namen genannt zu sein, bedeutet: Du gehörst zu Jesus. Du bist mit Ihm einen Bund eingegangen. Du lebst Ihm hingegeben und geheiligt. Jeder, der Jesus annimmt, gibt Ihm damit die Ehre. Nur so gelangt man unter Seine Vollmacht und bleibt bei Ihm, so, wie Er bei dir ist. Du und ich tragen Seinen Namen, damit wir uns für Seine Überzeugungen und Ideale, sowie für Seine Worte und dafür, dass sich Sein Königreich in dieser Welt durch unser Leben ausbreitet, einsetzen. Wir sind ganz Sein und werden gleichzeitig in Sein Ebenbild verwandelt. Wie Jesus es in Offenbarung 2:13 ausdrückt, sollen wir an Seinem Namen festhalten, treu sein, Seinem Wort gehorsam und Seiner guten Autorität unterstellt bleiben – unabhängig von den Konsequenzen.

Das kann noch besser verstanden werden, wenn wir gemeinsam das Wort „Name" im Griechischen untersuchen. *HELPS Word-Studies* sagt aus, das transliterierte Wort *o´noma* bedeutet Ausdruck oder die Offenbarung des Charakters eines Menschen. Laut hebräischer Denkweise ist der Name untrennbar mit der Person verbunden, zu der er gehört. Der Name ist Teil des Wesens, beschreibt den Charakter und ist gleichbedeutend mit der Autorität, welche die Person trägt. In der Kultur des Alten Bundes repräsentierte der Name die Person, beschrieb, wer die Person war, und stellte die Autorität dieser Person dar. Überträgt man das auf Gottes Namen bedeutet das also, dass Gottes Name Sein Wesen und Seinen Charakter zum Ausdruck bringt. Das Wesen Jesu – Seine Eigenschaften und Identität, Seinen Geist, Sein Charakter und alles, was Sein Name umfasst – werden der Braut mit Seinem Namen gegeben. Halten wir uns vor Augen: Sein Name ist: *Wunderbarer Ratgeber*, *Starker Gott*, *Vater der Ewigkeit*, *Friedefürst* (vgl. Jesaja 9:5). Sein Name ist auch *Jahwe Rapha*, der *Herr unser Heiler*. Also verändert sich dein und mein Name dementsprechend. In meinem Fall zum Beispiel zu „Mike, der Geheilte" und so weiter. Jesu Name ist „Das Wort Gottes". Jesus ist – und war schon immer – Gott: Das Licht und das Leben der Menschen (vgl. Offenbarung 19:13; Johannes 1:1-5). Jesus sagte in Johannes 20:31: *„Leben ist in Seinem Namen"*. Was ist Leben? Laut Johannes 17:3 bedeutet Leben, Gott zu kennen, Seine Person, Seinen Charakter, Seine Autorität und Seine Macht.

DAS RECHT, SEINEN NAMEN ZU NUTZEN

In biblischer Zeit wurde erwachsenen Söhnen die Autorität des Namens ihres Vaters übertragen. So waren sie bevollmächtigt, an Stelle ihres Vaters zu handeln. Wenn du Jesu Namen trägst, bekommst du damit das Recht, alles zu besitzen und zu nutzen, das zu diesem Namen gehört. Jesus sagte: „... *Mir ist gegeben alle Macht im Himmel und auf Erden.*" (Matthäus 28:18, SLT). Die Rolle der Braut Jesu besteht darin, den Dienst Jesu durch die Ausrüstung mit dem Heiligen Geist und mit Seinen Gaben fortzusetzen. Handeln wir als vollmächtige Zeugen in dieser Welt, spiegeln wir auf wunderbare Weise Jesus wider und geben Seinem Namen Ehre (vgl. Apostelgeschichte 1:8; Johannes 14:12).

In einer Ehe erhält die Braut den Namen ihres Ehemannes. Damit gehen die Rechte und Vorrechte dieses Namens auf sie über, insbesondere dessen Vollmacht. Genauso trägt die Braut Jesu, die Gemeinde, mit Seinem Namen auch die Vollmacht Seines Namens. Sein Name ist von Seiner Macht begleitet. Indem die Gemeinde eins mit Jesus wird, nimmt sie auch Jesu Charakter und Charakterzüge an. Mit dem Ausdruck „Christ" hat man zur Zeit der ersten Christen die Menschen beschrieben, die Christus folgten und das taten, was Er tat. Ein schönes Beispiel! Unser Name beschreibt also, was wir sind: Jesus ist unsere Identität und unsere Identität ist Seine Identität. Durch Seinen Namen wissen wir, wer wir sind, und kennen unsere Autorität und unsere Einflussmöglichkeiten. Wir erinnern uns, in Johannes 14:26 steht die Zusage, dass der Heilige Geist, der Jesus und Seine Macht repräsentiert, in Jesu Namen gesandt wurde. Das bedeutet also auch, dass alles, was in Seinem Namen ist, auch in uns ist!

Ist das nicht wunderbar? Mit Seinem Namen kommt Seine Macht. Darum sagt Jesus: „*In meinem Namen werdet ihr ...*"

Die Glaubenden aber werde ich durch folgende Wunder bestätigen: In meinem Namen werden sie Dämonen austreiben und in unbekannten Sprachen reden. Gefährliche Schlangen und tödliches Gift werden ihnen nicht schaden, und Kranke, denen sie die Hände auflegen, werden gesund.

Markus 16:17-18, HFA

Ich versichere euch: Wer an mich glaubt, wird die Dinge, die ich tue, auch tun; ja, er wird sogar noch größere Dinge tun. Denn ich gehe zum Vater, und alles, worum ihr dann in meinem Namen bittet, werde ich tun, damit durch den Sohn die Herrlichkeit des Vaters offenbart wird. Wenn ihr in meinem Namen um etwas bitten werdet, werde ich es tun.

Johannes 14:12-14, NGU

Wir sehen daran, dass Jesus Seiner Gemeinde das Sichtbarwerden Seiner Macht und Autorität mit und in Seinem Namen zum Geschenk macht. Sein Name demonstriert himmlische Autorität und Herrlichkeit. Christus, der Gesalbte, versehen mit dem Heiligen Geist, hat nicht nur sich selbst ausgegossen, sondern uns auch Seinen Namen anvertraut.

DIE AUTORITÄT SEINES NAMENS

... mit der er am Werk war, als er Christus von den Toten auferweckte und ihm in der himmlischen Welt den Ehrenplatz an seiner rechten Seite gab! Mit ihr hat Gott ihn zum Herrscher eingesetzt über alle Mächte und Gewalten, über alle Kräfte und Herrschaften, ja, über alles, was Rang und Namen hat in dieser und in der zukünftigen Welt. Alles hat Gott ihm zu Füßen gelegt und ihn, den höchsten Herrn, zum Haupt seiner Gemeinde gemacht. Sie ist sein Leib: Der Schöpfer und Vollender aller Dinge lebt in ihr mit seiner ganzen Fülle.

Epheser 1:20-23, HFA

Gott warnte die Israeliten davor, Seinen Namen zu missbrauchen. Beispielsweise durch leere Worte, Lügen oder dadurch, Seinen Namen für nutzlose, leichtfertige oder verlogene Zwecke unter falschem Vorwand zu nutzen. Eine Art, wie wir heute Gottes Namen missbrauchen können, ist vorzuheucheln, dass wir zu Jesus gehören, Ihn lieben und ihm unterstellt sind, aber nicht das tun, was Sein Wort sagt. In Psalm 81:16 heißt es: *„Die den Herrn hassen, täuschen Ihm Unterwerfung vor."*

Eine andere Art, Seinen Namen zu missbrauchen, ist, den Bund mit Ihm durch Anbetung fremder Götter, durch Untreue und Abkehr von der Wahrheit zu brechen. Eine Weitere ist die unbefugte Anwendung und Nutzung der Autorität Seines Namens.

Er ist die höchste und endgültige Autorität, unter die sich alle unterordnen müssen, sowohl im Himmel, als auch auf der Erde, alles Fleisch und auch jeder Geist (vgl. Philipper 2:9-10; Lukas 10:17). In Seinem Namen – zu dessen Nutzung wir befugt sind – ist die Macht und Autorität zu heilen und zu erneuern (vgl. Apostelgeschichte 3:6, 4:7+10).

Nur weil eine Person den Namen Jesu gebraucht, und damit die Vollmacht Seines Namens aktiviert, oder behauptet, bei Seinem Namen genannt zu sein, ist es noch lange nicht garantiert, dass diese Person Jesus untergeben ist, Ihm gehört und Sein Herz kennt. Es genügt nicht, an Ihn und die Macht Seines Namens zu glauben. Sogar Dämonen kennen Ihn und Seinen Namen. Satan kennt Jesus und glaubt sogar an Seine Existenz, aber (!) Jesus sagt es geradeheraus, dass es diejenigen gibt, zu denen Er einst sagen wird: *„Ich habe euch nie gekannt."*

Nicht jeder, der zu mir sagt: „Herr, Herr!", wird ins Himmelreich kommen, sondern nur der, der den Willen meines Vaters im Himmel tut. Viele werden an jenem Tag zu mir sagen: „Herr, Herr! Haben wir nicht in deinem Namen prophetisch geredet, in deinem Namen Dämonen ausgetrieben und in deinem Namen viele Wunder getan?" Dann werde ich zu

ihnen sagen: „Ich habe euch nie gekannt.
Geht weg von mir, ihr mit eurem gesetzlosen Treiben!"
Matthäus 7:20-23, NGU

Es ist Sein großer Wunsch, uns Menschen Seinen Namen zu geben, damit wir Ihn anrufen und bei Seinem Namen genannt werden, damit wir unter Seine treue und königliche Herrschaft kommen. Denn nur dann gehören wir wirklich Ihm. Dann ist Er wahrhaftig unser Hirte, der wahre und gute Hirte. Der Hirte, der Sein Leben gibt für alle, die sich von Herzen dafür entschieden haben, Ihm zu folgen. Schon der Prophet Micha hat dies prophezeit. Alle, die Ihm folgen, werden Seine Stimme hören, sie werden Seine Stimme erkennen und das tun, was Er sagt (vgl. Micha 5:3; Johannes 10:1-18). Wer bei Seinem Namen genannt und Seiner Stimme gehorsam ist, übt in rechtmäßiger Weise die Autorität Seines Namens aus. Dann regieren wir mit Ihm. Was für ein Vorrecht! Wenn uns doch Sein Name, Sein Leben, Seine Macht und Sein Licht gegeben ist – wie Jesus es in Matthäus 5:15 und Markus 4:21-22 sagt –, können wir dies verstecken oder geheimhalten? Wir dürfen nicht länger verschleiert sein.

VERSCHLEIERT

Sage mir doch, du, den meine Seele liebt: Wo weidest du? Wo lässt du die Herde lagern am Mittag? Warum soll ich wie eine Verschleierte sein bei den Herden deiner Gefährten?
Hohelied 1:7, SLT

Sobald sich die Braut mit dem König verlobte, trat sie in die erste Phase der Ehe ein. Sie begibt sich unter Seine Obhut und untersteht nicht mehr der Autorität und dem Einfluss ihrer Brüder. Sie soll nun einen neuen Namen erhalten. Ihr wird eine neue Identität gegeben. Wir kennen dieses Prinzip aus dem Bericht über Maria und Josef. Obwohl sie „nur" verlobt waren, war Maria bereits Josef unterstellt. Das wird dadurch deutlich, dass es Josef nach geltendem Recht gestattet war, Maria heimlich zu entlassen, als bekannt wurde, dass sie schwanger war (vgl. Matthäus 1:18-25).

Über das „Verschleiert-Sein" können wir viel erfahren, wenn wir Bibelverse wie 2. Korinther 3:14-18, 4:3-7; Jesaja 25:7, 29:10-24 und Epheser 4:18 studieren. Zunächst kann man „verschleiert sein" auf Herzenshärte, Unkenntnis oder die Unfähigkeit, Christus zu kennen oder die Wahrheit zu verstehen, beziehen. Es kann Unglauben und Blindheit ausdrücken, welche Satan nutzt, um die Welt zu täuschen. Es ist wichtig, festzuhalten, dass nur Christus und Sein Heiliger Geist den Schleier wegnehmen können. Die Braut wird nur für die Wahrheit wach, wenn der Schleier entfernt ist. Dann empfängt sie Offenbarung, es wird ihr möglich, den Herrn zu sehen und zu kennen. Dann ist sie in der Lage, Sein Wort mit dem Herzen und dem Verstand zu ergreifen. Durch die Errettung und durch das Leben des Herrn wird sie vom Tod erlöst, der die ewige Trennung von Gott ist. Unverschleiert ist die Braut befreit und in die Lage versetzt, Ihn widerzuspiegeln. Sie ist befähigt, Seine Herrlichkeit zu reflektieren und Sein Wissen an die Menschen in der Finsternis weiterzugeben.

Ein Entschleiern hat begonnen! Ich glaube, dass der Herr anfängt, Seine wahre Braut zu offenbaren. Bald wird jeder wissen, wer diese wahre Braut Christi ist. Es wird sehr deutlich sein, denn sie beginnt, Sein Wesen auszustrahlen. Das werden wir im Text später noch sehr genau sehen können. Sie bittet darum: *„Mach es bekannt, dass ich jetzt zu dir gehöre. Warum die Verzögerung? Warum muss ich ein Geheimnis bleiben?"*

Mit der Frage: *„Warum soll ich wie eine Verschleierte sein?"*, hören wir ihr Verlangen, offenbart zu werden – nicht mehr versteckt, sondern erkannt und von Ihm angenommen im Bund mit dem König der Könige zu sein. Man könnte meinen, sie sagt laut und deutlich: *„Es soll den Mächten der Finsternis, unter deren Kontrolle und Einfluss ich einst stand, für immer bekannt gemacht sein: „Ich bin euch nicht mehr unterworfen! Ich muss mir eure Anschuldi-*

gungen nicht mehr anhören, muss mich nicht mehr schämen und werde nicht länger schuldbeladen leben." Sie ist kein Untertan des Reichs der Finsternis mehr, weil sie sich dazu entschieden hat, für immer dem guten Hirten zu folgen.

DER GUTE HIRTE

Kurz bevor sie den König als Hirten erkennt, verkündet sie: „*Der König hat mich in Seine Gemächer gebracht.*" (Hohelied 1:4, SLT), eine Aussage, die unsere Aufmerksamkeit auf Lukas' Darstellung vom Gleichnis über das verlorene Schaf lenkt. Als Jesus von den Pharisäern beschuldigt wird, Sünder willkommen zu heißen, verdeutlicht Er, was für eine Art liebender Hirte Er ist: Einer, der Seinen sicheren Ort verlassen hat, um das eine Schaf, das sich verlaufen hat und verloren ging, zu suchen und ihm nachzugehen: Dem einen Schaf, das von der Härte und den Gefahren der Wildnis umgeben ist.

Reagiert die Umworbene auf Ihn und gibt Ihm Erlaubnis, sie aufzunehmen, wird sie gerettet und fortan vom Hirten getragen. Befreit von den Gefahren des Lebens und dem Todesschatten wird sie in Seinen Festpalast der Jubelfeier gebracht. Und genauso ist es auch. Als Er gefragt wird, wo Er Seine Herde weidet, trifft sie die Entscheidung Ihm zu folgen und dadurch in Seine Ruhe einzutreten. Indem sie Seinem Ruf und Seinem Beziehungsangebot folgt, ist er ab sofort ihr persönlicher Hirte. Indem der König sie anweist, in den Spuren der Herde zu folgen, bestätigt Er, dass sie als Sein Eigentum angenommen ist. Umgekehrt weiß sie, dass sie zu Ihm gehört. In Hohelied 2:16 verwendet sie das Wort für Hirte, das zuvor von ihrem zukünftigen Schwiegervater, König David, in Psalm 23 verwendet wurde. In Hohelied 2:16 ruft sie aus:

> Nur mir gehört mein Liebster, und ich gehöre ihm, dem Hirten, der seine Schafe auf Wiesen voller Lilien weidet.
>
> Hohelied 2:16, HFA

Wenn David in Psalm 23 verkündet: „Der Herr ist mein Hirte", beschreibt das nicht nur sein eigenes Leben. Es zeigt außerdem, was der Herr Jesus – unser Hirte – allen Schafen Seiner Herde zusichert.

DAVIDS MAXIME

Dass der Herr selbst Davids Hirte ist, gründet sich nicht auf einen allgemeinen Zustand. Es setzt Davids bewusste Entscheidung voraus, sich dem Herrn ganz zu unterstellen. In Psalm 23 drückt David es poetisch aus und beschreibt, was diese Wahrheit zur Folge hat; welche Segnungen und Vorteile denen gehören, die sich entschieden haben, auf Ihm zu weiden oder von Ihm zu essen; denen, die Ihm vertrauen und auf Seine Stimme hören, um Weisheit, Führung und Richtungsweisung zu erhalten (vgl. Matthäus 26:26-28; Johannes 6:41-58).

In Jesus werden wir an diesen Ort der Ruhe und Versorgung geführt. Wir werden wiederhergestellt, nicht nur in der Beziehung mit Gott und dadurch, dass uns vergeben wird und wir gerecht gemacht werden. In und durch Jesus werden wir auch an Körper und Seele geheilt (vgl. 1. Petrus 2:24). Wir erleben Frieden, egal wie schlimm die Umstände sind. Sein Frieden ist die Auswirkung Seines Steckens der Autorität und Seines Stabs der Führung und Leitung. Das Ausmaß dieses Friedens entspricht dem Einflussgrad, den Er in unserem Leben hat. Anders gesagt: Je mehr wir Ihm untergeordnet sind, umso größer wird unser Friede, unsere Stärke und Geborgenheit sein. Eine Stärke, die wir benötigen, um die uns umgebende Dunkelheit zu bewältigen. Denn diese ist bemüht, die Gemeinde zu verführen. Lukas bestätigt diesen Aspekt Christi, als er Jesajas Prophetie zitiert:

> Dieses Licht wird allen Menschen leuchten, die in Finsternis und Todesfurcht leben; es wird uns auf den Weg des Friedens führen.
>
> Lukas 1:79, HFA

Entscheiden wir uns dafür, uns Jesus hinzugeben, dann steht der Gemeinde Jesu die Wahrheit zur Verfügung, die uns selbst in den dunkelsten Tagen leiten kann: wenn alles und jeder in der Welt sich Finsternis, Täuschung, Unmoral und völliger Verwirrung übergeben wird. Auch wenn wir persönlich mit Schwierigkeiten, Widrigkeiten und Bedrängnis konfrontiert werden, und selbst, wenn wir nicht verschont oder sofort von diesen Dingen befreit sind, können wir Frieden in der Gewissheit finden, dass Er uns durch alles hindurch leiten und auf ewig bei uns sein wird. Wir können in dem Wissen stehen, dass Er in allem immer die Kontrolle behält und uns zum endgültigen Sieg und zur Jubelfeier führen wird.

SEIN TISCH

Mit der Tatsache, dass der Bräutigam an Seinem Tisch sitzt, beschreibt das Hohelied 1:12 Sein erstes Erscheinen auf der Welt, um teilzuhaben an dem, was schon vor Grundlegung der Welt festgelegt worden war. Aus Liebe zu uns hat Er den Preis für unsere Erlösung und Heilung bezahlt.

Der Herr hat vor uns einen Tisch bereitet im Angesicht unserer Feinde. Zuerst einmal ist unser Feind unser alter Widersacher, Satan. Weiterhin gibt es Feinde, die uns in Verzweiflung stürzen, überwältigen, belästigen, quälen oder uns einschränken und binden. Das geschieht beispielsweise durch Krankheit und Leiden.

Unser Herr ist selbst das „Tischmahl", das uns im Angesicht unserer Feinde bereitet wird. Dieser Tisch ist Sein Bund mit uns, repräsentiert durch das, was wir jetzt als Abendmahl feiern. Dieses Mahl ist unsere „nicht-fleischliche" Waffe gegen diese Feinde. Unser Brot ist Sein Wort. Sein mit Striemen bedeckter Körper, durch die unsere Krankheiten geheilt wurden, macht uns – Seine Braut – vollständig und heil. Sein Blut ist die Währung, mit der unsere Errettung und Vergebung erkauft wurde. Dadurch wurde

Seine Braut gerecht, schuldlos und heilig gemacht. Dieses Mahl repräsentiert Seinen Bund mit Seiner Braut.

Ein Bund, der einen Tausch bewirkt. Ein Bund, durch den wir Lasten und Krankheit und jede Art von Gebundenheit für Heilung, Vollständigkeit und Freiheit eintauschen. Wir ersetzen Leiden und Trauer durch Seine Freude und Seinen Frieden.

Das Wort Gottes lehrt uns, dass Jesus das „Brot des Lebens" (vgl. Johannes 6:35) und das Heilung „das Brot der Kinder" ist (vgl. Markus 7:26-28). Der Herr sandte Sein Wort, um zu heilen (vgl. Psalm 107:20). Sein Wort kommt nicht leer zurück, sondern es führt aus, wozu es ausgesandt wurde (vgl. Jesaja 55:11). Jesus erfüllte, was der Prophet Jesaja ausgesprochen hatte: Er selbst nahm unsere Krankheit, Gebrechen und Schwachheiten auf Sich, nahm sie an, ertrug und entfernte unsere Krankheit (vgl. Matthäus 8:17; Jesaja 53:4). Während wir an Seiner Siegesfeier und an Seinem gnädigen Bund teilhaben, muss unser besiegter Feind verspottet zusehen.

UNSER HIRTE, UNSER FREUND

In diesem Zusammenhang hat das Wort „Hirte" auch die Bedeutung von Freundschaft und ein Begleiter zu sein, und sogar der Begleitung vom besten Freund. Der Unterschied zwischen einem Freund und einem bloßen Bekannten liegt in dem, was du über ihn weißt. Wenn in einer Ehe der Ehemann nicht auch ein Freund ist, gibt es keine regelmäßige, offene, ehrliche und bedeutsame Kommunikation mit Zuhören und Erzählen – und entsprechend keine tiefe Vertrautheit. In Johannes 15:15-21 nennt Jesus diejenigen, die Er ausgewählt hat und die Ihm gehorsam sind, Seine Freunde. Ausschließlich Seinen Freunden gegenüber offenbart Jesus die Geheimnisse über Gottes Königreich und über Seinen Bund. Nach Psalm 25 beinhaltet dies, dass Gott uns ins Vertrauen zieht. Je inniger jemand mit dem Herrn lebt, desto mehr Offenbarung und Einsicht wird er von Ihm empfangen. Dennoch hören wir Jesus in Johannes 15 sagen, dass die Welt Ihn hasst, und dass die, die eine vertraute und enge Beziehung mit Ihm haben, zukünftig ebenso von der Welt gehasst würden.

Möchtest du wissen, ob du wirklich Seine Braut bist, die sich aufrichtig Seiner Autorität unterstellt hat, ob du Seinen Namen trägst und für immer in Seinem Haus wohnen wirst? Eine Art und Weise, dir dessen sicher zu sein, ist, wenn du einen Lebensstil führst und Meinungen vertrittst, die Jesus und Seinem Wort entsprechen. Diese können mitunter so gegensätzlich zur Welt sein, dass du von ihr gehasst wirst. Um Seines Namens willen wird Er dich in Gerechtigkeit führen und leiten, und genau wegen dieser Gerechtigkeit kannst du gehasst werden (vgl. Johannes 15:18-19; Lukas 21:17).

2

Die Verlobung

VERLOBT

Wie schon zuvor erwähnt, folgte auf die Verlobung eine Zeit der Heiligung, eine „Zeit der Trennung“, Tage der Vorbereitung. Eine Zeit, in der wir uns für Ihn bereit machen, während Er ein Zuhause für uns vorbereitet.

> ... in dem Leib seines Fleisches durch den Tod,
> um euch heilig und tadellos und unverklagbar
> darzustellen vor seinem Angesicht ...
> Kolosser 1:22, SLT

Dem ursprünglichen Zuhörerkreis war dadurch klar verständlich, dass Jesus die Gemeinde in Einklang mit sich bringt und Seine Braut heilig, unbefleckt und vor Ihm tadellos macht. Untersuchen wir das Wort sprachwissenschaftlich, entdecken wir, dass wir untadelig gemacht wurden, ohne Makel, ohne Flecken oder Fehler. Genau „wie Er“ ist, sind wir gemacht worden. Nun sind wir wieder Sein Ebenbild, im Bild Gottes gemacht. Jetzt und künftig stehen wir vor dem Herrn als *nicht* angeklagt, anklagbar, für schuldig befunden oder in Verantwortung für unsere Sünden – sondern in Seinen Augen als geheiligt und untadelig.

> Ihr Männer, liebt eure Frauen, gleichwie auch der Christus die
> Gemeinde geliebt hat und sich selbst für sie hingegeben hat,
> damit er sie heilige, nachdem er sie gereinigt hat durch das

Wasserbad im Wort, damit er sie sich selbst darstelle als eine Gemeinde, die herrlich sei, sodass sie weder Flecken noch Runzeln noch etwas Ähnliches habe, sondern dass sie heilig und tadellos sei.
Epheser 5:25-27, SLT

Aus Heiligung folgt Heiligkeit. Die von Ihm beschriebene Schönheit der Braut ist das Ergebnis von Heiligung. Wenn David sagt, dass wir den Herrn in *heiligem Schmuck* anbeten sollen, meinte er in gewissem Sinne die Worte *Absonderung, Hingabe, erwählt sein* – oder auch, dass wir uns allein auf Ihn ausrichten. Sie ist schön. Ihre Schönheit ist Anbetung in Geist und Wahrheit. Dadurch ist sie voll und ganz dem Bräutigam hingegeben. In ihrer Ehrfurcht ist sie die Herrlichkeit ihres Ehemannes (vgl. 1. Korinther 11:7). Sie ist die Lilie unter Dornen.

EINE LILIE UNTER DORNEN

„Ich bin eine Narzisse von Scharon, eine Lilie der Täler."
„Wie eine Lilie unter Dornen, so ist meine Freundin unter den Töchtern."
Hohelied 2:1-2, EB

Der Begriff *Lilie* oder *Lilien* findet im Hohelied acht Mal Erwähnung. Es beginnt in Kapitel 2, den Versen 1 und 2. Hier steht: *„Ich bin eine Narzisse von Scharon, eine Lilie der Täler"*. Es wird immer wieder diskutiert, von wem diese erste Aussage stammt. Doch in Vers 2 spricht ganz klar der Bräutigam von der Braut. Er beschreibt sie als Lilie unter Dornen. Biblisch wird eine Sache durch zwei oder drei Zeugen bestätigt. Ich möchte hier vier Beweise anführen, warum in jedem Fall die Braut als Lilie beschrieben wird. Erstens wird in Jesaja 65:10 *Scharon* (*Saron* in einigen Übersetzungen) als Einzäunung für Schafherden genannt. Jesus sagte, wir sind „die Schafe Seiner Weide". Und drei von den sechs Stellen, in denen *Lilien* im Hohelied erwähnt sind, beziehen sich auf den König, der Seine Herde weidet. Zweitens wird die Lilie als Metapher für Israel, Gottes Braut, verwendet. Drittens besteht die Lilie aus sechs Blütenblättern und in der Bibel ist die Zahl sechs die Zahl für den Menschen. Viertens sehen wir im Kapitel 6 des Hohelieds, wie der König zu Seinem Garten zurückkehrt, um Seine Lilien zu pflücken.

DAS GEHEIMNIS DER LILIE

Das jüdische Lexikon von 1901 stellt fest:

> Der erste Bericht über die Lilie wird von Ibn Ezra in seinem Kommentar über das Hohelied gegeben: „Es ist eine weiße Blume mit süßem, aber betäubendem Duft, und sie bekam ihren Namen, da die Blume – in jedem Fall – sechs Blütenblätter hat, innerhalb derer sich sechs lange Staubfäden befinden." [...] Das Herz dieser Blume ist nach oben gerichtet, auch wenn sie zwischen Dornen steht, somit symbolisiert sie Vertrauen auf Gott, das von Israel inmitten aller Bedrängnisse ausgehen und von allen verspürt werden sollte ...[1]

Faussets Bibel-Lexikon:

> Die Lilie ist eine sehr edle Pflanze aus dem Osten; sie wächst erstaunlich hoch, hat aber einen schwachen Stiel. Die Gemeinde ist in sich selbst schwach, ist jedoch stark in Ihm, der sie stützt.[2]

Man könnte glauben, weil die Lilie an sich hochgewachsen und schön ist, symbolisiert sie Stolz. Tatsächlich ist das Gegenteil der Fall. Wie wir aus 1. Mose wissen, symbolisiert der Dorn menschlichen Stolz. Das hebräische Wort für Lilie, *Shushan*, *shoshan*, *shoshannah* oder *Shoshannim*[3] bedeutet *Verzierung*, *gerade* oder *Posaune*. Interessanterweise stammt es von dem hebräischen Wort *suws* (*sus* oder *sis*) ab, was *froh sein, Freude, Jubel, hell sein* und *gutgelaunt* bedeutet. Außerdem wird mit der Lilie die Bedeutung der Farbe Weiß vermittelt. Weiß bezieht sich auf Reinheit. In Salomos Tagen und aus biblischer Sicht war die Posaune weniger ein Musikinstrument, sondern eher ein Gegenstand, um Lärm zu erzeugen, wie einen Weckruf, ein Signal, eine Ansage oder eine Ankündigung. Das konnte ein Aufruf zum Krieg sein, eine Aufforderung zum Lobpreis, zum Feiern, um das Volk zu versammeln, die Ankunft des Königs bekannt zu machen oder, wie bei Mose auf dem Berg, um Gottes Gegenwart anzuzeigen. Eine Verzierung zieht Aufmerksamkeit auf sich, ein Zubehör, besonders in Bezug auf Lobpreis, das Anmut, Schönheit oder Ehre verdeutlicht. Es verleiht Ausdrucksstärke, zeigt etwas vor, es offenbart oder tut eine Sache kund. Sind wir nicht genau das als Jesu Gemeinde? Und sollen wir nicht genau das als Seine Zeugen tun?

LILIEN UND DORNEN

Die Lilie steht für die Lieblichkeit der Braut, für ihre Bescheidenheit, Jungfräulichkeit, die Reinheit des Herzens und ihre wahre, innere Hingabe. Genau wie die Lilie ist die Braut das Bild für Schönheit und Anmut in einer verfluchten, verdorbenen und rebellischen Welt. Ihre Schönheit übersteigt bei Weitem das sie umgebende, dornige Unkraut. Mitten unter dem Bösen bleibt sie rein. Dies bleibt sie jedoch nicht aus eigener Kraft, sondern weil sie tatsächlich – wie die Lilie – schwach in sich selbst ist, aber stark in Ihm. Steht sie auf dem offenen Feld, exponiert für viele Gefahren und Feinde, braucht sie Seinen Schutz, um zu überleben und um heikle Umstände zu überwinden. Auch muss sie Menschen widerstehen, die versuchen, ihr zu schaden und sie zu verwunden. Um zu leben, um aufzublühen und Frucht zu bringen, müssen ihr Herz und ihr Hauptaugenmerk auf die himmlische Welt, auf Jesus auf dem Thron, der zur Rechten des Vaters sitzt, ausgerichtet bleiben.

Von der Lilie lernen wir sehr viel darüber, wer die Braut ist, oder besser, was sie sein kann. Jesus sagte in Matthäus 6:25-34, dass Lilien sich nicht abmühen bis zu dem Punkt, an dem sie durch ihre eigene Anstrengung müde oder erschöpft werden. Sie spinnen auch kein Garn oder weben gar Stoffe, um ihre eigene Kleidung herzustellen. Offensichtlich wird hier Selbstgerechtigkeit angesprochen. Die Bibelstelle beschreibt den menschlichen Versuch, sich Gottes Gnade und Liebe zu erwerben oder zu verdienen und durch eitle, religiöse Taten gerecht zu werden. Lilien, deren Reichtum, Herrlichkeit und Ehre laut Jesus weit über die eines Königs Salomo hinausgehen, versinnbildlichen all jene, die das Königreich Gottes zuerst suchen, Sein Reich wertschätzen und Ihm vertrauen. Sie machen sich keine Sorgen. Weil sie frei von Angst sind und Gott nicht misstrauen, werden Ängste sie nicht überwältigen. Lilien strengen sich nicht sorgenvoll an, sie vertrauen Gott und wissen, dass Er für ihre Versorgung, ihren Schutz, und ihre Kleidung verantwortlich ist – im Besonderen für ihre Errettung und für ihre Gerechtigkeit. Lilien stellen alle dar, die im Frieden leben und ganz im Reinen mit sich und anderen sind. Lilien brauchen nicht ängstlich, verstört oder verwirrt zu sein. Sie haben kein geteiltes Herz, noch sind sie wankelmütig. Sie werden nicht hin- und herschwanken in der Frage, welchem Gott sie dienen, wen sie anbeten, wem sie ihr Vertrauen schenken und wessen Ruf sie folgen (vgl. 1. Könige 18:21; Josua 24:15; Matthäus 6:24).

Lilien symbolisieren Menschen, die in Seine Ruhe eingetreten sind. Obwohl sie leicht durch die sie umgebenden Dornen verletzt werden können, die stechen, verwunden oder ihr Leben durcheinanderbringen, ruhen sie in Sicherheit. Warum? Die Blüten der Lilien sind geöffnet. Das bringt sie in die Position zu empfangen. Auch knicken Lilien manchmal unter dem Druck von Widrigkeiten und Bedrängnis ein, dennoch bleiben ihre Herzen nach oben gerichtet. Herzen, die ihrem Herrn glauben und vertrauen. Trotz gemachter Erfahrungen richten sie sich immer wieder auf, empfangen die Verheißungen Gottes und haben Teil daran.

Man kann nur etwas empfangen, wenn man offen ist. Eine Lilie beschreibt eine Person, die einfach empfängt.

Ein Dorn hingegen repräsentiert den Fluch und, unter dem Fluch zu leben: den Fluch des Ackerbodens, das Abrackern des Menschen. Dabei verkörpern Dornen nicht nur den Fluch, sondern auch den Wunsch des Menschen nach Unabhängigkeit, seinen Eigensinn, Stolz, seine Begierde, seine eigene Leistung – und alles, was aus weltlicher und nicht-göttlicher Quelle stammt. Ein Dorn ist eine Person, die alles aus eigener Stärke erarbeiten und sich selbst verdienen muss: Mit eigener Begabung, Fähigkeit und aus eigenen Mitteln. Ein Dorn nimmt alles persönlich, auch die Anerkennung für seinen Erfolg oder aber die Auswirkungen seines Versagens. Wie Adam und Eva, welche die Welt unter diesen Fluch gebracht haben, weisen Dornen auf das „Ich". Ich treffe meine eigenen Entscheidungen. Ich kann und werde für mich selbst bestimmen und einordnen, was gut oder böse, richtig oder falsch ist. Ein Dorn ist im Wesentlichen sein eigener Gott, seine Doktrin ist der Relativismus, sein Ende die Ablehnung und sein Schicksal das Feuer des Gerichts (vgl. 1. Mose 3:17-18; 2. Samuel 23:6-7; Hebräer 6:8). Ein Dorn kann Menschen symbolisieren, die hartherzig und rebellisch, verschlossen, abwehrend, sich selbst erhaltend, misstrauisch und damit unfähig sind, zu empfangen.

Jesus sagte im „Gleichnis vom Sämann" (vgl. Matthäus 13:7+22): Dornen stehen für Menschen, die von der Liebe zu und dem Verlangen nach den Dingen und Ablenkungen dieser Welt besessen sind. Matthäus 13:22, Lukas 8:14 und Markus 4:18-19 beschreiben Dornen als Sorgen, Ängste, Befürchtungen oder geteilte Herzen über die Dinge dieses Lebens. Dornen demonstrieren die Täuschungen, die sich in irdischen Reichtümern, im Materialismus, in Vermögen und Verführung verbergen können, oder den verführenden Einfluss menschlicher Begierde nach Reichtümern.

Von daher stehen Dornen auch für die Vergnügungen des Lebens. Von dem Wort, das im Griechischen an dieser Stelle für Vergnügungen verwendet wird, ist der Ausdruck *Hedonismus* abgeleitet: Eine Lehrmeinung, die besagt, dass moralische Werte hinsichtlich Vergnügungen definiert werden. Hedonismus ist das Streben nach Leidenschaften durch undisziplinierte Sinnlichkeit und die ausschweifende Befriedigung sinnlichen oder körperlichen Verlangens auf Kosten anderer. Dornen sind die Dinge, die Satan benutzt, um uns vom Segensfluss des Königreichs Gottes in unserem Leben abzuschneiden. Sie drosseln, begrenzen oder beenden den echten Segen. Dadurch sollen wir davon abgehalten werden, Frucht zu bringen. Dornen sind die uns umgebende Welt, in der wir leben und in der wir täglich interagieren – ein System unter dem Einfluss und der Kontrolle des Herrschers dieser Welt, Satan (vgl. 2. Korinther 4:4). Dornen können eine enorme Versuchung sein und man kann leicht so werden, wie sie sind. Auch wenn es schmerzhaft ist, müssen wir oft – wenn nicht sogar täglich – mit den Dornen in unserem Leben kämpfen.

DORNEN IM FLEISCH

Auf was bezog sich der Apostel Paulus, als er von dem „Dorn in seinem Fleisch“ sprach? Die meisten von uns haben mindestens eine Predigt gehört, in der uns gesagt wurde, dass es sich um ein körperliches Leiden handelte. Obwohl sich das von Paulus benutzte Wort zur Beschreibung seines Dornes auf eine körperliche Krankheit oder eine Behinderung durch Krankheit beziehen kann, besteht der Widerspruch bei dieser Ansicht, dass sich Dornen in hebräischen Manuskripten generell nicht auf physische Leiden beziehen. Stattdessen haben Dornen einen Bezug zu Dingen wie Prüfungen, Probleme, Widrigkeiten und Gegenspieler. Dornen können Konflikte, Versuchungen, Trauer, Schikanierungen, Vorwürfe, Verfolgung und vielleicht unsere Neigungen, Charakterprobleme und Schwächen sein. Es ist wie wucherndes Unkraut in unserem Herzen, das versucht, uns vom Herrn wegzubringen.

An vielen Stellen in der Bibel werden Dornen mit Fallen oder Schlingen assoziiert. Dinge also, die gefangennehmen, binden und Gottes Volk daran hindern, Seine Bestimmung und Segnungen zu empfangen und in Seinen Segnungen vorwärts zu gehen. Der Herr warnte die Israeliten durch Mose und Josua vor den Verhaltensweisen der gottlosen Nationen, welche sie verdrängen sollten. Diese hätten das Potenzial, sie von Ihm, dem wahren Gott, abzubringen. Und zwar dadurch, dass sie, wie besagte „Dornen in ihren Seiten", das Volk zu Ungehorsam und zur Nichteinhaltung des Bundes mit Ihm führen würden. Dinge, die sie letztendlich ihres Erbes berauben würden (vgl. Josua 23:17; Richter 1-3). Nichtsdestotrotz hat Gott „Dornen" zugelassen und benutzte sie sogar, um das Herz, die Treue und den Gehorsam Seines Volkes zu prüfen.

Doch zurück zum Apostel Paulus: Wir wissen, dass Paulus ein Problem mit seinen Augen hatte, aber war das der Dorn, von dem wir in 2. Korinther 12:7-10 lesen? Die Wörter, die Jesus und Paulus in diesem Absatz benutzen, könnten, wie gesagt, tatsächlich auf eine Erkrankung hinweisen. Außerdem ist klar, dass dieser Dorn in Paulus' Fleisch etwas war, das Gott zugelassen hat, um Paulus demütig zu halten. Das Wort „Fleisch" in der Bibel bezieht sich auf unsere menschliche Natur; einschließlich unseren Verstand und unser Denken. Und, ja, solange wir in diesem physischen Körper leben, werden wir mit Hinfälligkeit und Schwäche und auch mit unserer Moral zu kämpfen haben. Aber Paulus sagte, sein Dorn sei wie ein Botschafter, jemand oder etwas von Satan Gesandtes, um gegen Paulus anzukämpfen. In diesem Zusammenhang bedeutet das „Ankämpfen" auch *Entgegentreten*, *Bekämpfen*, *Schlagen* und das *Hin-und-Her-Werfen* eines Schiffes auf stürmischer See, um es vom Kurs abzubringen. Der Dorn mag sich also auf etwas oder jemanden aus seiner Vergangenheit bezogen haben oder auf etwas, das er in seinem Charakter nie ganz überwunden hat. Dies wird uns nicht eindeutig gesagt. Wir wissen eins: Paulus hat Beleidigungen, Nöte, Verfolgung, Schwierigkeiten und Leiden für die Botschaft Christi erlitten. Der springende Punkt ist: Wir sind

Lilien unter Dornen. Wir alle haben „Dornen“ in unserem Leben. Einige davon hat Gott zugelassen. Einige wird Gott hier auf dieser Erde nie ganz entfernen. Denn diese sind dazu bestimmt, uns zu erproben und demütig zu halten. Auch sollen wir auf Gottes Gnade und Seine Stärke angewiesen bleiben und uns nicht auf unsere eigene Kraft verlassen. Werden wir von solchen „Dornen“ versucht oder gar durchbohrt, dürfen wir uns daran erinnern, dass Jesus eine Dornenkrone trug. Unser Herr wurde durchbohrt. Er hat den Fluch getragen und von uns genommen. Damit hat Er uns von der Sklaverei der Sünde befreit und davon, in unserem Stolz gefangen zu sein. Jesus kann jeden von einem Dorn in eine Lilie verwandeln.

SEINE KRONE

In Hohelied 3:11 sehen wir, dass der König am Tag Seiner Verlobung gekrönt wird. An diesem Tag war Jesu Krone eine Dornenkrone. Um es kurz zu wiederholen: Dornen symbolisieren den Fluch. Mit Freude hat Er gelitten und den Fluch für uns getragen. Eine Krone kennzeichnet *Königsherrschaft*, *Herrschaft* und *Vollmacht*. Eine Dornenkrone auf dem Kopf des Herrn Jesus kennzeichnete Seine Autorität über den Fluch; sowohl darüber, was den Fluch hervorgebracht hat, als auch über seine Auswirkungen.

Die Braut ist wie die Lilie. Jesus gab uns den Schlüssel dazu, so zu werden wie sie, indem wir zuerst das Königreich Gottes und Seine Gerechtigkeit suchen. Wenn wir mit ehrlichem Herzen beten, dass Sein Königreich kommen soll, dass Er uns unser tägliches Brot geben möge, unterstellen wir uns damit Seiner Herrschaft. Wir bringen zum Ausdruck, dass alles, was wir haben, alle Genüge, von Ihm kommt. Wir können von Sorge und Ängstlichkeit befreit sein; denn wir wissen, dass Er unser Versorger ist, die Quelle all unserer Fähigkeiten und unseres Besitzes. Genauso ist Er auch die Quelle unserer Gerechtigkeit. Er ist die Quelle der notwendigen Gnade, um alle weltlichen Versuchungen und Bedrängnisse zu ertragen und zu überwinden. Denn Jesus hat die Welt überwunden. Wie Paulus lernen wir dann:

> Sorgt euch um nichts; sondern in allem lasst durch Gebet und Flehen mit Danksagung eure Anliegen vor Gott kundwerden. Und der Friede Gottes, der allen Verstand übersteigt, wird eure Herzen und eure Gedanken bewahren in Christus Jesus!
>
> Philipper 4:6-7, SLT

Bist du eine Lilie oder ein Dorn? Bist du anderen ein Vorbild und der Duft von Frieden und Ruhe – oder bist du voller Angst, fühlst dich leicht zerrissen, schnell reaktionär, stechend, durchbohrend, oft giftig oder voller giftiger Emotionen und verletzend? Wenn die ganze Welt um dich herum aus den Fugen gerät, werden Lilien mit ihrer Ruhe und Selbstbeherrschung für alle offensichtlich sein. Die Ruhe und Selbstbeherrschung in dir werden Zeugnis von dem Frieden geben, der allein in Christus verfügbar ist. Warum? Weil du genau wie die Lilie alle Kontrolle abgegeben hast, weil du mit ganzem Herzen Gott vertraust, an Ihm teilhast und von Ihm empfängst. Weil du Seinen Duft verströmst und Seine Schönheit und Gnade in der Welt zum Ausdruck bringst.

JESUS, DIE GEGENSÄTZLICHE FRUCHT

> Wie ein Apfelbaum unter den Bäumen des Waldes, so ist mein Geliebter unter den Söhnen! In seinem Schatten saß ich so gern, und seine Frucht war meinem Gaumen süß.
>
> Hohelied 2:3, SLT

Er ist die *gegensätzliche Frucht*. Sie ist anders als die verbotene Frucht, von der Adam und Eva gegessen hatten, denn diese brachte Fluch, Tod, Leid, Mühe und Trennung von Gott. Da Jesus der „Baum des Lebens“ ist, wird das Essen Seiner Frucht die eben genannten Auswirkungen aufheben. Er gibt Leben, Gedeihen, Segen, Frieden und so viel mehr. Aufgezogen, genährt und beschützt unter dem Schatten Seines Schutzes, erlebt die Braut nun den Ort der Zuflucht, von dem David in Psalm 91 sprach, und den Ruth in der Geschichte durch ihren Verwandten und „Löser", Boas, erhalten hat. Nicht mehr allein und ungeschützt steht die Braut nun unter der Obhut und der Verantwortung des Königs. Da Heilung genauso im „Schatten Seiner bedeckenden Flügel" zu finden ist, begibt sie sich jetzt auf eine Reise der Wiederherstellung, die nur in Ihm und in Seinem Wort zu finden ist.

Sie wurde wie die Lilie, die sich weder abmüht, noch spinnt oder webt. Denn die Arbeit ihrer Hände gedeiht jetzt durch Seinen Segen und sie ist erfolgreich. Sie erlebt die „Frucht des Geistes". Diese ist sichtbar in ihr. Sie hat geschmeckt und gesehen, dass der Herr gut ist!

DIE FESTHALLE

Er hat mich in die *Festhalle* gebracht, oder wörtlich in „das Haus des Weines". Laut *Brown Driver Briggs Hebräisch und Englisch Lexikon* wird *Fest* mit *Wein* übersetzt.[3] Es ist der Ort, an dem Gläubige die Gnaden und Segnungen Christi empfangen. *Festhalle* bezieht sich auf einen Ort oder ein Haus, wo ein König oder reiche Winzer normalerweise Wein tranken. Der König hat also seinen Palast verlassen und ist in Sein Weingut gekommen. Dort suchte Er Seine Braut, die Ihn ihrerseits nicht suchte, noch Seiner würdig war. Jesus bezieht sich übrigens im Gleichnis von der kostbaren Perle ganz klar auf diesen Sachverhalt. Damit gab er uns auch einen Hinweis auf den großen Preis, den Er zahlen würde, worauf sich auch Paulus bezieht (vgl. Römer 10:20). In dem Moment, wo die Braut eingeladen und in die Festhalle, das Haus des Weins, gebracht wird, kommen wir zum Verlobungsangebot. *„In Seinem Schatten saß ich mit großer Freude"* (unter dem Schatten Seiner Flügel). Um in die Festhalle hineingebracht zu werden, müssen wir uns „mit großer Freude“ am Herrn freuen und nach nichts auf der Erde mehr verlangen als nach Ihm allein (vgl. Hohelied 2:3).

Sie sagt: *„Er führte mich …“* (Hohelied 2:4). Das Wort „führen“ hat ein breites Bedeutungsspektrum. In diesem Fall drückt es aus: *Einer Person vorangehen, sie führen* oder *zu einem Ort begleiten.* Eine tiefere Bedeutung des Wortes ist *wiederherstellen.* Der Kern dessen, was die Braut hier ausdrückt ist, dass Er die Quelle ist, das Mittel, der Vermittler, das eingreifende und ausführende Organ, durch dessen Liebe wir durch die Tür in Sein Haus gebracht werden – in Seinen Palast, an Seinen Hof und vor allem in Seine Familie. Jesus sagte von Sich, dass Er der gute Hirte und die Tür sei, der *eine* Mittler, durch den wir in eine wiederhergestellte Beziehung mit Gott dem Vater eintreten (vgl. Johannes 10:1-18, 14:6). Sein Festmahl, Sein Tisch, der Tisch des Herrn und der Wein im Hohelied repräsentieren Gemeinschaft, Vertrautheit, den Ort, an dem wir in Einheit mit Ihm kommen, an dem wir eins werden.

Als Trankopfer symbolisiert Wein in der Bibel das Leiden Christi, Sein Blutvergießen, Seine völlige Hingabe, indem Er Sein Leben als Opfer für uns gab. In gleicher Weise spricht Paulus in 2. Timotheus 4:6 davon, als Trankopfer ausgegossen zu werden, um seine völlige Hingabe, sogar bis in den Tod, zu symbolisieren. Der springende Punkt ist die völlige Hingabe: sowohl von Jesus an Seine Gemeinde und dann von uns, indem wir uns Ihm völlig und restlos hingeben und uns unserer Selbst entleeren. Das ist echte Anbetung. Diese Art der Anbetung stellt den Zusammenhang mit dem „Weinhaus“ her, von dem wir im Hohelied lesen: Eine Anbetung, die enthusiastisch, lebendig und voller zum Ausdruck gebrachter Gefühle ist. Eine Anbetung, die vor Begeisterung übersprudelt. Es ist eine Feier, eine Zeit der Freude. Es wird angenommen, dass das hebräische Wort für Wein (*yayin*) und die Augen der Taube (*Yonah*) vom gleichen Wort abstammen. Einem Wort, das wir mit *überschäumend, berauschend* übersetzen würden.

So wie das Trinken von Wein das Herz berauscht, so berauschen die Augen der Taube – der Braut – das Herz des Königs. Es ist diese Art der Anbetung, die bewirkt, dass unser Herz eins mit Seinem wird.

Wirst du von dem Kelch trinken, den Er dir anbietet und damit Sein Verlobungsangebot annehmen? Willst du teilhaben an Ihm selbst? Willst du ganz vertraut mit Jesus sein und unter Sein Banner kommen?

SEIN BANNER ÜBER MIR IST LIEBE

Wir alle wissen, was ein Banner ist. Jede Nation, einzelne Staaten oder Bundesländer innerhalb von Nationen, einzelne Stammesgruppen inklusive ihrer Armeen verfügen bis zu diesem Tag über Flaggen und Banner. Mit ihnen kennzeichnen sie Gebiete und darunter versammeln sich die, die ihrer Gruppe treu sind und sich dem Banner zugehörig fühlen. Liebe ist das Kennzeichen – das Banner von Jesus und Seiner Braut-Gemeinde. Seine Liebe für uns beweist der von Ihm gezahlte hohe Brautpreis, der nötig war, um Seine Gemeinde zu gründen, sie zu Seiner Familie zu machen und sie unter Seine Bedeckung und Seinen Schutz zu führen. Für uns, Seine Braut, ist unser Banner – unser Zeichen der Identifikation mit Christus –, unsere Liebe untereinander (vgl. Johannes 13:34-35). Aber wie ist das mit unserer Liebe, die wir Jesus zurückgeben? Was bedeutet es, Ihn zu lieben? Natürlich spricht das Hohelied von Zuneigung und Liebe zwischen einem Mann und einer Frau, aber lasst uns die Definition von Liebe etwas genauer aus der biblischen Perspektive betrachten.

Laut *Thayer's Greek Lexicon* wird der griechische Ausdruck *agapé* in der Bibel erstmalig in der Septuaginta-Übersetzung (LXX) des Alten Testaments gefunden. Dort ist ἀγάπη (*agapé*) die gewählte Übersetzung für das hebräisch אַהֲבָה (*ahabah*) im Hohelied 2:4.5.7;

3:5.10; 5:8; 7:6; 8:4.6.7. *HELPS Word-studies* erklärt *agápē* als Liebe, welche die moralische Präferenz in den Mittelpunkt stellt. Auch in der säkularen griechischen Antike fokussiert *agápē* eine Präferenz. Ebenso bedeutete die Verbform *agapáō* in der Antike *bevorzugen.* Im Neuen Testament bezieht sich *agápē* üblicherweise auf göttliche Liebe, die uns sagt, was Gott bevorzugt. Es ist stammverwandt mit *agapáō,* was *bevorzugen* und *lieben* bedeutet. Für den Gläubigen weist es darauf hin, bevorzugt „durch Christus zu leben" (vgl. 1. Johannes 4:9-10), das heißt, Gottes Willen anzunehmen, Seine Weisungen zu suchen und diesen durch Seine Kraft gehorsam zu sein. Im Wesentlichen meint *agapáō* also, dass Christus Sein Leben durch den Gläubigen lebt.

Agápē bedeutet auch Taten der Nächstenliebe, Hilfe oder Güte – als Geschenk. Im Sinne der hebräischen Kultur meint eine solche Liebe, wie man einen nahestehenden, bevorzugten Menschen als Geschenk betrachtet und behandelt. Die Art und Weise, wie man beispielsweise den Ehepartner, die Eltern oder das Kind beschützt und versorgt. Jesu Geschenk an uns ist in der Tat Er selbst und beinhaltet Sein ewiges Leben in Gottes Gegenwart und noch so viel mehr, das wir mit Jesus erben werden. Und wie wir schon gesehen haben, können wir uns entscheiden, zu lieben. Das heißt, wir entscheiden uns für jemanden. Lesen wir also das Wort „Liebe", insbesondere die Anweisung im Hohelied, dass wir die Liebe „nicht erregen noch erwecken" sollen (vgl. Hohelied 2:7 SLT), erkennen wir darin einerseits die Erwählung der Braut durch den Bräutigam. Auf der anderen Seite bezieht es sich auf die Wahl der Braut, Ihm ihr Leben voll und ganz zu übergeben, Ihm zu gehorchen und zuzulassen, dass Sein Leben durch sie andere Menschen erreicht. Sagen wir also, wir lieben Ihn, sind aber in unserem Herzen nicht aufrichtig, so ist diese Aussage bedeutungslos. In der hebräischen Kultur kommt dies sogar einer Lüge gleich, wenn nach einer solchen Aussage keine entsprechende Handlung folgt. Also ist es von größter Bedeutung, wie wir dieses wertvollste aller Geschenke behüten und sichern. Diese Art Liebe ist von Leidenschaft geprägt und in keinster Weise untätig. Kühlt sie ab, achten wir nicht mehr auf Sein Reden, werden ungehorsam und achten nicht mehr auf die „kleinen Füchse", welche die Beziehung zu Ihm verderben und zerstören wollen. Wird sie gar lauwarm, wird sie von Jesus nicht mehr als wahre Liebe anerkannt (vgl. Offenbarung 2:4-5).

Das Wort „Banner" weist auf *Armeen* und *Krieg* hin. Der Wortstamm des Wortes *Banner* im Hohelied 2:4 kommt von 2. Mose 17:15.

> Da sprach der HERR zu Mose: Schreib das zum Gedenken in ein Buch und präge es den Ohren Josuas ein: Ich will das Andenken Amaleks ganz und gar austilgen unter dem Himmel! Und Mose baute einen Altar und nannte ihn: „Der Herr ist mein Kriegsbanner". Und er sprach: Weil eine Hand [zum Schwur erhoben] ist auf dem Thron des HERRN, soll der Krieg des HERRN gegen Amalek währen von Geschlecht zu Geschlecht!"
>
> 2. Mose 17:14-16, SLT

Mose sagte: „Der-Herr-ist-mein-Banner (YHWH Nissi), weil Er geschworen hat, Krieg zu führen …"

Gott hatte gesagt: *„Ich will das Andenken ganz und gar austilgen"* (das *Austilgen des Andenkens* bedeutet *abschaffen*, *aus dem Gedächtnis auslöschen*, *wegwischen*, *löschen*, *widerrufen*, *beseitigen*); es kann auch bedeuten *mit Öl berühren* oder *glätten*. Durch Seine Liebe, durch die Salbung Seines Namens und durch Seinen Geist wird Jesus die Erinnerung und den Schmerz unserer Vergangenheit sowie unseren Feind völlig beseitigen. Eine wunderbare Wahrheit, die wir uns in Kapitel 5 noch genauer ansehen werden.

Das Kennzeichen ist Liebe. Die Braut ist sowohl davon bedeckt, als auch dadurch beschützt. Es ist ihre neue Identität. Liebe zeichnet von nun an ihren Charakter aus.

FRÜHLING: SEINE ERSTE ANKUNFT AUF DER ERDE

DER GRUND FÜR SEINE ERSTES KOMMEN

Das erste Kommen Jesu zur Erde hatte das Ziel, einen neuen Bund zu schließen, sich mit einer Braut zu verloben. In Hohelied 2:9 sagt die Braut:

> Siehe, da steht er hinter unserer Mauer, schaut zum Fenster hinein, blickt durchs Gitter.
>
> Hohelied 2:9, SLT

„Siehe" lautet im Hebräischen *hinneh*. Im Deutschen würden wir *hinneh* mit dem „intensiven Anschauen" einer bemerkenswerten, beeindruckenden Person oder eines Gegenstandes übersetzen. *Hinneh*, ein Wort abgeleitet von *hen*, bedeutet, etwas mit dem Ausdruck von Überraschung anzublicken oder über etwas Unerwartetes, wie eine Begebenheit oder eine Tatsache, zu staunen.

> Siehe, ich sende meinen Boten, der vor mir her den Weg bereiten soll; und plötzlich wird zu seinem Tempel kommen der Herr, den ihr sucht; und der Bote des Bundes, den ihr begehrt, siehe, er kommt!, spricht der HERR der Heerscharen.
>
> Maleachi 3:1, SLT

Es scheint, dass hier das überraschende Auftreten einer bemerkenswerten, eindrucksvollen Person und eines ebensolchen Ereignisses beschrieben wird. Dieses Ereignis beschreibt den „Fleisch gewordenen Gott", der in Raum und Zeit der Menschen kommt. Die Braut sagt: *„Da steht er …"*. Im Hebräischen lässt diese Aussage eine Vielzahl an Möglichkeiten und Rückschlüssen zu. Zum Beispiel: Er steht auf, Er kommt ins Dasein, Er erscheint auf der Bildfläche, Er stellt eine Armee auf, Er verweilt, Er bleibt und Er hat sich hinter unserer Wand positioniert. „Wand" bezieht sich hier auf die Wand eines Hauses oder die Mauern um einen

Ort. Aber was noch wichtiger und interessanter ist: „Wand" meint in diesem Zusammenhang auch den physischen Körper, den Wohnort unserer Seele und unseres Geistes. Hier wird das hebräische Wort *Kothel* verwendet. Der Wortstamm von *Kothel* bedeutet *eng zusammengedrängt, alle Bestandteile auf engem Raum unterbringen*. In einem Sinn wird hier Jesus dargestellt: Das Wort Gottes, das einen menschlichen Körper aus Fleisch und Blut bewohnt. So war es Jesus möglich, die Natur des Menschen ganz und gar durch die Augen der Menschheit zu sehen und zu erleben. Durch die Fenster unserer Seelen bestaunte Er Seine verlorenen Kinder aufmerksam, voller Liebe und Bewunderung. Er ließ das Licht Seiner Wahrheit in das Herz und in den Verstand der Menschen scheinen und gab den Menschen die Fähigkeit, aus der Dunkelheit hinauszusehen. Unser Bräutigam, Jesus, besuchte ihr Zuhause und überwand die Kluft zwischen Gott und Mensch, zwischen dem übernatürlichen Himmelreich und dem natürlichen Bereich der Erde, um sich mit einer Braut zu verloben. Er schaffte einen Neuen Bund und setzte diesen während der Zeit des jüdischen Frühlingsfestes in Kraft.

Es ist sehr interessant, die Aussage der Braut, „Er blicke durch ‚unser Gitter'", näher zu untersuchen. Ein solches Gitter entstand übrigens durch das Kreuzen von hölzernen Latten. Ist es nicht erstaunlich, was man allein aus dieser Aussage ableiten könnte? Sinn und Zweck von Gittern war die Abschirmung von Fenstern, Innenhöfen und Balkonen, um vor allem Frauen vor den Blicken der Männer zu schützen. Im Wesentlichen ist ein Gitter ein Bauelement, das zur Abtrennung dient, ein Element, das sowohl den Blick verstellt als auch den Zugang verdeckt. Jesus erzwingt sich keinen Zugang zu unserem Leben und unseren Seelen. Doch Er lockt uns, damit wir uns Ihm gegenüber öffnen und Ihm Zugang zu unserem Herzen und Leben gewähren. Dadurch macht Er Seine Gemeinde zu miteinander verwobenen Zweigen. Diese sind mit Ihm, dem Weinstock, verbunden und um Ihn herum gewunden.

DER WINTER IST VERGANGEN

> Mein Geliebter beginnt und spricht zu mir: „Mach dich auf, meine Freundin, komm her, meine Schöne! Denn siehe, der Winter ist vorüber, der Regen hat sich auf und davon gemacht; die Blumen zeigen sich auf dem Land, die Zeit des Singvogels ist da, und die Stimme der Turteltauben lässt sich hören in unserem Land ..."
>
> Hohelied 2:10-12, SLT

Der Winter ist vergangen. Der Frühling beginnt – die Jahreszeit des Passahfestes, des Festes der Erstlingsfrucht und Pfingsten. Damit beginnt die Zeit neuen Lebens, eine neue Saison, die Ausgießung von Regen. Es ist die Zeit im Jahr, in der die Turteltaube – ein Symbol für den Heiligen Geist – zu sehen ist. Zu dieser Jahreszeit starb Jesus und in dieser Jahreszeit stand er vom Tod auf. Es folgte die Ausgießung des Heiligen Geistes. Der Winter war vergangen; die Jahreszeit, die man mit Dunkelheit, Tod, Unfruchtbarkeit, Leere, Unproduktivität verbindet. Der Fluch, Tod und die Dunkelheit sind vorüber. Neues Leben, eine Wiedergeburt, Auferstehung, Fruchtbarkeit, Segen und Ernte beginnen. In dieser Zeit hat Jesus alles neu gemacht.

Ruth, die auch als Vorbotin für die neutestamentliche Gemeinde Christi steht, wurde ihrem Erlöser und Befreier Boas zur Zeit des Passahfestes und während der Gerstenernte vorgestellt. Das war die Zeit, in der sie mit ihm verlobt wurde und so unter seine Obhut und seinen Schutz kam (vgl. Ruth 2:17). Ebenfalls im Frühling erreichte der erste Besuch des Königs im Haus der Braut seinen Höhepunkt (zu lesen in Hohelied 2:8 und bis Kapitel 3). In genau diesem sehr besonderen Zeitabschnitt erfüllten sich die beiden Feste: Passah und Pfingsten, die das Zeitalter der Gemeinde Jesu einläuteten. Betrachten wir die zweite Hälfte des zweiten Kapitels, sowie den Großteil des dritten Kapitels genauer, erkennen wir hier sowohl das Angebot zur Verlobung, den Brautpreis und auch die Ankunft des Heiligen Geistes. Dabei ist zu beachten, dass zwischen

Pfingsten und dem jüdischen Neujahr sowie den Herbstfesten die lange, heiße und trockene Sommerzeit liegt.

Hohelied 2:8 besagt, dass Er über die Berge kommt. Jesaja hat es in Jesaja 52:7 prophezeit und von Paulus wird es in Römer 10 bestätigt: Jesu Füße sind auf den Bergen und bringen die „Gute Nachricht" der Errettung erst den Juden und dann den nichtjüdischen Nationen. Ich möchte an dieser Stelle gerne Vers 9 aus Hohelied 2 nochmal aus einer etwas anderen Perspektive beleuchten.

> Siehe, da steht er hinter unserer Mauer, schaut zum Fenster hinein, blickt durchs Gitter.
>
> Hohelied 2:9, SLT

Von Seinem Thron im Himmel blickt Jesus mit sehnsüchtigem Verlangen nach einer liebevollen Beziehung zu Seiner Schöpfung. Er kam vom Himmel herab und überwand die große Kluft zwischen der natürlichen und der geistlichen Welt (vgl. Lukas 16:26). Um uns auszusöhnen und die Wand der Trennung zwischen Gott und den Menschen niederzureißen, überquerte Jesus diese Kluft und ging über sie hinaus (vgl. Epheser 2:14-18). Wie wir in den darauffolgenden Versen sehen, sind wir aus dem Winter herausgerufen. Die Zeit des Todes ist vorüber. Wir können in die „Zeit des Frühlings" eintreten und damit in ein neues, wiederhergestelltes Leben. Jesus sagt: *„Wenn du Mich hörst, wenn du die Stimme Meines Heiligen Geistes hörst und Meine Einladung und den Preis, den ich für dich bezahlt habe, annimmst, werde ich dich an dem verborgenen Ort Meiner Gegenwart empfangen."* Und jetzt dürfen wir uns nicht mehr vor Ihm verstecken. Obwohl Seine Augen unser Herz und unsere Seele durchdringen und Satan versucht, uns durch Gefühle von Blöße, Verdamnnis, Schuld, Scham oder Unwürdigkeit niederzudrücken, sollten wir nicht erneut Mauern und Zäune aufrichten, die Jesus buchstäblich auf Abstand halten. Genauso wenig sollten wir aus Angst die Kontrolle zu verlieren, in unserer Hingabe und Anbetung Jesu gegenüber zurückhalten. Es geht darum, jede Form von Ängstlichkeit vor Seiner Gegenwart zu überwinden. Wir verstecken uns nicht mehr vor Ihm aus Angst, dass wir nackt wären (vgl. 1. Mose 3:10). Wir sollten nicht mehr vor Wänden nutzloser, religiöser und rein menschlicher Tradition stehenbleiben, die wirklicher Beziehung entbehren und nur den Anschein oder die Form von Gottesfurcht haben. Im Eigentlichen sind sie aber nichts anderes als Schatten und im besten Falle Abbilder von tiefer, herzlicher Beziehung zum Herrn (vgl. 2. Timotheus 3:5). Nein, wir dürfen uns Seiner Liebe und Barmherzigkeit hingeben, mit denen Er uns sanft in die engstmögliche, persönliche Beziehung zu sich zieht (vgl. Hosea 11:4).

Boas hat Ruth nicht gegen ihren Willen zu sich genommen. Ruth näherte sich ihrem Löser aus freien Stücken und demütig in Hingabe. Boas, nach jüdischem Gesetz ihr Erlöser, erfüllte alle Voraussetzungen und Vorgaben des geltenden Gesetzes. Er war ein Blutsverwandter, der willens und in der Lage war, den Preis zu zahlen, der den Loskauf von Ruth zur Folge hatte. Genauso nähert sich unsere Braut im Hohelied und meint jeden von uns, der danach verlangt, dass von Christus gemachte Angebot anzunehmen (vgl. 5. Mose 25:5-10; Johannes 1:14, 10:7.15-18; Römer 1:3; Philipper 2:5-8; Hebräer 2:14-15; 1. Petrus 1:18-19; Matthäus 20:28).

DIE ZEIT DER ERSCHEINUNG: DIE ZEIT ZU ANTWORTEN

> Mein Geliebter beginnt und spricht zu mir: „Mach dich auf, meine Freundin, komm her, meine Schöne! Denn siehe, der Winter ist vorüber, der Regen hat sich auf und davon gemacht; die Blumen zeigen sich auf dem Land, die Zeit des Singvogels ist da, und die Stimme der Turteltauben lässt sich hören in unserem Land; am Feigenbaum röten sich die Frühfeigen, und die Reben verbreiten Blütenduft; komm, mach dich auf, meine Freundin; meine Schöne, komm doch!"
>
> Hohelied 2:10-13, SLT

Wenn Er ruft, ist es an uns zu antworten! Wir wurden aus der Dunkelheit, aus dem Naturgesetz der Sünde heraus- und in Sein Licht hineingerufen: in Seine Wahrheit und in das Leben selbst. Und so wie Matthäus 22 und Offenbarung 19:9 verdeutlichen, wird es in der Zukunft eine Hochzeit geben, zu deren Teilnahme wir berufen und zu der wir eingeladen sind. Viele erhalten diese Einladung, aber nur wenige nehmen sie an. Nur wenige sind passend gekleidet.

In Hohelied 1:5 erkennt die Braut, dass sie „schwarz ist wie die Zelte von Kedar", aber lieblich. Sie wurde eine Person, die zu Ihm sagte, Er solle sie „ziehen", hinwegführen.

Im *Gesenius Hebräisch-Chaldäisch Lexikon* steht, dass *Kedar* vom Wort *Qadar* abstammt, was *dunkel, schmutzig* und auch *trauern* oder *als Trauernde schmutzige Kleidung tragen* bedeutet. Die Braut wünscht sich eine Verwandlung. Als Folge nimmt sie Christus an. Genau wie in Hosea 11:4 beschrieben, hat Er sie mit Liebe zu sich gezogen. Er, ihr Bräutigam, heilte sie, gab ihr zu essen, nahm ihr das Joch der Unterdrückung, der Knechtschaft und der Unterwerfung unter die Sünde ab. Indem sie Seine Heiligung annahm, entkam sie ihrem Gemach aus Dunkelheit, Trauer und Leid. Sie hat ihre schmutzigen Kleider gegen Seine herrlichen Kleider, ihre Ungerechtigkeit gegen Seine Gerechtigkeit eingetauscht. Dies alles verbirgt sich in ihrer Aussage „wie die Zelte von Kedar". Er zieht uns nicht wie Sklaven zu sich, Er zwingt uns nicht, sondern gibt uns die Möglichkeit, Ihm freiwillig aus Kedar und Mesech zu folgen (vgl. Johannes 6:35.44; 12:32; 1. Petrus 2:9; Psalm 45:10, 120:5-7; 1. Mose 12:1-3).

Jetzt ist die Zeit, der Stimme und dem Ruf des Herrn zu folgen. Wir Christen – aber auch die Welt um uns herum – müssen diese Zeit erkennen: Die Zeit, in welcher der Heilige Geist ausgegossen wurde; die Zeit, in der Er spricht und wirkt. Der Feigenbaum blüht! Und wie Matthäus 24:27-34 es rät, müssen wir die Zeichen unserer Zeit erkennen. Es bleibt nicht mehr viel Zeit. Und, wir wollen nicht wie die Menschen in Jesu Tagen sein, die Ihn verpasst haben. Lukas 19:41-44 warnt uns vor einem bevorstehenden Tag, an dem es für all diejenigen zu spät sein wird, die Gottes Angebot nicht für sich erkannt haben. Die Gelegenheit der *Kairos*-Zeit Gottes ist jetzt. Das Angebot Jesu besteht nur für eine begrenzte Zeit. Wir sollten dieses Angebot voll und ganz ausschöpfen, solange es noch zur Verfügung steht. Jesaja 55:6 mahnt uns, den Herrn zu suchen, solange Er gefunden werden kann. Wie die Braut im Hohelied darfst du jetzt in Seinen Bund eintreten, falls noch nicht geschehen. Denn der Tag wird kommen, an dem das Angebot nicht mehr gilt.

DAS EINTRETEN IN DEN BUND

Wie schon erwähnt, sitzt die Braut in Hohelied 2:3 in Seinem Schatten, was sich auf Seinen Schutz und Zufluchtsort bezieht. Wenn man sich tiefergehend mit dem Wort „Schatten" im Hebräischen beschäftigt, entdeckt man den Reichtum der Wortbedeutung. *Strong's Exhaustive Concordance* weist darauf hin, dass das Wort von den hebräischen Wörtern *tselel* und *tsalal* abstammt und die Vorstellung von *über etwas schweben, überschatten* und *in Ruhe versinken* vermittelt. Im Buch Ruth finden wir die gleiche Beschreibung. Hier wird der Ausdruck „unter den Flügeln" gebraucht, um zu beschreiben, wie Ruth unter die Autorität ihres Ehemannes gelangt. Durch einen Ehebund wurde Ruth aus ihrer persönlichen Notlage gerettet und trat sozusagen in die *Ruhe* ein. In den Psalmen lesen wir, dass sich „unter dem Schatten" auf all diejenigen bezieht, die ihr Vertrauen in den Schutz des Herrn gesetzt haben. Es sind die, die in Seiner Gegenwart leben, die aus der Dunkelheit herausgebracht wurden und vom Tod erlöst sind. Die Braut ruht also in Seinem Schatten, behütet und komplett beschützt, da sie die Wahl getroffen hat, unter Seine Vollmacht zu kommen und Ihm zu vertrauen (vgl. Ruth 3:9; Psalm 17:8, 36:7-9). Erlöst vom Tod und aus der Dunkelheit in Sein herrliches Licht gerufen sind wir, die wir einst von Gott entfremdet waren, ganz Sein – und sogar zur Wohnung Gottes geworden.

SCHATTEN

In Hohelied 2:17 nimmt die Braut Bezug auf den Anbruch des Tages und auf das Fliehen der Schatten, sowie auf die Scheideberge (im Englischen „Mountains of Bether", Anm. der Übersetzerin). *Bether* bedeutet im Hebräischen *teilen* oder *trennen* und stammt von dem Wort *bather*, das *schneiden* bedeutet. Wir sehen hier zwei bildliche Ausdrücke: *Bether* bezieht sich auf die Trennung von Braut und Bräutigam, oder anders ausgedrückt, das, was sie entfernt oder getrennt voneinander hält. *Bather* ist ein Hinweis auf das Zerschneiden, das zur Schließung eines Bundes immer dazu gehört. In der Bibel wird beschrieben, dass ein Tier in zwei Hälften geschnitten wurde, als Gott den Bund mit Abraham schloss. Obwohl sie getrennt sind, ist die Braut unter dem Schatten des Bräutigams in die Bundesbeziehung eingetreten. All das sollte uns auf eine weitere Bedeutung des Wortes „Schatten" weisen. Schatten, wie er uns bekannt ist, kann von einer Kopie oder der Darstellung einer geistlichen Realität sprechen. Hebräer 8 und 10 weisen darauf hin, dass der Hohepriester, die Stiftshütte, die Opfergaben und der Alte Bund nur Schatten, Kopien und Abbilder von Christus und unserem Neuen Bund in Ihm sind. Sie weisen auf das wirklich Wesentliche hin und deuten es voraus: Auf Christus selbst!

> Niemand soll euch also Vorhaltungen machen wegen dem, was ihr esst oder trinkt oder was ihr an den Festen, am Neumondstag oder am Sabbat tut. Das ist doch alles nur ein Abbild und ein Schatten der Dinge, die Gott angekündigt hatte und die in Christus Wirklichkeit geworden sind.
>
> Kolosser 2:16-17, NGU

Nachdem das Verlobungsangebot angenommen und der Bund eingeleitet wurde, erwähnt die Braut in Hohelied 4:6 nochmals die Schatten. Nur ein paar Strophen später bleibt sie ein umschlossener Garten, ein versiegelter Brunnen im Warten auf ihre

Eheschließung, im Warten, auf das, was bald kommen soll. Auch wir sind versiegelt für den Tag der Erlösung, für den Tag, an dem Er kommt, um Sein erworbenes Eigentum – Seine geliebte Braut – zu holen (vgl. Epheser 1:13-14). Obwohl wir durch den Bund bereits in Beziehung stehen, obwohl Sein Geist in Seiner Gemeinde wohnt, bleiben wir körperlich getrennt, während Er ein Zuhause für Seine Braut bereitet.

Hiob 8:9 sagt, unsere Tage auf der Erde sind ein Schatten! Hier symbolisiert „Schatten" also das, was keinen ewigen Bestand hat. Die Braut spricht also auch von dem Tag, an dem wir die Ewigkeit, die Unvergänglichkeit und das Ende unserer sterblichen Lebensdauer erreichen; von der Zeit, in der wir nicht mehr dem Tod unterstehen.

„Abends, wenn es kühl wird", kann mit *Atem* übersetzt werden oder *als ein frischer Wind aufkam*, was sich in der Zeit vor Adams Fall auf die Tageszeit bezog, *„in welcher der Herr eintrifft"*. Wir werden von Angesicht zu Angesicht vor Ihm stehen, wenn der Abend kommt, oder wenn das Ende des Tages der Trennung kommt.

Zum ersten Mal wird hier die „Zeit der Trennung" (Verlobung) in Hohelied 2:17 durch die Verwendung des Wortes *Bether* erwähnt. Wir erkennen, die Braut wird am Ort der Heiligung getrennt bleiben und warten, bis Er zurückkehrt, um Seine Braut zu erlösen. Zum letzten Mal wird die Trennung in Hohelied 4:6 mit *abends, wenn es kühl wird* erwähnt. Dann wird sie an dem Hügel bleiben, der nach Myrrhe und Weihrauch duftet. Bis zum Verschwinden der Schatten wird die Braut von Seinem Opfer durchgetragen.

Schatten erinnern uns auch an den prophetischen Charakter des Hoheliedes und der Braut. Prophetie kann eine Vorausschau sein, die sich dem Verstand bekannt macht. Es kann ein Wort Gottes sein, das sich auf etwas Gegenwärtiges bezieht oder eine Voraussage trifft, die sich auf die Zukunft bezieht. Prophetien beinhalten oft Demonstrationen oder Zeichen. Gott spricht nicht nur durch Männer und Frauen und Sein geschriebenes Wort, die

Bibel, sondern Er demonstriert auch das Kommende als eine Art „Wegbereiter“ und „Schatten“ - Abbilder – auch durch historische Ereignisse. Ein markantes Beispiel dafür ist Antiochus Epiphanes. Die Braut im Hohelied ist in der gleichen Weise ein prophetisches Bild oder Schatten, wie zum Beispiel Ruth und Elia vorausschauende Bilder oder „(Vor-)Schatten“ der Gemeinde sind. Ebenso ist die Gemeinde – so wie es auch Johannes der Täufer war – ein Bild und (Vor-) Schatten von dem Elia, der noch kommen soll: Ein Wiederhersteller der Herzen der Kinder zu ihrem Vater.

DIE TAUBE

Im Hohelied gibt es zwei verschiedene Arten von Tauben. Die erste erwähnte Taube entspricht der in der Geschichte Noahs in 1. Mose 8:8-12. Die andere wird in 1. Mose 15:9 angeführt, als Gott mit Abram einen Bund schließt und ihm Seine Verheißungen gibt. Diese Art von Taube wird auch in 3. und 4. Mose erwähnt. Es ist die Turteltaube. Auf Hebräisch heißt sie *Tor*, ein „sauberer“, moralisch und zeremoniell reiner Vogel, annehmbar als ein Opfer – vor allem in biblischer Zeit – für nicht wohlhabende Menschen. Einen Hinweis auf dieses Opfertier finden wir in Hohelied 2:12 in Bezug auf eine „Stimme, die im Land gehört“ wird. Die anderen sechs Male, wenn von einer Taube geredet wird, taucht das hebräische Wort *yonah* auf. Diesem Wort wird die gleiche Bedeutung zugeschrieben, wie dem Wort *yayin*, was Wein oder Festwein bedeutet. Das griechische Pendant für *yonah* wird verwendet, um den Heiligen Geist zu beschreiben, der als Taube auf Jesus herabkam. Jesus befahl den ausgesandten Jüngern, *„ohne Falsch wie die Tauben“* zu sein (vgl. Johannes 1:32; Matthäus 3:13, 10:16).

Schon bald, nachdem sich die Braut wieder zu Seiner Herde gesellt hat, verkündet der Bräutigam in Hohelied 1:15, dass sie schön ist. Nicht nur äußerlich, sondern auch im Inneren. Er beschreibt ihre Augen als „Augen einer Turteltaube“. Was macht diese Taube so bedeutsam? Das Wichtigste zuerst: Die Turteltaube ist ein Symbol für den Heiligen Geist (vgl. Johannes 1:32). In seinem Buch „The Sensitivity of the Spirit" (Die Empfindsamkeit des Geistes, Anm. der Übersetzerin) erklärt R.T. Kendall diesen Zusammenhang sehr detailliert.

Zweitens sind Tauben ein Symbol der Unschuld. Ihre Attribute *harmlos* und *sanft* stellen die Eigenschaften dar, die sich Jesus von Seiner Gemeinde wünscht (vgl. Matthäus 10:16; Philipper 2:14-16). Jeder weiß, dass die Turteltaube ein Symbol des Friedens ist. Interessanterweise sind viele weitere Charakterzüge der Taube für die Gemeinde von Bedeutung.

Ich zitiere R.T. Kendall aus seinem Buch „The Sensitivity of the Spirit":

> Ich habe mit Experten über Tauben und insbesondere die weiße Turteltaube gesprochen [...] Sie beharren alle darauf, dass es nahezu keinen Unterschied zwischen den verschiedenen Taubenarten gibt, außer natürlich, man vergleicht eine der grauen Taubenarten mit einer [weißen] Turteltaube. [...]. Laut Peter Cantrell ist die Turteltaube komplett andersgeartet [...].
>
> Kendall, 2002, S. 19-21 [4+5]

> Turteltauben können nicht dressiert oder gezähmt werden. [...]. Sie paaren sich mit nur einem Partner für das ganze Leben und fliegen immer nur so weit fort, dass sie noch in Hörweite voneinander sind. [...]. Lässt man Turteltauben aus ihrem Käfig, kehren sie nie dorthin zurück, außer es gibt sonst keine andere Nahrungsquelle.
>
> Stone, 2013 [6]

Tugendhaft, treu, loyal, nicht der Welt angepasst, schwer zu manipulieren, zu kontrollieren oder zur Anpassung zu bewegen. Einander nahe bleibend, die Stimme Seines Geistes erkennend und auf sie hörend. Das hat Jesus für Seine Gemeinde beabsichtigt. Bevor wir noch weiter über die Taubenaugen der Braut sprechen, möchte ich noch einmal die Flügel der Taube ansehen.

DIE FLÜGEL DER TAUBE

„Vor Jahren stellte der große Evangelist Leonard Ravenhill fest, dass sich auf dem rechten und linken Flügel der Taube jeweils neun Flugfedern befinden. Er wies darauf hin, dass es genauso neun Gaben des Heiligen Geistes gibt (vgl. 1. Korinther 12:7-10) sowie neun Früchte des Geistes (vgl. Galater 5:22-23). Weiterhin besitzt eine Taube fünf Schwanzfedern, die für die Gaben des fünffältigen Dienstes stehen können – Apostel, Propheten, Pastoren, Evangelisten und Lehrer (vgl. Epheser 4:11). Die Schwanzfedern der Taube entsprechen dem Steuerruder eines Schiffes – sie helfen mit, das Gleichgewicht und die Flugrichtung zu halten, genauso wie die Gaben des fünffältigen Dienstes in der Gemeinde Gleichgewicht in den Leib Christi bringen.“[10]

In Johannes 1:32 lesen wir, dass der Heilige Geist auf Jesus herabkam und auf Ihm blieb; genau das sollte auch bei Seiner Braut geschehen. Eine Gemeinde, die ohne den Heiligen Geist und ohne die Gaben des Geistes operiert, ohne die dazugehörige Frucht und ohne die Persönlichkeits- und Charakterzüge von Jesu Geist – eine Gemeinde, die nicht alle fünf Ämter des fünffältigen Dienstes beinhaltet und schätzt, ist keine wahre, gesunde und wirkungsstarke Gemeinde. Wir sehen aus dem zuletzt angeführten Zitat, dass die Turteltaube neun Flugfedern auf jedem Flügel benötigt, wenn sie ausbalanciert bleiben will: Die neun Gaben des Geistes und die neun Früchte des Geistes. Ohne sie kann auch die Gemeinde nicht ausbalanciert sein und fliegen. Und ohne die fünf primären Schwanzfedern – die Dienstgaben – fehlt der Gemeinde der wirkungsvolle Kompass, um Gottes Willen auszuführen oder Richtung, Bestimmung oder Wahrheit aufrechtzuerhalten.

DIE AUGEN DER TAUBE

Bevor wir über die Augen der Turteltaube sprechen, müssen wir uns das hebräische Wort für diese Art Taube, *Yonah*, genauer ansehen. Wie schon gesagt, stammt das Wort von dem hebräischen Wort *yayin* ab. Das wiederum bedeutet Wein, ist speziell von einer schwarzen Traube und stellt auch eine Verbindung zu *Festessen* und *Bankett* her. Lass uns die Traube und den Wein begutachten, ohne zur *Festhalle* zurückzugehen. Jesus ist der Weinstock und wir sind die Reben, an denen die Trauben wachsen. Wir sind nicht nur Seine Gemeinde, um mehr Trauben zu produzieren – mit anderen Worten, andere ins Königreich und in die Familie Gottes zu bringen. Wir sollen auch den Heiligen Geist wie Ströme lebendigen Wassers aus uns heraus freisetzen. Wir sollen mit Ihm, dem Weinstock verbunden sein und Ihm gehorsam bleiben. Nur so können wir ertragreich sein, denn ohne Jesus können wir nichts tun (vgl. Johannes 15:1-11).

Die Braut hat die Augen einer Taube. Sie sollten immer auf Ihn fokussiert sein. Wir müssen unsere Augen allein auf Ihn gerichtet halten: treu, loyal, kompromisslos. Wir müssen uns vor den Füchsen hüten, die darauf aus sind, den Weinstock zu verderben. Da wir – wie die zarten Trauben – verletzlich sind, müssen wir unsere Herzen schützen. Es gilt, diese eine Beziehung zu behüten und den Ablenkungen und Hindernissen nicht zu erlauben, dazwischenzukommen. Es ist entscheidend, mit Seinem Heiligen Geist gefüllt zu sein, dem Geist der Wahrheit, unserem Tröster, Ratgeber, unserem Schutz. Denn auch, wenn unser Herz hingebungsvoll bleibt, kann es abkühlen und das lodernde Feuer der Leidenschaft verlieren. Wie wir noch später in diesem Buch sehen, beginnen sich Dinge einzuschleichen. Dinge, welche die Innigkeit der Beziehung untergraben und zerstören wollen. Oft nutzt der Feind gerade die kleinen Dinge, um uns von unserer Zeit mit unserem Herrn abzubringen. Solche nebensächlichen Ablenkungen können sich summieren, bis wir irgendwann Seine Stimme nicht mehr klar hören können und für Seine Gegenwart nicht mehr empfänglich sind. Wir müssen eine Umgebung schaffen, die unser „in Ihm bleiben" fördert. Denn dort können diese „beißenden und verschlingenden Füchse" weder wachsen, geschweige denn überleben.

DIE STIMME DER TURTELTAUBE

Die Turteltaube ist ein Zugvogel. Sie taucht zeitig im Frühjahr in Judäa auf, wenn die Blätter hervorkommen, die Blumen sich öffnen und alles hübsch und schön aussieht. Dies erklärt uns einige Verse im Hohelied:

> Steh auf, meine Freundin, meine Schöne, und komm! Die Regenzeit liegt hinter uns, der Winter ist vorbei! Die Blumen beginnen zu blühen, die Vögel zwitschern, und überall im Land hört man die Turteltaube gurren.
>
> Hohelied 2:10-12, HFA

Sie bleibt da, bis der Sommer vorbei ist; dann fliegt sie weg, in ein wärmeres Klima, um den Winter dort zu verbringen. Darauf bezieht sich David, als er sagt:

> Und ich sprach: O, dass ich Flügel hätte wie die Taube; ich würde davonfliegen, bis ich Ruhe fände! Siehe, ich wollte weit weg fliehen, mich in der Wüste aufhalten; (Sela.) ich wollte zu meinem Zufluchtsort eilen vor dem brausenden Wind, vor dem Sturm.
>
> Psalm 55:7-9, SLT

Du findest diese wunderschönen Verse in Psalm 55.

Stone, 2013 [10]

Das regt zum Nachdenken an, vor allem, wenn wir uns später mit der Seele der Braut befassen, die in Kapitel 6 so wie die königlichen Prachtwagen gemacht wird. Die Stimme der Turteltaube ist die Stimme des Herrn und Seines Geistes. Sie ruft und zieht Menschen zu sich, die Ihn als ihr Opfer annehmen; die den Brautpreis und das Angebot der Verlobung annehmen.

TAUFE: DAS BAD IM LEBENDIGEN WASSER

In Hohelied 4:2 und 6:6 lesen wir von *„Schafen, die aus der Schwemme heraufkommen"*. „Schwemme" entstammt in diesem Fall dem hebräischen Wort für „gebadet", „abgewaschen" oder „weggewaschen". Dieses Wort wird für die vorgeschriebene zeremonielle Waschung mit Wasser, beispielsweise für die Reinigung und „Weihe Aarons" und seiner Söhne, gebraucht, bevor sie als Priester in der Gegenwart Gottes dienten (vgl. 2. Mose 29:4, 30:20, 40:12). Das jüdische Ritualbad oder die *Mikwe* in einem Becken mit lebendigem Wasser, ist der Ort, an dem ein vollständiges Eintauchen, oder die Taufe, stattfand. Zwei der vielen Dinge, die die *Mikwe* symbolisiert, sind der *Mutterschoß* und das *Grab*. Demzufolge repräsentiert die Taufe Leben und Tod. Taufe durch vollständiges und komplettes Eintauchen steht für *Heiligung*, *Reinigung* und *Verwandlung* und das *Kommen unter einen neuen Zuständigkeitsbereich*. Sie beschreibt eine Hingabe, die nichts zurückhält; sowie neues Leben. Von der Taufe lassen sich auch Begriffe ableiten wie: *Waschung*, *Reinigung*, *Initiierung*, *Ausgießung*, *völlig bedeckt sein*, *ausgestattet sein* oder *überwinden*. In Christus, sowie im Heiligen Geist getauft und mit Seiner Kraft ausgerüstet zu sein, heißt, bedeckt sein von oder bekleidet sein mit Christus und Seinem Geist. Diese bedeutungsschweren Zusammenhänge werden wir in der Betrachtung um den „Duft der Braut" noch tiefer entdecken. Haben wir Christus und Seinen Geist angezogen, dann bringen wir gute Früchte hervor. Dann sind wir neu gemacht und verwandelt.

> ... denn ihr alle, die ihr in Christus hinein getauft seid,
> ihr habt Christus angezogen.
> Galater 3:27, SLT

Wieder aus dem Taufwasser aufgetaucht, sehen wir *Reinheit*. Die Braut gebärt Zwillinge, ihr fehlt nichts, sie wurde zu „mehr als genug" gemacht und erhält weit mehr als das, worum sie bitten oder was sie sich vorstellen könnte. Ihr Mund, oder ihre Worte, sind lieblich, was andeutet, dass ihr Herz gereinigt wurde. Denn Jesus sagte, es kommt aus dem Herzen, dass wir Segen oder Fluch sprechen, bzw. reine oder beschmutzte Worte (vgl. Lukas 6:45; Markus 7:14-23; 2. Korinther 9:8).

Zwei Mal spricht Jesus von der Reinigung der Braut. Im Neuen Testament nennt Johannes der Täufer in Lukas 3:16 zwei Arten von Taufe: die *Wassertaufe* zur Buße und die *Taufe im Heiligen Geist* (und Feuer). Andere Textstellen führen die Reinigung der Braut mit dem *Wasserbad des Wortes* an und die Waschung durch Wiedergeburt und Erneuerung des Heiligen Geistes (vgl. Epheser 5:26; Titus 3:5). Es wird auch erwähnt, dass unsere Körper und unser Gewissen gewaschen werden (vgl. Hebräer 10:22). In 1. Korinther 6:11 lesen wir, dass wir im Namen des Herrn und durch den Heiligen Geist gewaschen, geheiligt und gerechtfertigt sind. Sprechen wir von der Lehrmeinung zur Taufe und zu Gottes heiliger Ordnung wird somit verständlich, warum man zuerst an Christus glauben und Ihn als Retter und Herrn annehmen sollte, dann auf Seinen Namen getauft wird, woran sich wiederum die Taufe im Heiligen Geist anschließt.

DER BRAUTPREIS

In der historischen, jüdischen Tradition war die Zahlung eines Brautpreises erforderlich, um eine Verlobung einzugehen. Die Bibel gibt uns dafür mehrere Belege, zum Beispiel 1. Mose 34:12; 2. Mose 22:16-17 und 1. Samuel 18:25. Das beste Beispiel ist vielleicht in 1. Mose 24 zu finden. Dort bemüht sich Abraham, eine Braut für seinen Sohn Isaak zu gewinnen. Für den Ausdruck *Brautpreis* oder *Mitgift* wird im Hebräischen das Wort *mohar* verwendet, das von der Wortwurzel *mahar* stammt. Es bedeutet *Kaufpreis für eine Braut, Gaben im Tausch für eine Ehefrau.* Die Zahlung und das Annehmen des *mohar,* die Geschenke, die der Braut und üblicherweise ihrem Vater gegeben wurden, versiegelten die Verlobung. Im Neuen Testament lesen wir: Das Blut

Jesu ist unser Kaufpreis (vgl. 1. Petrus 1:18-19; 1. Korinther 6:19, 7:23; Apostelgeschichte 20:28).

Aber gibt es im Hohelied einen Hinweis auf die Zahlung eines Brautpreises? Schauen wir ein wenig unter die Oberfläche des letzten Teils von Kapitel 3 und 4, lautet die Antwort ganz klar: Ja.

> Wer kommt dort herauf aus der Wüste, umgeben von Rauchsäulen aus Weihrauch und Myrrhe und allen Parfümen der Händler? Seht! Es ist die Sänfte Salomos, von sechzig Männern ist sie umringt, von Israels tapferen Soldaten. Sie alle sind im Kampf erprobt, sie tragen das Schwert an der Seite zum Schutz vor den Gefahren der Nacht. Eine Sänfte ließ König Salomo sich bauen aus dem kostbaren Holz des Libanon. Die Pfosten sind mit Silber beschlagen und die Lehnen mit Gold überzogen. Der Stoff des Thronsitzes ist purpurrot, liebevoll bestickt von Jerusalems Frauen. Kommt heraus, ihr Mädchen von Jerusalem! Seht König Salomo mit seiner Krone! Heute hat seine Mutter ihn damit geschmückt, am Tag seiner Hochzeit, am Tag seines Glücks!
>
> Hohelied 3:6-11, HFA

Die Frage *„Wer ist das?"* wird mehrere Male im Neuen Testament in Bezug auf Jesus gestellt, zum Beispiel in Matthäus 21:10, Lukas 5:21, 7:49, 9:9 und Johannes 12:34. Hier wird deutlich: Das Hohelied ist eine prophetische Vorausschau Christi! Jesus begann Seinen Dienst in Kraft und Herrlichkeit, nachdem Er aus der Wüste zurückgekommen war. In der Wüste hatte Er Satans Versuchungen in Gänze besiegt und zunichte gemacht: alles Weltliche, die „Gier der Augen" und den „Stolz des Lebens" (vgl. 1. Johannes 2:16). Sinn und Zweck Seiner ersten Ankunft auf der Erde fanden ihre Vollendung am Kreuz.

Die Wüste kann ein Bild für die verlorene und verfluchte Welt sein; für den auf sich genommenen Fluch, wie wir in Seiner Krone sehen werden. Myrrhe und Weihrauch stellen Sein Opfer dar, ein süß duftendes Aroma für Gott. Bezüglich des Krieges wissen wir, dass Jesus die Mächte und Gewalten der Finsternis besiegte, entwaffnete und sie öffentlich an den Pranger stellte (vgl. Kolosser 2:15).

PARFÜMIERT MIT WEIHRAUCH UND MYRRHE

Reines „Räucherwerk aus Weihrauch" steht für Reinheit. Weihrauch deutet mit seinem Wortstamm auf die Farbe Weiß hin. Wenn Weihrauch verbrannt wird, produziert er weißen Rauch. Er wird von dem Baum *Boswellia serrata* extrahiert, indem Schnitte in die Rinde gemacht werden. Dabei tropft das Harz tränengleich heraus: eine bitter schmeckende, aber süß riechende Substanz. Durch die Bitterkeit des Kreuzes wird Seine Gemeinde wie Er: ein süß riechender, lieblicher Geruch für Gott (vgl. Epheser 5:2; 2. Korinther 2:14-15).

Sowohl auf Hebräisch, Griechisch, Lateinisch und Arabisch bedeutet Myrrhe *bitter*. Es ist ein sogenanntes Schleimharz. Auch dieses wird dadurch extrahiert, dass Einschnitte in die Rinde eines kleinen Wüstenbaumes – bekannt als *Commifera Myrrha* – gemacht werden. Diese Einschnitte erinnern uns an die Wunden und Striemen, die Christus zugefügt wurden, als Er von den römischen Soldaten geschlagen wurde. – Myrrhe hat in der Bibel eine Fülle an Bedeutungen:

- Als Hauptinhaltsstoff im heiligen Salböl, repräsentiert Myrrhe Salbung, Heiligung, Auserwählung, Hingabe an und Weihe für den Herrn (2. Mose 30:23-33)
- Myrrhe steht für Reinigung und Vorbereitung auf einen Bund, besonders einen Bund der Intimität, insbesondere die Reinigung und Vorbereitung einer Braut (vgl. Esther 2:12-14). Myrrhe wurde zur Entfernung jeglichen unangenehmen Geruchs (ein Bild für Sünde) genutzt, bevor die Braut in die Gegenwart des Königs kam. Sie symbolisiert so auch den Aufstieg in den Status, ein Mitglied des Königshauses zu sein.

- Myrrhe repräsentiert Opfergaben und Anbetung. Die Weisen kamen aus dem Morgenland, um das Baby Jesus anzubeten. Sie öffneten ihre Schätze und gaben Myrrhe als eines ihrer Geschenke (vgl. Matthäus 2:11).
- Myrrhe wurde zum Einbalsamieren und in der Vorbereitung für ein Begräbnis genutzt (vgl. Johannes 19:39). Deshalb ist es auch ein Symbol für den Tod, insbesondere sich selbst oder für andere zu sterben. Da die Myrrhe ebenfalls bitter im Geschmack, aber süß im Geruch ist, spricht Myrrhe im geistlichen Sinne davon, sich selbst zu sterben, um ein lieblich-süßer Geruch für den Herrn zu werden.
- In Bezug auf den bitteren Geschmack repräsentiert Myrrhe Leiden und Betrübnis. Myrrhe verabreichte man den zum Tod durch Kreuzigung Verurteilten als Betäubungsmittel, um Schmerz und Leiden zu lindern. Auch Jesus wurde am Kreuz Wein gereicht, der mit Myrrhe gemischt war. Wir lesen in Markus 15:23, dass Er nichts davon trank.
- Myrrhe wird außerdem als Medikament zur Heilung eingesetzt. Diesen Zusammenhang werde ich später noch ausführlich erörtern.

Jesus ist das wahre Duft-Opfer, das lieblich riechende Opfer für Gott, das sich selbst für Seine Braut hingibt.

DER WERT DER BRAUT

Du willst mehr über deinen wahren Wert erkennen? Das kannst du, wenn du über deinen Kaufpreis nachdenkst; wenn du Leiden und Tod Jesu tiefer verstehst und an dein Herz heranlässt, welchen Preis Er bereit war, für dich zu zahlen. Und so stellt sich dir und mir nun die Frage: „*Wem und was erlauben wir, unseren Wert zu bestimmen?*“

Sind es Familie oder Freunde, die Gesellschaft oder die Anzahl von Freunden oder Followers, die du bei deinen Benutzerkonten der Sozialen Medien hast? Für viel zu viele Menschen ist es ihre Arbeit oder ihr geistlicher Dienst, die Höhe ihres Einkommens, das Ansehen ihrer Position, die Größe der Zuschauermenge, die sie anziehen, oder der Mangel an Zuhörern oder Zuschauern, die Wert und Geltung bestimmen. Für die Braut, die Gemeinde, bestimmt all dies jedoch nicht den eigentlichen Wert. Diese Merkmale sollten niemals die Grundlage dessen sein, wer wir sind oder was wir als Kinder Gottes wert sind.

Wenn wir nicht wissen, wer wir sind, wer Er ist und wer wir in Ihm sind, werden wir niemals die uns gehörende Vollmacht und die Segnungen kennen, die uns zugedacht sind, und genauso wenig unsere Rechte und Privilegien als Braut Christi voll ausschöpfen.

DIE SÄNFTE (APPIRYON)

Oberflächlich gesehen, beschreiben die Verse 6-8 in Kapitel 3 einen zur damaligen Zeit gängigen Hochzeitszug. Aus prophetischer Sicht schildern diese Verse die Nacht der Festnahme Jesu im Garten Gethsemane. Denn in den Versen 9-11 sehen wir Seine Gerichtsverhandlung, die Krönung mit der Dornenkrone und die Kreuzigung. In der Beschreibung Seiner Sänfte liegt Sein Opfer versteckt: Es ist nämlich der Gnadenthron, Sein Erlösungswerk und die Versöhnung der Braut.

In Hohelied 3:9-10 erfahren wir, dass sich König Salomo eine Sänfte aus Libanonholz baute. Von diesem Holz wird gesagt, dass es unzerstörbar sei. In 1. Petrus 1:25 steht: *„Das Wort des Herrn hat für immer und ewig Bestand.“*

> Eine Sänfte [Appiryon] ließ König Salomo sich bauen aus dem kostbaren Holz des Libanon. Die Pfosten sind mit Silber beschlagen und die Lehnen mit Gold überzogen. Der Stoff des Thronsitzes ist purpurrot, ...
>
> Hohelied 3:9-10, HFA

Silber symbolisiert Erlösung, Gold die Bedeckung in Seiner Herrlichkeit. Der Sitz aus Purpur steht für das Königtum und einen Thron. Das Innere der Sänfte wurde mit Liebe ausgestattet.

In der Sänfte erkennen wir Errettung, und was diese Errettung gekostet hat. Das hier verwendete, in dem Fall nicht hebräische Wort für Sänfte heißt *Appiryon*. Es taucht nur einmal in der Bibel auf und weist auf Jesus als *den* Träger unserer Errettung hin. Wir werden später entdecken, dass diese Sänfte den physischen Körper Jesu abbildet.

Die meisten Quellen gehen davon aus, dass das Holz des Libanon vom Zedernbaum kommt. Ich gebe zu bedenken: Bäume in der Bibel beziehen sich oft auf Menschen. Die Libanonzeder galt als rot in der Farbe, bitter, jedoch wohlriechend. „Rot" ist insofern wichtig, da Adam, der erste Mensch oder das Menschengeschlecht, von dem hebräischen Wort *Adom* abstammt, welches *rot* bedeutet. Jesus, der zweite Adam, ist das Wort, das Fleisch wurde. Er kam selbst in das Fleisch und bereitete Sich selbst einen Körper, um unser Opfer zu werden (vgl. Johannes 1:14; Hebräer 10:5). Jesus ist das Leben und der Lebensspender. Er ist der „Lebensbaum" (vgl. Johannes 6:22-58), der Sein Blut ausgegossen hat – wieder rot. Weiterhin wird Zedernholz nachgesagt, es sei unzerstörbar. Es verrottet nicht, wird nicht von Würmern befallen und stößt Insekten ab. Der Körper unseres Herrn verweste nicht, noch wurde er von Fäulnis angegriffen, wie schon im Psalm 16:10 prophezeit und in Apostelgeschichte 2:31-32 bestätigt wurde. Und wie uns 1. Petrus 1:23-25 berichtet, sind wir durch das unzerstörbare, ewig bleibende Wort Gottes wiedergeboren. Die Tatsache, dass diese Sänfte aus dem Holz der Libanonzeder gebaut wurde, weist auf etwas Unzerstörbares hin. Während Jesu physischer, natürlicher, irdischer Körper getötet und begraben wurde, und durch die Kraft des Heiligen Geistes wieder auferstand, hat das für immer bestehende Wort – Jesus – die Verwesung nicht gesehen. Ebenso werden wir, Seine Braut, eines Tages Unverweslichkeit und Unsterblichkeit erben (vgl. Apostelgeschichte 13:35-37; 1. Korinther 15:50-55; 1. Petrus 1:25).

Viele Insekten galten unter dem jüdischen Gesetz als unrein. Sie können zerstörerisch sein, sie können Krankheiten in sich tragen und übertragen und sind Nahrung für die Vögel. In Offenbarung 19:17-21 sehen wir, wie das „Fleisch der Feinde Christi“ – diejenigen, die von Satan getäuscht wurden und ihm folgen – von Vögeln gefressen wird. Insekten und Würmer können im biblischen Sinn von *Tod*, *Plagen* und *Verschlingen* sprechen. Laut Joel 2 stellt Gott wieder her, was die Heuschrecken verschlungen haben. Unser unvergänglicher Herr, der Wiederhersteller unserer Seelen und unserer Beziehung zum Vater, besiegte den Zerstörer. Er überwand Krankheit durch Sein bitteres Leiden und das Vergießen Seines Blutes. Aber am wichtigsten ist: Durch Seine Auferstehung aus dem Grab erlöste Er uns vom Tod. Der angenehme Duft Seines Opfers – wie Paulus es in Epheser 5:2 darlegt – gefällt Gott, dem Vater. Dieser Duft wurde auf Seine Braut übertragen (vgl. Hohelied 4:11).

In Hohelied 5:15 ist die Rede davon, dass Seine Gestalt wie der Libanon ist und ausgezeichnet wie die Zedern. Damit spielt Salomo, unter der Eingebung des Heiligen Geistes, auf den für die Reinigung Seiner Braut am Baum gekreuzigten Christus an. Dieser Bezug wird deutlich, wenn wir zu 3. Mose 14:4.6.49.51.52 zurückgehen. Dort sehen wir, dem Zedernholz fiel bei rituellen Waschungen und Reinigungen eine entscheidende Rolle zu.

> Ihre Säulen ließ er aus Silber machen,
> ihre Lehne aus Gold, ihren Sitz aus Purpur,
> das Innere wurde mit Liebe ausgestattet …
> Hohelied 3:10, SLT

Die Sänfte in Hohelied 3, auch *Appiryon*, Brautwagen oder Hochzeitskutsche genannt, ist ein tragbarer, in sich abgeschlossener, überdachter Sitz für eine Person, normalerweise einem Mitglied des Königshauses oder eben einer Braut. Sie erinnert an die Stiftshütte, insbesondere an die Bundeslade. Denn wie bei der Bundeslade waren Stangen an der Sänfte befestigt, mit denen diese getragen wurde. Im Englischen wird an dieser Stelle für „Sänfte" auch ein altertümliches Wort (*litter*) verwendet. Es bedeutet *Trage* – wie die Krankentrage, auf welche eine kranke oder verletzte Person geladen wird. Salomo hat diesen Bezug möglicherweise nicht herstellen können, aber Gott, der die zukünftigen auf Latein basierenden Sprachen kannte, beabsichtigte dies, denn Jesaja prophezeite:

> Fürwahr, er hat unsere Krankheit getragen und unsere Schmerzen auf sich geladen; wir aber hielten ihn für bestraft, von Gott geschlagen und niedergebeugt.
>
> Jesaja 53:4, SLT

Diese Hochzeitskutsche beschreibt sowohl die Eheschließung mit der Gemeinde als auch die Eheschließung mit der einzelnen Braut oder dem einzelnen Gläubigen. Sie malt uns Jesus als den verwundeten König vor Augen. Denn es war prophezeit, dass Jesus für unsere Errettung im „Haus Seiner Freunde" verwundet würde (vgl. Jesaja 53:5; Sacharja 13:6). In Jesus liegt die Heilung für eine verletzte Menschheit.

Durch die Beschreibung der Kutsche, in der die Braut zu ihrem Bräutigam gebracht wird, erkennen wir den *mohar*, den Brautpreis. Diese Kutsche beschreibt in sich den Bund von Erlösung, Vergebung und Errettung. Die Kutsche besteht aus folgenden Materialien:

SÄULEN AUS SILBER

Silbern und aufrecht. Das Gerüst aus Silber macht Seine Braut aufrecht und gerecht. Dies spricht von der Erlösung, dem Kaufpreis einer Seele und von der Befreiung aus Knechtschaft, Sklaverei und Unterdrückung. In unserem Fall spricht es natürlich vom kostbaren Blut Jesu (vgl. 3. Mose 5:15; 2. Mose 30:11-16; Matthäus 27:3-9; 1. Petrus 1:18-20; Psalm 105:37).

DIE STÜTZE ODER DAS FUNDAMENT AUS GOLD

Gold steht für Jesu Herrlichkeit, Gnade und Königsherrschaft, sowie für unser Eintreten in Sein Königreich unter Seine Autorität (vgl. Hiob 37:22; Offenbarung 3:18, 4:4, 14:14; Matthäus 2:11; Psalm 45:9.13). Wir vertrauen weder auf Gold, noch verehren wir es. Petrus schreibt, dass unser Glaube kostbarer ist als Gold. Wir dürfen jedoch noch tiefer verstehen, was Gold in der Bibel aussagen kann (vgl. 1. Petrus 1:7). Gold steht für Wertvolles und Reines. Es repräsentiert Jesus sowie Seine Gemeinde (vgl. Offenbarung 1:20). Hohelied 5:11 besagt: *„Der Kopf des Königs ist aus diesem Gold!"* Das hier verwendete hebräische Wort ist *kethem* und bedeutet *Feingold* oder *reines Gold*. Dies wiederum steht für höchste Qualität und für den höchsten Wert. In Psalm 45:9 wird dieses Wort bei der Beschreibung der Braut des Königs verwendet. Sie steht zu Seiner Rechten und ist in diesem Gold geschmückt! Die Rechte steht für Autorität. Während die Braut das Licht Seiner Herrlichkeit reflektiert, stellt sie gleichermaßen Seine Autorität dar. Die Braut im Hohelied hat einen goldenen Hals und erhält Schmuckstücke aus Gold. Noch interessanter ist, dass *kethem* zugleich vom Wort *katham* abstammt, was *beschmutzt, mit Blut befleckt, gebrandmarkt* und *bedecken* oder *verborgen halten* bedeutet. Beide Worte spiegeln das Prinzip von Gravierung. In Jesaja 49:16 heißt es, dass wir in Seine Hände eingezeichnet sind. Folgender Vers spricht von *beschmutzt, mit Blut befleckt*:

> Kommt doch, wir wollen miteinander rechten! spricht der Herr. Wenn eure Sünden wie Scharlach sind, sollen sie weiß werden wie der Schnee; wenn sie rot sind wie Karmesin, sollen sie weiß wie Wolle werden.
>
> Jesaja 1:18, SLT

> Sein Gewand war mit Blut getränkt, und sein Name lautete: „das Wort Gottes". Die Heere des Himmels folgten ihm auf weißen Pferden. Sie alle trugen Gewänder aus reinem,

strahlend weißem Leinen. Aus dem Mund des Reiters kam ein scharfes Schwert, mit dem er die Völker besiegt. Er wird mit eisernem Zepter über sie herrschen. Und wie beim Keltern der Saft aus den Trauben gepresst wird, so wird er sie zertreten, und sie werden den furchtbaren Zorn des allmächtigen Gottes zu spüren bekommen.

Offenbarung 19:13-15, HFA

DER SITZ AUS PURPUR

Dein Haar schimmert wie Purpur ...

Hohelied 7:6, HFA

Der Sitz der Sänfte (Autorität) ist aus Purpur. Die Farbe Purpur ist eine Mischung aus Blau und Rot. „Rot“ spricht von Christi Körper und Blut. In der Bibel repräsentiert Purpur das Königtum, einen König und damit Autorität. *Purpur* wurde Jesus als eine spöttische Beleidigung umgelegt, weil Er behauptete, ein König zu sein. Das Haar einer Frau steht für ihre Kopfbedeckung und damit für ihre Unterordnung unter Autorität. Dass das Haar der Braut Purpur ist, bedeutet, der König schützt und bedeckt die Braut und ist die Autorität über ihr.

Im Alten Testament werden zwei Arten von Purpur oder dem Farbstoff Purpur erwähnt: 1) „argaman“ (auf Aramäisch: „argevan“; auf Griechisch: πόρφυρα), vermutlich ein leuchtend rotes Purpur. Es war am teuersten, wenn es die Farbe von geronnenem Blut hatte, und schwarz aussah, wenn man es aus der Nähe betrachtete, aber glänzend rot, wenn man schräg darauf schaute. 2) „tekelet“ (auf Griechisch: ὑάκινθος), welches laut Philo und Josephus der Farbe des Meeres, der Luft oder des klaren Himmels ähnelte, und daher auch als blau bezeichnet wurde. Unter Umständen erschien es schwarz oder dunkelfarbig.

Singer/Adler, 1901[8]

Purpur repräsentiert Jesu Thron, Sein Königtum und Seine Braut als königliches Priestertum, die in der himmlischen Welt mit Christus platziert ist (vgl. 1. Petrus 2:9; Johannes 19:1; Epheser 1:20).

Der Sitz, oder Triumphwagen, wie Salomo die Bedeckung der Bundeslade nannte, ist der Gnadenthron, der mit *Sühne* übersetzt werden kann.

> Und für den Räucheraltar das aller lauterste Gold,
> nach Bedarf. Er gab ihm auch ein Modell des Wagens
> [Gnadenthron, vgl. 2. Mose 25:17-22], der goldenen Cherubim,
> die ihre Flügel ausbreiten und die Lade des Bundes
> des Herrn bedecken sollten.
>
> 1. Chronik 28:18, SLT

> … sodass sie ohne Verdienst gerechtfertigt werden durch seine Gnade aufgrund der Erlösung, die in Christus Jesus ist. Ihn hat Gott zum Sühnopfer bestimmt, das wirksam wird durch den Glauben an sein Blut, um seine Gerechtigkeit zu erweisen, weil er die Sünden ungestraft ließ, die zuvor geschehen waren …
>
> Römer 3:24-25, SLT

Genauso, wie der Gnadenthron aus reinem Gold das Gesetz von Sünde, Tod und den Fluch bedeckte, wurde Jesus, aus einer unbeschreiblichen Liebe für die Menschheit, zu unserem Sühneopfer (vgl. 1. Johannes 2:2, 4:10). An unserer Stelle hat er unsere Schuld und Sünde gesühnt, zugedeckt und den Zorn Gottes gestillt. Jetzt, da wir gesegnet, versöhnt und in Gottes Familie gelangt sind, sind wir voll und ganz in der Lage, jederzeit in Gottes Gegenwart einzutreten – und dort zu bleiben.

Der Sitz ist mit *Liebe* ausgestattet, zusammengefügt und bedeckt. Was bedeutet diese Bedeckung? Unsere Sünde und gesetzlose Taten sind zugedeckt und verborgen. Wir wissen: „*Liebe hat die Sünde zugedeckt.*" (vgl. Römer 4:7; 1. Petrus 4:8)

Das Blut Jesu hat unsere Sünde zugedeckt. Jesus hat uns den größten Liebesbeweis, den die Menschheit je gesehen hat, erwiesen, indem Er Sein Leben gab, um uns Rettung und ewiges Leben zu erkaufen.

Bezüglich Seiner Liebe möchte ich zweierlei hervorheben. Zum einen: Wir können diese Verlobung, unsere Erlösung und Errettung nicht durch unsere eigene Gerechtigkeit oder durch unsere religiösen Anstrengungen verdienen oder gar käuflich erwerben. Egal für wie wertvoll, würdig oder ehrenwert wir diese eigenen Anstrengungen auch halten mögen. Auch wenn wir „Früchte der Gerechtigkeit" hervorbringen und denken, wir könnten uns durch sie oder durch andere Werke oder religiöse Rituale unsere Erlösung verdienen, wäre dies eine Abwertung und gar Beleidigung Seines Blutes. Dieses Geschenk kann weder erkauft, erarbeitet noch übertragen oder vererbt werden. Zweitens: Betrachten wir dies aus Jesu Perspektive, ist es tragisch und betrübt Ihn zutiefst, dass der von Ihm bezahlte Preis von vielen verachtet und abgelehnt wird.

Die Sänfte wurde vom König angefertigt. Mit ihr soll Seine Braut fortgetragen werden. Und allein sie muss die Entscheidung treffen, einzusteigen. Es gibt keinen anderen Weg zur Errettung, zum ewigen Leben oder zum Vater, außer durch Jesus. Die Braut muss „in Ihm getragen werden". Keine Werke, nichts, was in ihrer Macht oder in ihrer Anstrengung steht, kein Preis, den sie je bezahlen könnte, kann diese Befreiung, Erlösung und Beziehung bewerkstelligen.

Zum Ende von Kapitel 3 sehen wir, dass der König die *Krone* trägt, die Ihm am Tag Seiner Verlobung gegeben worden war: eine Dornenkrone. Dornen symbolisieren den Fluch, den Er auf sich nahm, als Er am Kreuz für Seine Braut hing. Er nahm den Fluch an ihrer statt auf sich und setzte sie von der Herrschaft und dem Fluch der Sünde frei.

In Kapitel 4 hat sie das Angebot, in eine Beziehung mit Ihm einzutreten, angenommen. Jetzt beschreibt Er, wie Er sie sieht: Er erklärt sie als rein, gesegnet und gedeihend. Nachdem sie aus der Welt herausgetreten ist (Verse 7-9), ist sie in Seinen Augen makellos. Da sie Sein Herz gestohlen hat und es in sich trägt, beginnt sie, Seine Herrlichkeit widerzuspiegeln und – wie wir später sehen werden – Seinen Wohlgeruch zu verströmen.

Nochmals: Wir sollten nie vergessen, dass die Braut dem Preis zustimmen und die Verlobungsgeschenke annehmen musste, damit die Verlobung in Kraft treten konnte. Die Gaben, die Christus Seiner Gemeinde gab, als Er zum Himmel auffuhr, weisen auf Seine Liebe, Hingabe und Treue hin. Darin ist auch die von Ihm versprochene Gabe des Heiligen Geistes enthalten (vgl. Apostelgeschichte 2:38, 10:45; Epheser 4:7-8). Mir ist es wichtig, an dieser Stelle mehr über die Gaben zu sagen. Dabei beachte ich die Details aus 1. Mose 24, als Abraham Geschenke für Rebekka – Isaaks potenzielle Braut – schickt. Zunächst sendet Abraham seinen Diener namens Elieser (1. Mose 15:2). Im Namen Elieser steckt die Bedeutung: „*El* – Gott" und „*Ezer* – mein Helfer"; es bedeutet also: „Gott ist meine Hilfe." In Johannes 14:26 wird der Heilige Geist als Helfer bezeichnet. Gemäß 1. Mose 24:10 nahm Abrahams Diener zehn Kamele mit. Ein Kamel war als Transportmittel für die Braut gedacht, die anderen neun waren mit Geschenken für die Braut vollbepackt. Laut Derek Prince drückte das Annehmen der Geschenke die bindende Zusage der Braut aus. Indem Rebekka die Geschenke annahm, ehrte sie Isaak, ihren künftigen Ehemann. Hätte Rebekka die Geschenke abgelehnt, hätte das die Ablehnung Isaaks bedeutet, ein Ehrverlust für ihn.

Eines der Geschenke an uns ist der Heilige Geist. Er kommt mit neun Gaben, welche die Gemeinde empfangen soll (vgl. 1. Korinther 12:7-10). In Johannes 13:20 ist die Braut klar beschrieben. Es sind alle, die den Heiligen Geist empfangen. Denn wer Jesus empfängt, wird ebenso den empfangen, den Jesus sendet. Diejenigen, die Jesus ehrlich und aufrichtig eingeladen und empfangen haben und zu Ihm gehören, empfangen und nehmen den Heiligen Geist auf. Sie gehen in Seinen Besitz über. Genauso wie Rebekka die vom Diener überbrachten Geschenke des Herrn annahm und bereit war, dem Diener des Herrn zu folgen, müssen wir, als Braut Jesu, den Heiligen Geist annehmen und Ihm folgen.

Als Garantie, dass Er eines Tages Sein Versprechen, zur Abholung Seiner Braut wiederzukommen, erfüllen wird – sowie als Garantie für unsere zukünftige Erlösung und das ewige Leben in Seiner Gegenwart – hat Gott heute Seinen Heiligen Geist mit Gaben für die Braut gesandt. Mit dem Annehmen dieser Gaben zeichnen wir uns als anvertraute Braut Jesu aus.

> Auch ihr gehört jetzt zu Christus. Ihr habt die Botschaft der Wahrheit gehört, das Evangelium, das euch Rettung bringt. Und weil ihr diese Botschaft im Glauben angenommen habt, hat Gott euch – wie er es versprochen hat – durch Christus den Heiligen Geist gegeben. Damit hat er euch sein Siegel aufgedrückt, die Bestätigung dafür, dass auch ihr jetzt sein Eigentum seid. Der Heilige Geist ist gewissermaßen eine Anzahlung, die Gott uns macht, der erste Teil unseres himmlischen Erbes; Gott verbürgt sich damit für die vollständige Erlösung derer, die sein Eigentum sind. Und auch das soll zum Ruhm seiner Macht und Herrlichkeit beitragen …
>
> Epheser 1: 13-14, NGU

Als letzten Kommentar bezüglich der Sänfte möchte ich auf Folgendes hinweisen: So, wie die Sänfte von Menschen getragen wurde, muss auch die Botschaft des Kreuzes Christi von uns getragen werden, wenn wir – wie Paulus schreibt – „täglich unser Kreuz auf uns nehmen“. Bezüglich der 60 Männer, welche die Sänfte umgaben, wurden bereits viele Theorien aufgestellt. Am interessantesten scheint mir an der Stelle das hebräische Wort für sechzig, das transliteriert *shishshim* geschrieben wird. *Brown-Driver-Briggs Hebräisch-Englisch Lexikon* weist darauf hin, dass *shishshim* ein nicht deklinierbares Substantiv ist. Es besitzt nur eine Form, hat keine Beugung, keine Affigierung, keine Ableitung und keine getrennte Darstellung. Das Wort ist daher eine fixe Form, die keine Modifizierung oder Änderung erlaubt. Es ist unwandelbar und nicht veränderbar. Das Gleiche gilt für das Werk Jesu am Kreuz – und genauso für unsere Errettung.

Kapitel 2 und 3 beschreiben das individuelle Annehmen Seines ersten Erscheinens und das Akzeptieren des von Jesus bezahlten Brautpreises. Jesus, der König, kam, um die Verlorenen zu suchen und zu retten (vgl. Lukas 19:10). An uns ist es, wie Jesus sagte, zu Ihm zu kommen. Unsere Aufgabe ist es, Ihn zu suchen (vgl. Markus 8:34-38). Alle, die aufrichtig zu Ihm kommen, werden Ihn auch in jeden Bereich ihres Lebens hineinbringen (vgl. Hohelied 3:4).

KALLAH: DIE PERFEKTE UND VOLLSTÄNDIGE BRAUT

Wie schon erwähnt, ist das hebräische Wort für Braut *kallah*, welches von *kalal* abstammt, was *vollendet* oder *vollständig* bedeutet. Aber wie ist das möglich? Hier die erste Erklärung:

> Als nun Jesus den Essig genommen hatte, sprach er: Es ist vollbracht! Und er neigte das Haupt und übergab den Geist.
>
> Johannes 19:30, SLT

Helps Word Studies[15] stellt fest, *vollbracht*, ins Griechische transliteriert, ist das Wort *teleó*. Es meint *zu einem Ende bringen, vollenden, beenden. Teléō* stammt von *télos* ab, was *Vollendung, Erfüllung* oder *einen notwendigen Prozess beenden* bedeutet – mit der Folge, zum nächsten Abschnitt der Vollendung überzugehen. *Strong's Concordance* erklärt, *télos* meint *das Tilgen einer Schuld, Schulden bezahlen* oder *eine Schuld beenden.* Wir erkennen hier also die komplette Bezahlung des Brautpreises! Folglich ist die Braut nun vollkommen gemacht. Diese Tatsache bestätigt sich durch die einfache Definition von „Braut“: *kallah*[16], abgeleitet von *kalah*, bedeutet *vollendet, vollständig* oder *vollkommen gemacht.* Der gezahlte Brautpreis ihres Königs hat sie vollkommen gemacht. Per Definition besitzt die Braut jetzt alle erforderlichen Qualitäten und Charakterzüge. Befreit von Makel, Unvollkommenheiten oder Fehlern genügt sie jetzt den Anforderungen an eine Braut, die einen König heiratet. Sie ist vollkommen gemacht, ganz und perfekt geeignet. Genauso, wie Jesus durch Salomo über die Braut prophezeite:

> Schön bist du, meine Freundin, in allem, und kein Makel ist an dir!
>
> Hohelied 4:7, SLT

In Hohelied 5:2 und 6:6 sagt Er, dass sie Seine Vollkommene ist, vollendet, unbefleckt, tadellos, schuldlos. Sie hat keinen Schandfleck, Fehler, Mangel und keinen moralischen Makel.

Hebräische Substantive und Verben sind von Wortwurzeln abgeleitet. Solche Wurzeln geben uns Aufschluss über die Kernaussage eines Wortes und damit über seinen wahren Gehalt. Man könnte sagen, sie erzählen uns mehr über das individuelle und unabänderbare Wesen eines Wortes. So ist also die Gattin oder Braut „die ewig perfekt und vollendet Gemachte". Aus diesem Grund nennt Er sie „Meine Vollkommene". Die Frage ist, wie wird sie – und wie werden wir – zu „der Vollkommenen"? Die Antwort liegt allein in der Annahme des von Ihm bezahlten Preises und Seines Angebotes der Erlösung.

Er hat jeden Bereich vervollkommnet, jedes Thema ihres Lebens, sowohl real als auch eingebildet – alles, von dem sie dachte, es sei ein Mangel oder eine Unvollkommenheit. Wenn man es so ausdrücken möchte: Er kümmert sich um ihren Hang zum Perfektionismus. Auf diese Weise hat Er ihre Seele, ihren Verstand, ihr Denken und ihre Gedanken sowie ihren Willen und ihre Emotionen wiederhergestellt. Sie ist vollkommen in Ihm, durch Ihn vollkommen gemacht. Er hat bereits jegliche Leere in ihrer Seele gefüllt – oder kann und will es tun. Wie Hebräer 10:14 es ausdrückt: *„Jesus hat diejenigen, die geheiligt werden, für immer vollkommen gemacht."* Und Kolosser 2:10 sagt uns, in Christus sind wir *„zur Fülle gebracht"* worden. Und so sieht der Vater die Gemeinde in Christus: Als das Abbild und Spiegelbild Jesu, wiederhergestellt zu Seinem Ebenbild, vollkommen und zur

Vollendung gebracht. Apostelgeschichte 17:28 gibt zu verstehen: *„In Ihm leben wir, bestehen wir und sind wir."* Wie kommt das hervor? Das sehen wir in ihrer Aussage in Kapitel 2.

ER IST MEIN UND ICH BIN SEIN

Mein Geliebter ist mein, und ich bin sein, ...

Hohelied 2:16, SLT

Bitte beachte, dass die Braut in diesem Vers sagt: *„Mein Geliebter ist mein, und ich bin Sein."* Die Reihenfolge ist ausschlaggebend: *1. Er ist mein* – dann: *2. Ich gehöre zu Ihm.*

Zuerst muss sie Ihn annehmen, Ihn zu ihrem Herrn machen, bevor sie zu Ihm gehört. Mit dieser Entscheidung findet der Prozess zur Vervollkommnung statt. Der hebräische Urtext lässt sich in etwa so übersetzen: *„Mein Geliebter, mein Verlobter ist zu mir und ich bin zu Ihm."* Wir sind also *zu* einander. Was können wir aus diesem Ausdruck, *zu*, herauslesen? Was könnte *zu* bedeuten? *Zu* (oder *An*) meint „den Empfänger von etwas" und „die Beziehung von einer Person *zu* einer anderen". Es zeigt, zwei Dinge sind miteinander verbunden. „Zu" lokalisiert die betroffene Person oder den entsprechenden Sachverhalt. Eine Betroffenheit bedeutet, etwas wirkt auf uns ein oder beeinflusst uns, damit eine Veränderung geschieht. Das heißt, wenn uns etwas geschieht, werden wir als Konsequenz einer Tat verändert. Wir sind berufen, *zu* Ihm zu gehören (Sein zu sein). Bist du Sein und gehörst *zu* Ihm, kannst du nicht *zu* jemand oder etwas anderem gehören.[3]

Alles, was dein ist, wird „*zu* Ihm" – oder wird Ihm gegeben –, und alles, was Sein ist, wird „*zu* dir" – oder wird dir gegeben. Sünde, Sorgen, Angst, Unsicherheit, Angriffe, Krankheit, Wunden, Schmerzen, Leiden, Depression, Gebundenheit, was immer es sein mag: Gib es *an* Ihn ab. Im Austausch mit Ihm bekommst du Sein Leben, Seine Gerechtigkeit, Seine Heilung, Seinen Frieden, Seine Freiheit und Seine Freude.

Auch der Ehemann und die Ehefrau sind eins, wenn sie sich einander geben. Es ist eine Wahl, eine Entscheidung. Jeglicher Teil, den wir nicht an den anderen übergeben, ist ein verschlossener und beibehaltener Bereich. Jeder Bereich, in dem wir nicht das empfangen oder empfangen können, was Sein ist, kann sich nicht ändern. Es wird, oder ist schon, ein Bereich, in dem wir Gott einschränken, indem wir Ihm keinen Zugang gewähren.

Zwei Bibelpassagen dazu:

> Ich bin mit Christus gekreuzigt; und nun lebe ich, aber nicht mehr ich selbst, sondern Christus lebt in mir. Was ich aber jetzt im Fleisch lebe, das lebe ich im Glauben an den Sohn Gottes, der mich geliebt und sich selbst für mich hingegeben hat.
>
> Galater 2:20, SLT

> Denn keiner von uns lebt sich selbst und keiner stirbt sich selbst. Denn leben wir, so leben wir dem Herrn, und sterben wir, so sterben wir dem Herrn; ob wir nun leben oder sterben, wir gehören dem Herrn.
>
> Römer 14:7-8, SLT

Was die Ehe betrifft, erklärt Paulus in 1. Korinther 7:32-34: Es ist unser Ziel, keine eigennützigen, selbstsüchtigen, selbstgefälligen, eigensinnigen Leben zu führen, sondern stattdessen so zu leben, wie es dem Herrn gefällt. Und ganz gleich, was am Ende dabei herauskommt, wir gehören Ihm.

Anmerkung: Heiligung bringt Entscheidungen, Taten und Verhaltensänderung auf unserer Seite mit sich. Aber Errettung – ausgenommen von der Entscheidung jeder einzelnen Person, diese anzunehmen – ist nicht Teil unserer Aufgabe. Denn: Sollte Errettung in irgendeiner Weise darauf basieren, was wir tun oder wer wir sind, wären wir selbst die Quelle der Errettung und nicht Jesus!

3

Heiligung und Rückkehr in Sein Vaterhaus

Wie schon erwähnt, ist das Hohelied in seiner Bedeutung vielschichtig. Es hat mehrere Ebenen. So kommt es vor, dass innerhalb eines Absatzes mehr als nur ein Sachverhalt beschrieben und mehr als nur eine Aussage gemacht wird. Ich glaube, Kapitel 3 des Hohelieds will mehr als einen Hochzeitsfestzug beschreiben. Es spricht zu uns von Heiligung, von der Braut, die aus dem Schlaf gerufen und über die institutionalisierte Religion hinaus in tiefere Ebenen von Nähe und Vertrautheit mit Jesus hineingezogen wird. Noch tiefer verborgen liegt meines Erachtens ein Bezug zum Tod, dem Begräbnis und der Auferstehung Christi. Wir finden Hinweise zur Geburtsstunde der Gemeinde in Jerusalem, sowie zum Anfang des Glaubenszeugnisses und der Verbreitung des Evangeliums.

Die Frage, die ich mir stelle, ist: Nach wem *sucht* jemand nachts von seinem Bett aus? Das passiert doch in der Seele. Man sucht im Verstand und in den Gedanken. Als Jesus in Johannes 9:4 von Seinem Tod spricht, sagte Er Seinen Jüngern, Er müsse während des Tages tun, wozu Ihn der Vater gesandt hat. Denn bald käme die Nacht, in der niemand etwas tun könne. Während Er im Grab lag, kam die Nacht über die Welt. Als Jesus von der Welt und die Jünger von Seiner Gegenwart getrennt waren, erfüllten sich die Prophetien von Jesaja und Daniel (vgl. Jesaja 53:8; Daniel 9:26). Aber am dritten Tag besuchten einige Frauen Jesu Grab und stellten fest, dass Er lebte. Jesus erschien Seinen Nachfolgern während der darauffolgenden 40 Tage mehrmals, wurde vor ihren Augen in den Himmel aufgenommen und am Pfingsttag wurden Seine Nachfolger mit Seinem Geist erfüllt – die Gemeinde wurde in Jerusalem ins Leben geboren. Kapitel 3 schildert, wie die Nachfolger Christi mutig aus ihrem Versteck treten und ihr Zeugnis geben. Es handelt von der Verbreitung des Evangeliums, der Botschaft über Seinen Tod, Sein Begräbnis und Seine Auferstehung. Dies alles wurde bereits in Kapitel 2 durch die Beschreibung der Sänfte angesprochen.

ICH KONNTE IHN NICHT FINDEN

An der Stelle, an der Kapitel 2 endet und Kapitel 3 beginnt, erkennen wir die „Zeit der Verlobung" insbesondere durch die Verwendung des Wortes *Bether*, übersetzt als „Berg der Trennung".

> Auf meinem Lager in den Nächten suchte ich ihn, den meine Seele liebt; ich suchte ihn, aber ich fand ihn nicht. „Ich will doch aufstehen und in der Stadt umherlaufen, auf den Straßen und Plätzen; ich will ihn suchen, den meine Seele liebt!" Ich suchte ihn, aber ich fand ihn nicht. Mich fanden die Wächter, welche die Runde machten in der Stadt: Habt ihr ihn gesehen, den meine Seele liebt? Kaum war ich an ihnen vorübergegangen, da fand ich ihn, den meine Seele liebt. Ich hielt ihn fest und ließ ihn nicht mehr los, bis ich ihn in das Haus meiner Mutter gebracht hatte, ins Gemach derer, die mich empfangen hat.
>
> Hohelied 3:1-4, SLT

In Vers 2 des dritten Kapitels befindet sich eine von vielen tiefgründigen und geheimnisvollen Aussagen im Hohelied, die nach einer Entschlüsselung verlangen. Die Aussage wird in Kapitel 5 wiederholt, nachdem der Bräutigam an der Tür ihres Herzens klopft. Diese Aussage könnte uns herausfordern – manche finden sie vielleicht sogar anstößig. Ich möchte sie gern kommentieren, ohne dabei zu verurteilen. Als Salomo davon spricht, dass die Braut den Bräutigam auf Straßen und Plätzen sucht, verwendet er das Wort *rechob*. Dieses Wort kann sich auf den Marktplatz beziehen; und das tut es auch. Noch wichtiger ist das Verb *rachab*, von dem das Substantiv abstammt. Es bezieht sich auf ausgedehnte, weitreichende Plätze. Nochmals zur Erinnerung: In diesen Textstellen spricht sie über ihre Suche nach dem Bräutigam. Wir haben zuvor festgestellt, dass der Bräutigam Jesus ist. Sie findet Ihn nicht auf den breiten oder weiten Plätzen. Denn Jesus sagte in Matthäus 7:13-14, dass der Weg, der zum Leben führt, schmal ist – und der weite oder breite Weg zum Verderben, zur ewigen Trennung führt.

Ein wichtiges Detail: Zuerst muss die Braut an den „Wächtern" vorbeigehen, um Ihn zu finden. Wächter sind diejenigen, die drinnen sind, die sogenannten „Insider". *Wächter* kann sich auf religiöse Leiter und institutionalisierte Religion beziehen; auf Menschen, die zu Dienern Christi berufen und beauftragt sind, um den Glauben zu wahren, zu schützen, zu erhalten und zu behüten. Doch offensichtlich sind diejenigen, die die Braut trifft, genauso wie manche heute. Bloße Hüter förmlicher Rituale oder Wächter einer konfessionellen Lehre oder religiöser Traditionen. Ganz besonders – wie Paulus es ausdrückte – gleichen sie denen, von denen bekannt wurde, dass sie vom Glauben abfielen. Genau, wie die religiösen Leiter in Jesu Tagen, haben viele von ihnen keine Ahnung, wer Jesus wirklich ist. Sie sehnen sich auch nicht nach Ihm. Solche können nicht dabei helfen, denjenigen zu finden, für den du leidenschaftlich brennen sollst. Religiöse Rituale, leere Tradition und Inkantationen sind bedeutungsloser Ersatz – leer, unwirksam und nicht in der Lage, eine wirkliche Erfahrung von wahrer, persönlicher und inniger Herzensbeziehung mit Jesus anzubieten. Wie Jesus in Matthäus 23:13 über die religiösen Leiter Seiner Tage sagte, treten sie weder in das Königreich Gottes ein, noch erlauben sie dies anderen. Erinnern wir uns: Jesus wurde von solchen Menschen abgelehnt und verachtet. Deshalb wird es Seiner wahren Braut heute ebenso ergehen.

DIE ZEIT DER TRENNUNG: DIE GEHEILIGTE BRAUT

Heiligung ist im Hohelied ein durchgängiges Thema. Ganz besonders finden wir dieses Thema in Kapitel 2, Verse 10, 13, 17 und in Kapitel 4, den Versen 6-8. Studieren wir diese und andere Abschnitte genauer, stellen wir fest: Heiligung – die mit der Errettung beginnt – ist unser Weg als Christen. Es handelt sich nicht bloß um ein einmaliges Ereignis, sondern sie ist ein fortwährender, lebenslanger Prozess. Wie wir in 1. Thessalonicher 2:13, 4:1-12, Kapitel 5 und dort insbesondere in Vers 23 lesen, müssen wir als Seine Braut geheiligt bleiben, bevor der Bräutigam kommt. Wir müssen ein Vorbild für die Welt sein, wachen und nüchtern sein. Dieses Prinzip beschreibt Salomo mit Ausdrücken wie *Bether*, „komm fort“ und „komm herab“, als Er das Ziehen und Leiten der Braut durch den Bräutigam veranschaulicht.

Heiligung oder Heiligkeit drücken Besitz und Eigentum aus. Damit kommen die Übergabe unseres Willens und der Rechte an unserem Leben an den Herrn zum Ausdruck. Das ist oft leichter gesagt als getan! Es ist ein kontinuierlicher Prozess des Wachstums und der Reife in der eigenen Beziehung mit Christus. Ein Prozess, der nicht auf Willenskraft allein beruht, sondern durch die Befähigung des Heiligen Geistes möglich gemacht wird. Das Zeichen des Ausmaßes unserer Heiligung ist das Maß an Gottes Gegenwart und Seiner Gnade – sowohl in uns als auch mit uns (vgl. 2. Mose 33:15-16). Je mehr wir uns vom Verhalten, den Meinungen und Einstellungen der Welt trennen, desto mehr werden wir wie Jesus. Während dieser Zeit des Getrenntseins sollten wir in die Eigenschaften und das Wesen Christi hineinwachsen. Wie der Apostel Paulus sagte, werden wir durch die Kraft des Heiligen Geistes und durch die Erneuerung unserer Gedanken von einem Maß der Herrlichkeit zum nächsten verwandelt und an das Ebenbild Christi angeglichen (vgl. 2. Korinther 3:18; Römer 12:1-2). Indem sich unsere Gedanken und Vorstellungen an Christi Gedanken und Haltung anpassen, werden sich auch unser Charakter, unser Wille und unsere Wünsche verändern, bis dahin, dass wir immer mehr wie Jesus denken und handeln. Menschen in der ersten Gemeinde handelten so sehr wie Christus, dass man sie spöttisch „Christen" nannte!

Das *International Standard Bible Lexicon* schreibt über das Thema der Heiligung:

> Denn diejenigen, die in Christus sind, sind eine neue Schöpfung (vgl. 2. Korinther 5:17), und diejenigen, die den Ruf zur Absonderung und Weihe erhalten haben (vgl. 2. Korinther 6:17), müssen sich selbst reinigen von aller Unreinheit des Fleisches und des Geistes und vollenden so die Heiligkeit in der Furcht des Herrn (2. Korinther 7:1). Paulus sieht die Mitglieder der Gemeinde an, genauso, wie er die Gemeinde selbst ansieht: mit einem prophetischen Blick; er sieht sie nicht so, wie sie sind, sondern so, wie sie sein werden. Und seiner Ansicht nach soll die Gemeinde selbst geheiligt und gereinigt werden durch ‚das Wasserbad mit dem Wort', in anderen Worten, durch die fortschreitende Heiligung ihrer Glieder, bis Christus sich selbst eine herrliche Gemeinde präsentieren kann, die keinen Makel oder Runzeln oder irgendetwas in der Art aufweist (vgl. Epheser 5:26-27).[1]

DAS ZIEHEN ODER FÜHREN DES BRÄUTIGAMS

> Mein Geliebter beginnt und spricht zu mir: „Mach dich auf, meine Freundin, komm her, meine Schöne! […] Komm, mach dich auf, meine Freundin; meine Schöne, komm doch!"
> (Hohelied 2:10+13, SLT)

Auf Hebräisch liest sich das in etwa so: *„Steh auf zu mir und komm hinweg."* Das hebräische Wort für „Steh auf" lautet *qum* und bedeutet *emporsteigen zum Aufenthaltsort, zum Wohnsitz, bleiben, gehalten werden* (unterstützt, getragen, erhalten werden). Die militärische Bedeutung des Wortes ist „sich positionieren" oder

„in Stellung gehen". Das hebräische Wort für „Weggehen" ist *halak* und bedeutet *begleiten, gehen, betreten, werden, herankommen, folgen, mit etwas fortfahren* oder *wachsen.*

Viele Menschen werden heute aus rein traditionellen, religiösen Institutionen und Konfessionen herausgerufen oder in ihnen wachgerüttelt. Gott ruft und führt viele aus Selbstzufriedenheit, aus menschengemachten Lehrmeinungen und Praktiken einer abstrakten, intellektualisierten Religion heraus. Er ruft sie hinein in eine konkrete, erfahrbare Beziehung mit Jesus. Obwohl der Glaubensabfall quer durch die gesamte sogenannte Kirche geht, gibt es Gläubige, die Jesus noch treu und Ihm von Herzen aufrichtig ergeben sind. Jesus, der Bräutigam, zieht sie immer tiefer! Wenn du die Braut bist, gibt es in der Beziehung mit Ihm, dem Bräutigam, keinen Platz für Selbstzufriedenheit und Stillstand. Wie wir im Beispiel des Hohelieds sehen, ruft Jesus unablässig. Er geht Seiner Braut nach und ruft sie zu einer neuen und tieferen Ebene der Beziehung. Er ermutigt sie, immer weiterzugehen und zu wachsen, niemals stehen zu bleiben und sich nicht mit der gestrigen Begegnung mit Ihm zufriedenzugeben. Wie bereits entdeckt: Der erste Ruf zur Errettung geschieht durch Seine Erlösung. Durch sie werden wir aus der Dunkelheit gezogen.

> Zieh mich dir nach, so wollen wir laufen. Der König führte mich in seine Kammern. [...] Ich bin schwarz und gar lieblich [...] wie die Zelte Kedars, wie die Teppiche Salomos.
>
> Hohelied 1:4+5, LU

Mich interessiert hier das Wort „ziehen". Es entspricht dem in Johannes 6:44. Dort verkündet Jesus, dass niemand zu Ihm kommen kann, außer der Vater „zieht ihn". Dies ist eine offene Einladung für alle, die zu Ihm gezogen werden wollen. Denn Jesus sagte auch in Johannes 12:32, dass Er alle Menschen zu sich ziehen wird, wenn Er „von der Erde erhöht" (d.h. gekreuzigt) ist.

Der Ruf der Braut ist und muss also sein: „Zieh mich hin zu dir, überrede mich, mach es mir schmackhaft und ermutige mich, Dir zu folgen, um an den Wohnort Deiner Gegenwart zu kommen." Erkennen wir Seine Stimme? Dann lass uns Ihm folgen – in Seinen Frieden und in Seine Gegenwart.

Der erste Ruf oder das Hinziehen – der Ruf der Errettung – ist gleichzeitig ein Ruf zu einer innigen Beziehung. Es ist das Angebot, dauerhaft bei Christus zu bleiben. Genau wie die Braut in Hohelied 1:5-13 werden wir aus der Dunkelheit herausgerufen und als Mitglied Seiner Herde geheiligt. Die Braut erlaubt Ihm nicht nur den Zutritt zu ihrem Herzen – sie wird ebenso in Sein Herz hineingebracht. Wie wir in Kapitel 2 gelesen haben, ist sie eine „Lilie im Tal der Dornen". Sie ist die Braut, die aus dem Fluch der Sünde gebracht und erlöst wurde. Genau wie Ruth ist sie aus den Tiefen der Hoffnungslosigkeit befreit, um von nun an unter dem „Schatten der Flügel" ihres Erlösers zu leben. Sie ist unter dem Apfelbaum aufgeweckt worden und hat von Seiner Frucht genommen, von Seinem Leben (vgl. Hohelied 2:3, 8:5). Sie wurde zu einem Teil Seines Weinberges gemacht, gehalten, unterstützt und ist jetzt bedeckt von Seiner Liebe und Seiner Barmherzigkeit.

Bezüglich der Errettung wird uns in Hohelied 2:10-14 eine Beschreibung von Jesu Lebzeiten auf der Erde gegeben. Der Winter ist vergangen, die Zeit zum Singen, zum Jubeln ist gekommen und das Gurren der Turteltaube ist zu hören. Jetzt ist es ihre Zeit, um aufzustehen und wegzukommen. Das beschreibt die Zeit zwischen Passah und Pfingsten: Gottes festgesetzte Zeit für Jesu Kreuzigung und Auferstehung zum Zweck unserer Erlösung und für die Ausgießung des Heiligen Geistes. Jesus hat in Johannes 12:32 davon gesprochen, alle Menschen zu sich zu ziehen. Diese Textstelle spricht von einem neuen Tag, einem neuen Leben, einer neuen Saison, von Ernte und Fruchtbarkeit. Sie spricht von Seiner durchbohrten Seite. Und für alle, die Sein Angebot annehmen, beschreibt sie die Verborgenheit in Christus, unserem Felsen. Diese Textstelle spricht wie David in Psalm 91 davon, am verborgenen Ort Seiner Gegenwart Schutz für unser Leben zu finden.

MIT DER ZEIT WIRD EUPHORIE ZU VERTRAUTHEIT

Viele von uns können einen persönlichen Vergleich zwischen ihrem Errettungserlebnis und der damit einhergehenden, anfänglich gefühlten Nähe zu Jesus und dem, was die Braut im Hohelied erlebt, ziehen. Und genau wie im Beispiel der Braut in Hohelied 2:15-3:4 schleichen sich bei vielen von uns irgendwann „Füchse" ein. Ablenkungen behindern langsam, aber sicher und schleichend die Beziehung. Wie bei der Braut kühlt unsere Leidenschaft ab. Plötzlich stellen wir fest, dass wir getrennt sind (*Bether*) und Seine Gegenwart nicht mehr spüren können. Leider schwindet an diesem Punkt auch die Beziehung für viele, die Christus angenommen haben. Sie erkennen nicht, dass sie – genau wie die Braut im Hohelied – eben genau durch das Gefühl der Abwesenheit Seiner Gegenwart in eine noch tiefere Vertrautheit und Reife gezogen werden sollen. Im Kapitel 3:1-4 finden wir die angemessene Reaktion: Als Braut in dieser Zeit müssen wir schnell die notwendigen Anpassungen in unserem Leben treffen. Getrennt, vielleicht erschöpft, eventuell sogar fast schon schlafend, spürt sie dennoch Sein sanftes Anklopfen an ihrem Herzen. Gerade durch das Gefühl, Seine Gegenwart verloren zu haben, ergeht der Ruf Jesu an Seine Gemeinde. Genau dann, wenn sie Seine Gegenwart nicht mehr spüren kann, muss die Braut aufwachen und Ihn von ganzem Herzen und mit ganzer Seele suchen. Dadurch erkennt sie, welche Art Beziehung Er sich wünscht, und dass diese nicht in menschengemachten Wegen und Traditionen zu finden ist. Nein, diese Art Traditionen sind zu Schleiern oder gar Trennungswänden geworden. Die Braut muss „vor das Gitter treten", wenn sie wachsen will (vgl. Hohelied 2:9).

WÄCHTER

Wie schon erwähnt, trifft die Braut in den Kapiteln 3 und 5 auf die Wächter. Zur Erinnerung: Wächter sind Menschen, die drinnen sind: Wächter der Stadt, der Traditionen und mitunter Lehrmeinungen der Kirche. Diese Feststellung möchte ich genauer erläutern:

Natürlich brauchen wir Lehrer und Leiter im Leib Christi, um sicherzustellen, dass wir fundierte Wahrheiten und Praktiken behalten. Meine Aussage soll nichts anderes suggerieren. Doch durch die Art und Weise, wie Salomo im Hohelied von ihnen spricht, sind es religiöse Leiter ohne jegliches Interesse an einer ergebenen, innigen Beziehung mit Christus. Die von Salomo beschriebenen Personen würden ihre menschengemachten Lehrmeinungen, Rituale und Traditionen auf Kosten einer persönlichen und im Alltag erfahrbaren Beziehung mit Jesus verteidigen. Diejenigen, die Salomo dem Leser in seinem Lied präsentiert, haben keine Ahnung, wo Jesus ist. Sie waren keinerlei Hilfe dabei, dass die Braut Ihn findet. Und genau das, worüber Jesus Seine Jünger vorgewarnt hat, finden wir in Kapitel 5, als diese Wächter sogar solche verfolgen und exkommunizieren, die Ihn leidenschaftlich suchen. Dabei glauben sie ernsthaft, dass dies ihre heilige Pflicht vor Gott ist (vgl. Johannes 16:2-3). Die Braut muss an diesen Wächtern vorbeigehen, wenn sie Seine Gegenwart erneut erfahren will.

Um weiter zu verstehen, wer die Wächter sind, müssen wir in die Zeit Christi schauen und das Konzept von Wächtern in Bezug auf Pharisäer, Sadduzäer, den Hohen Rat (*Sanhedrin*) und die Synagoge begutachten. Historisch gesehen sind Wächter ein Hinweis auf die jüdischen Priester, auf Geistliche, einschließlich blinder oder falscher Lehrer (vgl. Jesaja 62:6; Hebräer 13:17; Jesaja 56:10). Es sind solche, die Traditionen der Wahrheit vorziehen. Sie, die den Messias hassten, hätten Ihn aufgrund der Heiligen Schrift und der Erfüllung der Prophetien auf Seine Person hin eigentlich erkennen sollen. Es geht also um Personen, die ihren bedeutenden Status in der Gesellschaft und die Überlieferungen so sehr liebten, dass diese sie blind gemacht haben (vgl. Matthäus 15:14). Das ging schließlich so weit, dass sie Jesus beschuldigten, der Teufel zu sein.

Im Hebräischen weist das Wort *Pharisäer* außerdem auf Folgendes hin: *getrennt sein, scheinheilig, ritualhaft, gesetzlich, traditionell, oft heuchlerisch, die Traditionen der Menschen starr aufrechterhaltend, eine zeremonielle – die äußere – Erscheinung statt die Beziehung betonend.* Ihre Auslegung des Gesetzes Moses, der Heiligen Schrift, war wichtiger und maßgebender als das eigentliche Gesetz, die Heilige Schrift, selbst. Jesus sagte, dass sie blind für die Wahrheit, für Jesus und den Heiligen Geist sind. Sie erleben nicht, wie sich das Königreich des Himmels offenbart, ihr Leben beeinflusst und Auswirkungen darauf hat. Nicht nur das, sie hindern auch andere daran, dies zu erleben (vgl. Matthäus 23:13; Lukas 11:52; Johannes 3:1-12). Die Pharisäer versuchten nicht nur, Jesus Fallen zu stellen, durch die Er sich in ketzerische Aussagen verstricken sollte, sondern klagten Ihn fälschlicherweise dieses Vorgehens an. Genauso kann dies auch heute passieren.

Sadduzäer repräsentieren jene, die Kompromisse mit der Gesellschaft schließen; man könnte sagen, die dem Zeitgeist folgen, mit dem Ziel, ihren Status und ihr Ansehen zu erhalten. Sie waren die Elite und die Intellektuellen der jüdischen Gesellschaft, die um des eigenen Vorteils willen mit Rom Kompromisse eingingen.

Der *Sanhedrin*, der Hohe Rat, das Gericht unter dem Vorsitz des Hohepriesters, war das Regierungsorgan unter den Juden und setzte sich aus Schriftgelehrten, Pharisäern, Wirtschaftsführern und Reichen zusammen. Heute würden sie vielleicht das Gremium, der Aufsichtsrat oder der Verband genannt werden. Diese Gruppe hatte erheblichen Einfluss auf religiöse Angelegenheiten. Ihr Einfluss erstreckte sich nicht nur auf die jüdische Gesellschaft, sondern gab ihnen auch Kontrolle über die Synagogen.

Damit möchte ich nicht nahelegen, dass alle Verbände, Aufsichtsräte oder Gremien als hinderliche „Wächter" betrachtet werden sollten; einige sind von großem Wert! Wir erinnern uns: *„Wir alle müssen einer Obrigkeit Rechenschaft ablegen."*

Die Synagoge, die zum Gottesdienst versammelte Gemeinde, ist die Vorlage für unsere heutige lokale Gemeinde oder konfessionelle Gruppe. Diese Institutionen wurden von einem ortsansässigen Rabbiner geleitet und bestimmten zu jener Zeit das religiöse Denken und die Ansichten. Heute gibt es sowohl starke, gesunde, vom Heiligen Geist geleitete Kirchengemeinden als auch fehlgeleitete. Deswegen benötigen wir die von Paulus erwähnte Gabe der Unterscheidung der Geister.

All die oben beschriebenen Wächter finden sich in der heutigen *Gemeinde* wieder. Es können christliche Leiter, verschiedene Gemeinden und ihre Konfessionen, christliche Medien und natürlich Einzelpersonen sein. Bevor man jedoch ein Urteil fällt, wer ein solcher Wächter sein könnte, müssen wir uns dringend selbst beurteilen, ob nicht wir – vielleicht auch zeitweise – einer dieser sogenannten Wächter sind! Außerdem ist es von großer Wichtigkeit, die Prinzipien von Autorität und geistlicher Autorität in Betracht ziehen. Gott hat Zuständigkeiten bestimmt und verlangt von uns, Personen in Verantwortung zu ehren und zu respektieren. Daher ist Vorsicht geboten, falls wir überhaupt jemals über eine Person urteilen oder sie beschuldigen, ein solcher Wächter zu sein. Dennoch sollten wir uns genauso über ihr weitverbreitetes Vorkommen in der christlichen Gemeinschaft bewusst sein. Besonnenheit verlangt, dass wir uns an folgende Weisheit erinnern: *„Was man durch einen Kompromiss zu erreichen hofft, wird man am Ende verlieren."* So, wie es den Menschen in Jesu Tagen erging, die Kompromisse schlossen, um des eigenen Vorteils willens und um Gewinn zu machen und dann alles verloren, wird es uns auch gehen, wenn wir mit der Welt falsche Kompromisse schließen.

HEILIGUNG: SEIN KREUZ AUF SICH NEHMEN

Im Hohelied 4:6-8 sehen wir, wie die Braut auf eine noch tiefere Ebene von Heiligung und Beziehung geführt wird. Sie wird vor Selbstzufriedenheit und leeren Ritualen gewarnt und angeleitet, die zu erkennen, die sie von Ihm wegziehen wollen. In Vers 6 des vierten Kapitels sehen wir besonders durch die Verwendung des Wortes *Bether* – „Berg der Trennung“ (Scheideberge), das für Selbstaufopferung und Selbstverleugnung steht und für die Bitterkeit, sich selbst zu sterben und den eigenen Willen, eigene Pläne und die eigene Absicht aufzugeben –, als auch des Wortes *Weihrauch* – das für Gebet und Anbetung steht –, ihre Heiligung mit ihrer Entscheidung, täglich zu sterben.

Der Bräutigam sagt: *„Komm mit mir weg von …“*, was bedeutet *(hin-)schauen*, *Beachtung schenken*, *analysieren*, *nachsinnen über* oder *in Erwägung ziehen*. Er unterrichtet die Braut darüber, dass sie sich einiger Sachverhalte und Angelegenheiten bewusst sein müsse, wie die oben genannten Ausdrücke aufzeigen. Durch diese „Wort-Bilder“ ruft Jesus also Seine Gemeinde an den „Ort der Einsicht“, an dem sie klar sehen und verstehen kann.

„Komm mit mir vom Libanon.“ Der Libanon hat viele positive Bilder, sogar an anderen Stellen im Hohelied. Aber in diesem Fall ruft der Bräutigam die Braut aus Selbstbezogenheit und ihrer Komfortzone heraus (vgl. Jeremia 18:14; Jesaja 2:13, 2. Könige 14:9+10; Hosea 14:7; Hesekiel 31:16). Denn später sehen wir in Kapitel 5, dass sie auf die Erntefelder gerufen wird, um mitten im Kampf zu missionieren.

„Schau vom Gipfel des ‚Amanaberges‘“: *Amana* stammt von einem Wort, das *Glauben*, *Abkommen* und *Bund* bedeutet. Es bezieht sich auf Dinge, die feststehend, sicher und gewiss sind, auf eine fest etablierte Verordnung. In der *Passion Translation* der Bibel stellt Dr. Brian Simmons fest: *Amana* kann sich auf den Ort von beständiger Sicherheit beziehen. Es scheint also, dass Er Seine Braut aus der Selbstzufriedenheit hervorruft, aus der Zufriedenheit mit dem Ist-Zustand. *„Schau vom Gipfel des ‚Senir‘ und ‚Hermon‘“*:

Senir ist ein anderer Name für den *Hermon*, der ein heiliger Berg in Syrien und im Norden Israels ist. *Hermon* entstammt einem Wort mit den Bedeutungen *heilig*, *religiösen Anwendungen gewidmet*, *aufgegeben* oder *durch eine Weihe an religiöse Praktiken verflucht*. Inzwischen ist wohl deutlich geworden, dass Jesus uns immer wieder von Stolz und einer Einstellung von Zufriedenheit und vermeintlicher Sicherheit fortruft, wenn nicht sogar heraus aus götzendienerischen, religiösen Zeremonien und Ritualen. Stattdessen ruft Er uns in eine persönliche Beziehung zurück!

Mit Seiner Aussage: „*Komm weg von den Lagerstätten der Löwen, von den Bergen der Leoparden!*“, leitet Jesus Seine Braut zur Unterscheidung der Geister an; insbesondere dazu, den Geist des Abfalls vom Glauben zu erkennen. Wir haben alle schon Dokumentarfilme über Löwen, Leoparden und Raubtiere gesehen. Es sind hartnäckige Verteidiger ihres Reviers. Der gefleckte Leopard spricht von Befleckung und Verunreinigung und bezieht sich auf etwas, das *verdorben* oder *verunreinigt* ist – oder *unmoralisch handelt*. In Jeremia 13:23 stellt der Leopard die Unveränderlichkeit des moralischen Charakters derer dar, die lieber Böses als Gutes tun. Leoparden sind getarnte, opportunistische Jäger der Nacht, die sich an verschiedene Umgebungen anpassen. Sie können sich tarnen und sind laut Jesus „Wölfe im Schafspelz“. Sie nutzen die Nacht und die Ahnungslosigkeit und Schwäche anderer aus, um auf sie Jagd zu machen.[2] Wie Leoparden leben auch Löwen innerhalb geschützter territorialer Grenzen; jedoch hausen sie in eng verbundenen, sozialen Gruppen. Löwen stehen für *Stärke*, *Königtum*, *Könige* – für *diejenigen mit Autorität und Macht*. Wir wissen, Jesus wird als der „Löwe des Stammes Juda“ bezeichnet. Wir sollten jedoch bedenken, dass sich Löwen in der Bibel auch auf gottlose Herrschaft, Stärke und Macht beziehen können.

Seid nüchtern und wacht! Denn euer Widersacher,
der Teufel geht umher wie ein brüllender Löwe und sucht,
wen er verschlingen kann …

1. Petrus 5:8, SLT

Das Tier sah aus wie ein Leopard, aber es hatte die Tatzen eines Bären und den Rachen eines Löwen. Der Drache gab ihm seine ganze Macht, setzte es auf den Herrscherthron und übertrug ihm alle Befehlsgewalt.

Offenbarung 13:2, HFA

Darum schlägt sie der Löwe aus dem Wald, überfällt sie der Steppenwolf; der Leopard lauert vor ihren Städten, sodass jeder, der sie verlässt, zerrissen wird; denn ihre Übertretungen sind zahlreich, und groß sind ihre Abweichungen!

Jeremia 5:6, SLT

Ein eingehenderes Studium der Worte, die Salomo in Hohelied 4:8 verwendet, macht deutlich: Jesus fordert Seine Braut auf, sich von nutzlosen, religiösen Praktiken zu entfernen, von bloßem geselligem Zusammensein, von Zufriedenheit mit dem Status quo und von purer Weltlichkeit. Es scheint, der Heilige Geist benutzte Salomo, um in verschlüsselter Form der Braut eine Warnung zu geben. Diese Warnung entspricht den Worten der Apostel Petrus, Paulus und Judas, sich von Selbstzufriedenheit und dem Glaubensabfall falscher Lehrer zu trennen, sowie von überheblichen geistlichen Leitern und ihren Lehrmeinungen (vgl. 2. Petrus 2-3; 2. Thessalonicher 2; Judas).

AUS DEM SCHLAF GERUFEN

In Kapitel 4 wird die Braut aus der Eitelkeit leerer Religion und dem Abfall herausgerufen – zurück in die Beziehung. In Kapitel 5 wird die Braut aus dem Schlaf, der Lethargie, der Gleichgültigkeit und Selbstgerechtigkeit gerissen. Der Schwerpunkt liegt dabei auf „Aufwachen" und „Erweckung". Der Bräutigam kommt, um ihre Leidenschaft neu zu entfachen. Bitte beachte, auch hier hat der Bräutigam Seiner Braut wieder einmal das Empfinden Seiner

Gegenwart entzogen, damit sie aufwacht und Ihm nachgeht. Obwohl eine gewisse „Restsalbung“ auf ihrem Herzen und ihrer Hand liegt, ist zu erkennen, dass ihre Leidenschaft abgekühlt ist. Sie hat sich mit den Schatten zufriedengegeben. Sie muss wieder fortgezogen werden! Zu Ihm hin. Obwohl Spuren Seiner Gegenwart erkennbar sind, ist Jesus selbst leider an vielen Orten unerwünscht, ja sogar unwillkommen. Jesus ruft Seine selbstzufriedene, selbstgerechte Braut, die weder Verlangen nach Ihm hat, noch das Gefühl, Seine Gegenwart zu brauchen. Er ruft ihr zu, ihr Herz zu öffnen und Ihn wieder hineinzulassen. Jesus spricht zu einer lauwarmen Gemeinde, die eine frische Erfüllung mit Seinem Geist dringend braucht. In Offenbarung 3:20 heißt es: *„Siehe, ich stehe vor der Tür und klopfe an …“* (SLT) Zu denen, die es zulassen, wird er erneut hereinkommen.

AUS DEM SCHATTEN HERAUS

Im gesamten Hohelied sehen wir, dass sich die wahre Braut wünscht, aus den Schatten herausgezogen zu werden. Sie sehnt sich danach, dass die Schatten fliehen und verschwinden. Genau wie die Braut im Hohelied sollten auch wir uns wünschen, aus den Schatten herauszukommen. *Schatten* sind Abbilder, Vorschattungen, Symbole, Andeutungen, Voransichten – aber nicht das Wahre, Echte, Wirkliche (vgl. Hebräer 8:1-5; 10:1). Wir müssen uns nicht mehr mit bloßen Schatten zufriedengeben, obwohl sie uns mitunter wie ein Empfinden von Ermutigung, Sicherheit, Heiligkeit oder Frieden vermitteln. Doch sie sind nur ein Ersatz für das Echte und haben in sich keine Substanz. In Kolosser 2:16-17 lesen wir, dass es nur bloße Abbilder oder stellvertretende Gebilde, Ähnlichkeiten und Illusionen sind – im schlimmsten Fall Götzen.

Die Lehre aus dem Hohelied ist: Es gibt mehr als das „Ziehen zur Errettung“. Das „Ziehen der Braut“ ist mehr als ein einmaliges Ereignis. Es ist das beständige Folgen eines Pfades, ein Fortschreiten und eine Reise von Begegnungen zwischen der Braut und Christus selbst. Sowohl in der Kirchengeschichte als auch heute sehen wir, dass Menschen herausgerufen werden und dass ein Erwachen stattfindet. Wir werden Zeugen davon, wie viele Gläubige wiedererweckt werden und auf den Ruf antworten, aus leeren, menschengemachten Gewohnheiten und Traditionen herauszukommen – zurück in die innige Beziehung mit Jesus. Zurück zu einem Lebensstil voller Kraft und Herrlichkeit mit der Fokussierung auf das Evangelium. Ein Lebensstil, den es in einer verlorenen, orientierungslosen und leidenden Welt zu demonstrieren gilt.

Ich denke, dass auf diese Zeit der Trennung vom Bräutigam – oder das *Gemeindezeitalter*, wie wir es nennen – im Hohelied 6:1-2 noch weiter eingegangen wird. Und zwar mit dieser Frage: *„Wohin ist dein Liebster gegangen?"* Er ist fortgegangen, um im Haus Seines Vaters eine Wohnung für sie zu bereiten. Das scheint sich darauf zu beziehen, was Petrus in 2. Petrus 3 schreibt: *„Wo ist die Verheißung Seiner Wiederkunft?"* (vgl. 2. Petrus 3:4). Die Antwort findet man in den Kapiteln 6-8 des Hohelieds. Hier sehen wir, dass Er sie nicht mehr ruft. Er nimmt sie zu sich und danach begleitet sie Ihn bei Seiner Rückkehr.

DIE RÜCKKEHR ZUM VATER

Kapitel 3 beginnt mit dem Gedanken der Trennung und endet mit einem Bezug auf den Verlobungstag. Der mittlere Abschnitt beschreibt oberflächlich betrachtet eine Hochzeitsprozession. Mit unserem Hintergrund ist es auch das kontinuierliche Zeugnis der Braut vom Glauben an ihren Bräutigam. Ein Zeugnis, das vor gut 2000 Jahren seinen Anfang nahm; und es ist Aufgabe der Braut, während der Bräutigam fort ist, um das Zuhause für sie vorzubereiten.

Euer Herz erschrecke nicht! Glaubt an Gott und glaubt an mich! Im Haus meines Vaters sind viele Wohnungen; wenn nicht, so hätte ich es euch gesagt. Ich gehe hin, um euch eine Stätte zu bereiten. Und wenn ich hingehe und euch eine Stätte bereite, so komme ich wieder und werde euch ***zu mir nehmen***, damit auch ihr seid, wo ich bin. Wohin ich aber gehe, wisst ihr, und ihr kennt den Weg.

Johannes 14:1-4, SLT

Der Ausdruck „zu sich nehmen" ist das transliterierte griechische Wort *paralambanó*, was *nehmen* oder *entgegennehmen* bedeutet. In unserem Fall beschreibt es einen Bräutigam, der seine Verlobte zu sich in sein Zuhause nimmt.

Wie bereits in der Einleitung dieses Buches erwähnt, war es zu Jesu Zeiten in der hebräischen Kultur üblich, dass der Bräutigam nach der Verlobungsfeier zum Haus seines Vaters zurückkehrte. Dort würde er ein Zuhause vorbereiten, in dem das Paar später leben würde. Zu dem Zeitpunkt, an dem er die Braut verließ, gab der Bräutigam ein Versprechen ab. Dies beinhaltete nicht nur den Bau ihres zukünftigen Zuhauses, sondern ebenso, dass er zurückkommen würde, um sie aus dem Haus ihres Vaters zu holen und sie zu ihrem neuen Heim und damit ihrem gemeinsamen Leben bringen würde. Dabei wusste der Bräutigam selbst nicht, wann sein Vater ihm die Erlaubnis zur Rückkehr zu seiner Braut geben würde. Erst, nachdem der Vater von der Fertigstellung aller notwendigen Vorbereitungen überzeugt war, sagte er zu seinem Sohn etwa folgende Sätze: *„Jetzt kannst du gehen, um deine Braut zu holen und sie nach Hause zu bringen."* Jesus bezieht sich offensichtlich auf diese, Ihm vertraute Tradition, als Er über Seine Wiederkunft sagt, dass weder Er, noch die Engel im Himmel, noch ein Mensch weiß, wann Er zurückkommen wird. Allein der Vater weiß, wann Er den Sohn gehen lassen wird, um Seine Braut zu sich zu nehmen (vgl. Matthäus 24:27-44; Markus 13:32; Lukas 21:34-36).

PSALM 45: DER HOCHZEITSPSALM DER GEHEILIGTEN

Psalm 45:11 spricht von ihr, die der Bräutigam zu sich nimmt. Es ist ein Portrait von Ruth, die ihre Familie, ihr Land, ihre Kultur, ihr Volk und ihre Sprache verließ. Genau wie Ruth müssen wir unsere Vergangenheit vergessen, um uns selbst in Ihm zu verlieren, das Bekannte ablegen, vielleicht sogar liebgewordene Traditionen. Alles, auch jede Freundschaft, die mit der Beziehung zum Bräutigam Jesus konkurriert, muss auf den Prüfstand gestellt werden. Wenn wir die in Psalm 45 beschriebene Braut sein wollen, können wir es uns nicht erlauben, von denen zurückgehalten zu werden, die keine Leidenschaft für Ihn haben; die es vorziehen, Ihm nicht weiter und tiefer zu folgen. Eine solche Braut steht bei ihrem König – in Seiner Herrlichkeit, Hoheit und ewiger Macht. Sie kann nicht neutral bleiben, sie muss sich für eine Seite entscheiden und infolgedessen wird sie sich zwangsläufig von der einen oder der anderen Seite trennen. In Psalm 45:11 wird der Braut gesagt: *„Vergiss dein Volk und das Haus deines Vaters!“* Für uns bedeutet das, Jesus zu folgen, unsere alte „Adams-Natur“ abzuschneiden und eine „Königreichs-Kultur“ statt einer weltlichen Kultur anzunehmen. Die Braut, die Seine Einladung zur Heiligung und Erlösung angenommen hat, ist nun eine Braut der Reinheit. Wie wir im Hohelied 4:7-8 lesen, wird sie aus den Nationen und Völkern herausgerufen, die nicht in einem Bund mit Jesus leben. Sie ist herabgekommen (von den Bergen); sie hat sich von den Einflüssen der Kultur getrennt. Jesus hat sie aus dem Libanon herausgerufen. Der Libanon, bekannt für seine Schönheit und angenehmen Düfte (vgl. Hohelied 4:11), steht für weltliche Verlockungen und Verhaltensweisen. Diese versprechen uns leibliche, sinnliche, sogar intellektuelle Vergnügungen. Doch wir sind von dem alten Leben, das die Sünde in die Welt gebracht hat, abgetrennt. Adam hat das Wissen um Gut und Böse gewählt und damit die Macht für sich beansprucht, moralische Standards von Richtig und Falsch zu setzen. Damit stand er als „Gott“, als eigene, selbsternannte Autorität da. Die Sünde der Rebellion hat die Beziehung des Menschen zu Gott getrennt und damit die ganze Menschheit dem Tod und Fluch preisgegeben. Da die Braut einen anderen Weg wählte, indem sie Seine Erlösung annahm und nun für sündlos und schuldlos erachtet wird (vgl. Hohelied 4:7), muss sie sich von dem Einfluss der Leoparden trennen. Auch muss sie die Löwenhöhlen meiden und die gefährlichen Raubtiere, die darauf lauern, sie zu verschlingen, und Jagd auf ihre Seele und ihr Leben machen. Wir wissen, dass schlechte Gesellschaft einen guten Charakter verdirbt (vgl. 1. Korinther 15:33).

„Komm mit mir", sagt Er, denn sie kann das nicht alleine tun. Sie muss Seinen Weg wählen, Seinen Einfluss, Seine Autorität. Es geschieht nicht durch Macht oder Kraft, nicht durch reine Willenskraft, sondern nur durch die Kraft des Heiligen Geistes. Allein durch Gnade wird sie verwandelt. In Hohelied 4 sehen wir bereits eine Umwandlung. Diese findet statt, als die Braut auf Seinen Ruf antwortet und Ihm ihre Aufmerksamkeit und ihre Zuneigung schenkt. In Kapitel 1 ist sie „dunkel"; sie hat sich nicht um ihren eigenen Weinberg gekümmert. Sie lebte ein Leben, das einem König nicht würdig ist. Aber was für eine Veränderung findet hier statt! Schau dir in Hohelied 4:9-11 an, wie der König sie sieht, was für einen enormen Unterschied ihre Entscheidung, Ihm zu folgen, gemacht hat (vgl. Hohelied 4:12-15)!

Dieses Vorbild, diesen Weg sollten alle wählen, die Sein Angebot und Seinen Preis der Verlobung annehmen. Wir machen uns auf den Weg, indem wir Ihm unsere Leben heiligen. Jesus wahrhaftig und dauerhaft zu folgen, ist seit Anfang an eine Herausforderung für die Gemeinde. In vielerlei Hinsicht hat Seine Braut es nicht geschafft, Ihm zu folgen oder auf Ihn zu hören. Jesus sagte: *„Meine Schafe kennen meine Stimme."* Viele Gläubige, die von sich behaupten, Christen zu sein, werden ihre Unfähigkeit, Gott zu hören, eingestehen. Einige behaupten sogar, dass diejenigen verrückt sind, die behaupten, Seine Stimme zu hören. Es besteht also die Möglichkeit, ein sogenannter „Namenschrist" zu sein, jemand, der keine tatsächliche Beziehung zu Christus hat. Die gute Nachricht ist: Jesus ist gestorben, damit wir eine Beziehung zu Ihm haben können. Jedoch haben viele Menschen in der Geschichte nach einer Religion von Glaubenssätzen und rituellen Bräuchen gesucht, die ihnen das Gefühl gibt, heilig zu sein und für deren Schutz sogar gemordet wurde. Es ist traurig, dass viele dieser Glaubenssätze nur den Anschein von wahrer Frömmigkeit haben. Paulus beschreibt sie als Menschen, die behaupten, sich an den Glauben zu halten, allerdings die wahre Kraft des Glaubens ablehnen. Das Christentum ähnelt heute der Beschreibung Israels in den Tagen Moses aus Psalm 81. Ohne Herzensbeziehung zu unserem Herrn, ohne Gehorsam, spielen wir auch heute oft die „Gnaden-Karte" aus, um ein nicht geheiligtes Leben zu rechtfertigen. Gnade ist wundervoll. Aber Gnade ist keine Lizenz für dich und mich, um aus eigenem Ermessen festzulegen, was gut und was böse ist. Genau wie Adam und Eva mögen wir es vielleicht versuchen, aber nur Gott hat diese Autorität. Wir können nicht davon ausgehen, dass Gott unsere Meinung für die heilige Festlegung von Gut und Böse bestimmt hat – zu ermessen, was Sünde ist und was nicht. Heute erinnern zu viele sogenannte Christen an die sieben Frauen in Jesaja 4:1; sie wollen Jesus nur dem Namen nach kennen. Sie möchten das ganze „Vorteilspaket der Errettung" – ohne von Seinem Essen zu nehmen und ohne Seine Kleidung zu tragen. Faktisch lehnen sie damit die Bedingungen Seines Opfers ab und akzeptieren Seine Gerechtigkeit nicht. Jesus machte sehr deutlich, dass dies inakzeptabel sei (vgl. Matthäus 7:22-23). Als Braut muss Jesus uns kennen und wir müssen Ihn kennen – eine Bedingung, die auf das innige Miteinander in einer ehelichen Bundes-Beziehung hinweist.

Leider gleicht das Christentum in vielen Aspekten dem Geschehen bei Adam und Eva. Hier war die innige, persönliche Beziehung mit Gott verloren, als der Feind die Saat von Zweifel und Unglauben in ihre Gedanken säte. Der Feind sagte damals wie auch heute: *„Gott hat das nie gesagt." „Jesus hat das nie gesagt". „Jesus hat das Thema nie im Neuen Testament angesprochen."* Dann darf sich die Braut daran erinnern, dass Jesus Selbst das Wort Gottes ist! Und schon im Alten Bund spricht Jesus. Obwohl

Gott mit der Menschheit durch die Austeilung und Auswirkung von Gnade heute anders umgeht, hat sich doch Seine Auffassung von Sünde oder dem, was Sünde ausmacht, nicht verändert. Denn das Wort Gottes sagt uns, dass Gott sich nicht ändert. Gottes Charakter, Sein Wesen und Seine Meinung wandeln sich nicht, sie bleiben gleich – gestern, heute und in alle Ewigkeit (vgl. Maleachi 3:6; Hebräer 13:8).

4

Das Wesen des Königs annehmen

Kapitel 4 im Hohelied ist eine Weiterführung der Heiligungsphase und Beschreibung der geheiligten Braut. Dieser Hinweis zeigt, dass es sich um eine längere Zeitspanne handelt. Hier sehen wir den entscheidenden Moment für die Braut, wie sie zu der wird, die sie in Ihm ist. In anderen Worten, wie sie zum Abbild und Spiegelbild des Bräutigams wird (vgl. Epheser 5:27). Seine zu ihr gesprochenen Worte segnen und definieren sie. Sie machen deutlich, was Er über sie denkt und wer sie in Seinen Augen ist.

Die Braut ist Christus voll und ganz ergeben. Sie ist nicht zu vergleichen mit jenen, die zwar mit Worten kundtun, bei Seinem Namen gerufen zu sein, aber im Herzen nicht berührt sind, wie etwa jene, die zu Jesus sprechen werden: Haben wir nicht durch deinen Namen geweissagt und durch deinen Namen Dämonen ausgetrieben und durch deinen Namen viele Wunderwerke getan? – Denen Er antworten wird: Ich habe euch niemals gekannt, weicht von mir!

DER BERG HERMON

Komm mit mir, meine Braut, steig mit mir herab vom Libanon,
verlass den Gipfel des Amanaberges,
den steilen Senir und den Hermon!

Hohelied 4:8, HFA

Es wurde schon einiges über den Berg Hermon gesagt – doch es gibt im Text noch ein paar weitere, wie ich finde, wichtige

Merkmale: Zunächst einmal ist der Hermon der höchste geographische Punkt in Israel, zweitens soll dort der Fluss Jordan seinen Ursprung haben. Der Bräutigam sagt: „*Komm herab vom Gipfel, von der Spitze des Hermonberges.*" Für „Gipfel" wird hier im Hebräischen das Wort *rosh* verwendet, was *Spitze, Haupt, Meister, Herrscher, Sitz, Rang, Stellung in der Gesellschaft* etc. bedeutet. Außerdem ist es die Quelle des Jordans. Auf Hebräisch bedeutet „Jordan" *Yarden* und steht für *Abstieg* oder *herabsteigen*. Der Jordan ist der weltweit am tiefsten unter dem Meeresspiegel gelegene Fluss. Durch ihn wird fruchtbar, was sonst ein trockenes Wüstental wäre. Er mündet ins Tote Meer, dem niedrigsten Punkt der Erde, einem Ort, an dem nichts lebt und dem nichts entkommt. Da das Tote Meer keinen Abfluss hat, repräsentiert es den Tod und das Grab. Der letzte Feind, der bezwungen bzw. unter Jesu Füße gebracht wird, ist der Tod. Wie in Hesekiel 47 prophezeit, wird das Tote Meer zur Regentschaft des Messias gesund werden und voller Leben sein.

Geht mitten durch das Lager, gebietet dem Volk und sprecht:
Bereitet euch Wegzehrung, denn in drei Tagen werdet ihr
über den Jordan dort gehen, um hineinzukommen
und das Land einzunehmen, das euch der Herr,
euer Gott gibt, damit ihr es in Besitz nehmt!

Josua 1:11, SLT

Um ewiges Leben zu erben und damit unser Leben wiederhergestellt werden kann, müssen wir ebenso *überqueren* und *hinübergehen*. Laut der Definition des hier verwendeten hebräischen Wortes *abar*, sollen wir uns *entfremden, ändern* oder *überwinden*. Wie wir schon bezüglich der Mikwe gesehen haben, die verlobte Braut muss entfremdet werden oder per Definition: Das Eigentumsrecht oder die Rechtsansprüche einer Person (in dem Fall Vater oder Bruder) müssen an eine andere Person (den Bräutigam) abgetreten werden. Die Braut muss ihr Leben ändern, bestimmte

Dinge überwinden und ihre Rechte und Zuneigung von einem auf einen anderen übertragen.

Der Jordan ist auch ein Bild dafür, sich zu demütigen. Jesus hat sich gedemütigt, als Er vom Himmel herabkam, um Mensch zu werden. Genauso müssen wir uns demütigen. Wir müssen hinübergehen, durch Ihn gehen, durch eine Umwandlung, wenn wir den Tod überwinden und in Gottes Verheißung eintreten wollen.

In Kapitel 4 erkennen wir das Ergebnis dieser Umwandlung. Immer wieder entdecken wir im Hohelied: Eine Person ist rein, echt und in der Lage, mit dem Heiligen Geist getauft und erfüllt zu werden, sobald sie Christi Ankaufspreis akzeptiert hat. Diese nun gekrönte Braut ist zugleich eine ausgerüstete Armee. Sie ist geheiligt und dazu berufen, in der Zeit der Trennung unablässig Ihm treu zu leben.

Die vom Bräutigam gebrauchten Worte deuten auf *Umwandlung* und *Heiligung* hin. Wie schon gesagt, sie hat die Augen der Taube, was wiederum Bezug auf den Heiligen Geist in ihr nimmt. Dass ihr Haar erwähnt wird, impliziert, dass sie – zu ihrem Glanz – von Seiner Autorität bedeckt und Ihm ergeben ist (vgl. 1. Korinther 11:1-15). Dass das Haar im Zusammenhang mit Heiligung steht, sehen wir z.B. im Gelübde des Nasiräers, dessen ungeschnittenes Haar seine Absonderung und Hingabe an Gott symbolisierte (vgl. Richter 16:17). Ihr Haar ist *„wie eine Herde Ziegen"*. Ziegenhaar war einer der Webstoffe zur Überdachung der Stiftshütte (vgl. 2. Mose 26:7-8). Bedeckt von Feuer und einer Wolke war die Stiftshütte nicht nur der Wohnort Gottes unter den Israeliten; sie symbolisierte gleichzeitig den Messias. Momentan ist Seine Braut – die Gemeinde – Sein Tempel und der Wohnort des Herrn. Da sie sich unter Seine Obhut gebracht hat, steht sie unter Seiner Herrschaft. Sie ist Sein Besitz.

Dein Haupt gleicht dem Karmel,
und dein herabhängendes Haupthaar dem Purpur;
der König ist gefesselt durch deine Locken.

Hohelied 7:6, SLT

Noch sinnbildlicher ist Seine Aussage, dass ihr herabhängendes Haar dem Purpur gleicht. Mit dem hebräischen Wort *argaman* für *purpurrot* wird dies noch besser ausgedrückt. Wie wir später noch im Zusammenhang mit dem Saphir sehen, bezieht sich Purpur auf einen König, und Rot oder Karmesinrot auf Blut. Hier wird ausgesagt, dass sie von königlichem Blut bedeckt ist. Gemäß Offenbarung 1:5 hat uns das Blut Jesu von unserer Sünde reingewaschen.

Darauf folgt eine Beschreibung ihrer Zähne. Diese sind „wie eine Herde Schafe", die von der Schwemme kommen (vgl. Hohelied 4:2). Damit wird auf ihre Taufe, ihre Mikwe hingewiesen. Das lässt sich besser verstehen, wenn wir uns die Waschung genauer ansehen. Das hier verwendete hebräische Substantiv, *hāraḥṣāh* oder *rachtsah,* bedeutet ebenso *Waschung* bzw. *Reinigung*. Es ist die weibliche Form des hebräischen Substantivs *rachats*, das *Waschschüssel*, ein *Ort, um ein Bad zu nehmen*, bedeutet. Dies wiederum wird vom Verb *rachats* abgeleitet, was ebenfalls *ein Bad nehmen* ausdrückt. David verwendet genau dieses Wort in Psalm 26, um Unschuld zu beschreiben. In Jesaja 4:4 wird das Wort ebenfalls verwendet und spricht von der Reinigung von Beschmutzung. Sacharja benutzt ein verwandtes Wort, um zu beschreiben, wie verschmutzte Kleidung und Unrecht gegen Gerechtigkeit ausgetauscht werden. Hesekiel 16 ist ein weiteres Beispiel: Hier wird beschrieben, wie Gott die Israeliten im Roten Meer gewaschen hat und sie damit als Nation geboren wurden; es beschreibt ihre Geburt.

Die Braut wird also als Teil ihrer Neugeburt gewaschen, unschuldig gemacht und von aller Ungerechtigkeit gereinigt. Dies erkennen wir in Apostelgeschichte 22:16, Hebräer 10:22, Offenbarung 1:5 und ganz besonders in Epheser 5:26 im Hinblick auf die Gemeinde.

> ... um sie zu seinem heiligen Volk zu machen. Durch sein Wort hat er den Schmutz ihrer Verfehlungen wie in einem

reinigenden Bad von ihr abgewaschen. Denn er möchte sie zu einer Braut von makelloser Schönheit machen, die heilig und untadelig und ohne Flecken und Runzeln oder irgendeine andere Unvollkommenheit vor ihn treten kann.

Epheser 5:26-27, NGU

Nachdem die Braut mit Seinem Blut und Seinem Wort gewaschen ist, Ihn zu sich nimmt und von Ihm isst (Hohelied 2:3), ist ihr Herz rein gemacht worden. Aus der Fülle an Reinheit ihres Herzens kommen nun ihre reinen, unbefleckten und sauberen Worte. Sie ist fruchtbar und gesegnet.

Ihre Fruchtbarkeit erkennen wir an Salomos Verwendung des Wortes „Granatapfel". Granatäpfel stecken voller Metaphern: Sie besitzen eine Krone. Granatäpfel sind Teil der Obsternte im Herbst, dem Laubhüttenfest. Sie symbolisieren Reichtum, Leben und Fruchtbarkeit. Granatäpfel wurden als Wein und Heilmittel verwendet. Ihre karminrote Farbe erzeugt die Vorstellung einer errötenden Braut, und ihr „blutiger" Saft spricht – einmal wieder – von Blut. Interessant ist, dass eine Darstellung des Granatapfels in den Saum der priesterlichen Gewänder eingestickt war. Vertrocknete Granatapfelbäume hingegen deuten in Joel 1:12 Gottes Gericht und die Abwesenheit von Freude und Jubel an. Im Gegensatz dazu sprechen gedeihende Granatäpfel von Freude, Jubel und vom Ausbleiben von Gottes Gericht. Mit anderen Worten: Die Braut ist voller Freude. Sie wurde durch ihren Bräutigam, Jesus, mit Gott versöhnt. Sie ist nicht mehr dem Zorn Gottes ausgesetzt, sondern sie wird stattdessen an jenem Tag am Hochzeitsmahl des Lammes teilnehmen.

DIE BRAUTARMEE

Die Braut ist nicht nur gesegnet; sie ist eine aufstrebende und gerüstete Armee. Ihr Hals ist als Turm Davids beschrieben. David bedeutet *geliebt* und das für Turm verwendete Wort *migdal* oder *migdalah*, abgeleitet von *gadal*, beschreibt *groß und stark werden, groß machen (in den verschiedenen Bedeutungen, wie körperlich, geistig, von Stand oder Ehre her), vorankommen, übertreffen, herausragend werden*. Dies weist auf ihren Statuswechsel hin: durch Seinen Namen von einer Gefangenen zu einer Person mit Einfluss und Autorität.

Dieser Turm – von dem man annimmt, dass er nicht identisch ist mit dem Davidsturm in Jerusalem – war eine Waffenkammer, die David als Waffenversteck gebaut hatte. Als der Ort, an dem Davids große Krieger ihre Waffenrüstung und vielleicht sogar ihre Kampftrophäen lagerten, steht er sowohl für die Kämpfer als auch für ihre Ehre. Somit ist die Braut nicht nur majestätisch, sondern auch eine siegreiche Kämpferin! David war ein Mann des Krieges, sein Sohn Salomo ein Mann des Friedens. Eines Tages wird diese Braut Jesu, die Braut des Friedefürsten und Königs der Könige, den Feind überwunden haben. Da ihre Kriegsführung dann beendet ist, wird sie ihre Waffen niederlegen. Interessant ist auch, dass laut Sprüche 18:10 der Name des Herrn als ein starker Turm beschrieben wird, zu dem der Gerechte läuft und darin in Sicherheit ist. Der Hals der Braut ist ein starker Turm. Er hat ihren Kopf erhoben und sie kann ihre Augen auf Ihn richten!

Um es kurz zu wiederholen: Die Verse 6 bis 8 beschreiben die Heiligung der Braut, ihre Zeit der Trennung. In Vers 11 geht es um ihre Reinheit und Gerechtigkeit. In den Versen 12 bis 15 beschreibt Salomo ihren Duft, über den ich noch genauer sprechen werde. Dieser Duft veranschaulicht ihren Stand während der Verlobung, sowie ihr Spiegelbild und ihre Darstellung von Ihm, indem sie Seinen Charakter und Sein Wesen ausstrahlt. Im gesamten Vers 16 geht es um die Abhängigkeit vom Heiligen Geist, um den lebensspendenden, notwendigen Atem Gottes, um mit Seiner Salbung gefüllt zu sein und diese freizusetzen (vgl. Johannes 20:22).

EIN ENTZÜCKTES HERZ, GEBET UND LOBPREIS

Du bist schön, ganz wunderschön, meine Freundin, und kein Makel ist an dir. Du hast mir das Herz genommen, meine Schwester, liebe Braut, du hast mir das Herz genommen mit einem einzigen Blick deiner Augen, mit einer einzigen Kette an deinem Hals.

Hohelied 4:7+9, LU

Erkennst du, wie der Herr dich als Seine Braut sieht? Er sieht dich rein, unbefleckt und ohne Sünde. Ist es aufgrund dieser im Neuen Bund zugänglichen Gnade in Ordnung, zu sündigen und Gottes Regeln zu missachten, also nach unseren eigenen Wünschen zu leben? Nein. Gerade, weil uns eine so große Liebe aus freien Stücken gegeben wurde, sollten wir den dringenden Wunsch haben, Jesus „zurückzulieben". Wie schon in der Betrachtung um das Wort *Agápe* erwähnt, wissen wir, dass Ihn zu lieben auch bedeutet, Ihm gehorsam zu sein. Die hebräische, kulturelle Bedeutung von Liebe bezieht sich auf den eigenen Umgang mit einem Geschenk und wie dieses geschützt wird. Deswegen sollten wir nichts tun und nichts in Betracht ziehen, das diese Liebesbeziehung verletzt oder gar zerstört.

Was bedeutet der Ausdruck „das Herz nehmen" (vgl. Vers 9)? An dieser Stelle meint es, *von Gefühlen überwältigt zu sein*, *jemanden hinreißen*, *über alle Maßen begeistern*, *das Herz fortnehmen*. Es entspricht einer Frau, die das Herz eines Mannes bezaubert oder die Tiefen seines Herzens öffnet, sodass dieser sich nach einer unverfälschten Innigkeit mit ihr sehnt. Ihn verlangt danach, ihr etwas zu schenken, sie einzuhüllen und zu beschützen, sich ihr in Treue und in einem Bund hinzugeben. Einzig und allein ihr.

Wir haben Ihm das Herz genommen. Als Männer und Frauen wollen wir, dass der, den wir lieben und nach dem wir uns sehnen, unsere Liebe und unsere Sehnsucht erwidert. Wir möchten Ihn unseren Namen sagen hören. Er soll uns in Seine Arme nehmen – uns entgegenrennen. Wir wollen, dass Er in unsere Arme gelaufen kommt. Mit unserem Geliebten möchten wir zusammen sein und gemeinsame Zeit verbringen. Wir möchten unsere tiefsten Wünsche, Gedanken und Gefühle mit Ihm teilen. Die Tiefen unseres Herzens und unserer Seele wollen wir ihm zugänglich machen. Ehemänner, es wäre gut, euch an die zarten Anfänge in der Beziehung mit eurer Frau zu erinnern. Die Tage, an denen sich eure Liebe zueinander noch entwickelte. Weißt du noch, wie sich deine Seele nach ihr sehnte und förmlich aufschrie, als ihr getrennt wart? Du hast danach verlangt, mit ihr zusammen zu sein. Weißt du noch, wie die Trennung von ihr eine kaum auszuhaltende Leere in deinem Herzen hinterlassen hat? Genau das ist Jesu Herz und Verlangen nach Seiner Braut. Wir haben Ihm das Herz genommen. Wir verzehren Seine Gedanken. Seine Leidenschaft und Seine Sehnsucht, uns für immer bei sich zu haben, war so stark, dass Er den Himmel und Seine Herrlichkeit verließ, um herabzukommen und uns zu suchen.

Er war bereit, Ablehnung, Schmerz und Demütigung zu erleiden und am Ende für diese Beziehung zu sterben. Jetzt können wir Seine Berührung nicht nur täglich, sondern in alle Ewigkeit erfahren. Was für ein gewaltiger Beweis der Liebe! Jesus hat uns zuerst gesucht – nun ist es an uns, Ihn zu suchen und auf Seine Liebe zu reagieren. Wenn wir uns Gott nähern, wird Er sich uns nähern. Er hat den ersten Zug getan, indem Er in Liebe Seinen Sohn sandte, um die Tür zu öffnen. Der Vorhang, oder Schleier, der die Menschen von Gott getrennt hatte, wurde durch Jesu Kreuzigung zerrissen (vgl. Hebräer 10:19-21). Jetzt haben wir die Wahl, Ihm die Tür unseres Herzens zu öffnen. Er wacht eifersüchtig über uns. Hungert und dürstet es uns nach Ihm? Wie sehr geben wir uns Ihm hin? Jene, die es tun, werden mit Zufriedenheit und großer Freude erfüllt werden.

Der Herr ist bereit, uns zu berühren, zu heilen und unsere Seelen zu füllen. Er ist da für uns, um uns in unserem Schmerz, Leid, unserer Krankheit und in allen Nöten zu trösten und zu heilen. Er hat alles getan, was Er tun konnte. Nun ist es an uns, Ihm zu antworten. Er sehnt sich danach, uns mit Seiner Gegenwart zu erfüllen. Was würdest du nicht alles tun, um den, den du liebst, zu trösten und zu stärken? Was würdest du nicht alles tun, damit du ihn froh und glücklich sehen kannst? In ebensolcher Weise möchte der Herr unsere Seelen berühren, unsere Wunden, Schmerzen und alles Gebrechen. Er hat das Ihm Mögliche getan – jetzt liegt es an uns, auf Ihn zu reagieren und zu empfangen.

Der Herr sehnt sich danach, dich und mich an Seinen allerheiligsten Ort zu bringen – uns über eine seichte und oberflächliche Beziehung hinaus in die Tiefe mitzunehmen. Er möchte uns so gerne begegnen. Wir sind dafür bestimmt, Ihn zu erfahren. Sein Verlangen nach dir und mir ist so viel größer als alles, was wir uns vorstellen können. Er ist bereit, sich zu offenbaren und damit auch Seine Macht, Seine Herrlichkeit, Seinen geheimen Ratschluss und Sein unerschöpfliches Wissen über Sein Wort. Er will die Macht Seines Wortes offenlegen und dir und mir eine Offenbarung über Seinen Namen geben. Den Namen, bei dem wir gerufen sind.

IHR DUFT

In Kapitel 4 sehen wir die Ankündigung des Bräutigams und Jesu Wunsch und Verlangen nach Gemeinschaft mit Seiner Gemeinde. Die Braut, auf die in Vers 12 als ein verschlossener Garten angespielt wird, birgt Seele und ihren Geist in einem sterblichen, fleischlichen und damit vergänglichen Körper. Sie muss erst noch mit Unverweslichkeit und Unsterblichkeit bekleidet werden (vgl. 1. Korinther 15:35-54; 2. Korinther 5:1-8). Hier finden wir also einen Hinweis darauf, dass die Ehe bislang nicht vollzogen wurde. Also befinden sie sich noch in ihrer Verlobungszeit. Eine Zeit, in welcher der Bräutigam abwesend ist, um einen Platz für sie vorzubereiten. Wir merken außerdem, dass Sein Herz gefesselt oder eingenommen wird, in dem Moment, als Seine Gemeinde auf Ihn schaut und Ihn anbetet. Mit anderen Worten: Sie erhält Sein Herz. Genau wie Psalm 22:3-4 beschreibt Kapitel 4, wie der Herr selbst in ihrem Lobpreis wohnt oder dort thront, obwohl die beiden physisch voneinander getrennt sind. Jedes Mal, wenn sie ihre Ausrichtung und Aufmerksamkeit auf Ihn lenkt, ist Seine Gegenwart in ihr und erfüllt ihr Herz. Durch Lobpreis kann die Gemeinde alles, was Er ist und alles, zu dem Er sie gemacht hat, nach außen hin ausstrahlen.

Wir beschäftigen uns noch immer mit ihrem in Hohelied 4:10-16 beschriebenen Duft und betrachten dabei die Parallelen zu Seinem Duft, die in Kapitel 3:6 beschrieben sind. Die Braut verströmt einen Duft, dem eine tiefe Bedeutung und große Wichtigkeit zukommt. Zusammen mit den Pflanzen sowie der Art und Weise, wie diese Düfte gewonnen und produziert werden, veranschaulicht ihr Duft das Werk und Opfer Jesu am Kreuz. Der Duft und Wohlgeruch der Braut kommt aus Seinem Opfer zustande.

Betrachten wir nun diese Düfte genauer, eröffnen sich uns einzelne, tiefe symbolische Bedeutungen. In erster Linie müssen wir die Düfte, Pflanzen, die Art und Weise der Extrahierung oder Produktion und auch das Freisetzen dieser Düfte aus dem Blickwinkel der Liebe betrachten. Es war Christi Liebe für alle Menschen, die Er unter Beweis stellte, als Er sich freiwillig zu einem Opfer gemacht hat. Genauso ist Liebe der Grund, warum die Braut sich aus freien Stücken gestattet, diese Düfte in der Welt und für die Welt freizusetzen.

Mir ist wichtig festzuhalten, dass die neun hier aufgezählten Düfte der Braut allein durch Jesus ermöglicht wurden. Die Zahl Neun deutet symbolisch auf den Heiligen Geist hin: auf die neun Gaben und die neun Früchte des Geistes. Geistliche Frucht ist das Zeichen für geistliches Wachstum und geistliche Reife. Reife Frucht spricht von Dingen, die bereit zur Ernte sind, bereit eingenommen zu werden. Von Dingen, die segnen, erfüllen, nähren und Leben und Gesundheit bringen.

Außerdem spricht der Bräutigam in Kapitel 4:13 über den Duft ihrer Pflanzen, anstatt über den Duft ihrer Kleider wie in Vers 11. Das Wort *Pflanze* gewinnt hier an Bedeutung. Das hebräische Wort *shelach* für „Pflanze“ kann als *Rakete (zum Angriff)*, *Waffe*, *Verteidigung* oder *Schössling*, *Keim* ausgelegt und verstanden werden. Ein Schössling ist ein Auswuchs oder Zweig, wobei Zweig hier einen offensichtlichen Bezug zu Jesus hat. Außerdem kommt *shelach* von dem hebräischen Wort *shalach*, das *senden* bedeutet. Aus prophetischer Sicht stehen diese Pflanzen also für den leiblichen Körper Jesu. Auf einer anderen Ebene symbolisieren sie Seine Braut, die Gemeinde, die bekanntermaßen Sein Leib – der Leib Jesu – ist. Schauen wir uns also jetzt die Pflanzen genauer an und damit die von ihnen produzierten Stoffe und die oft brachiale Methode, durch die aus ihnen Substanzen und Duftstoffe gewonnen werden; für mich ein klares Bild für Jesus: Er erlebte Gewalt, sowohl gegen Seinen Körper als auch gegen Seine Seele. Genauso erging und ergeht es vielen Gläubigen, die Teil Seines Leibes sind. Wie wir wissen, war die von Jesus erlittene Gewalt wiederum in der Tat die Waffe, die den Tod, die Hölle, das Grab, Satan und alle Mächte der Dunkelheit besiegte. In gleicher Weise können dies die Handlungen von körperlicher und emotionaler Gewalt an uns, Seinen Nachfolgern, sein bzw. werden. Damit will ich sagen, dass all das, womit der Feind beabsichtigt zu töten, was er stehlen oder zerstören will, umgekehrt zu einer Waffe gegen das Böse werden kann: Zum Stoff, aus dem Heilung und Wiederherstellung für andere wird.

Der Libanon: In Kapitel 4:11 lesen wir, dass ihre Kleidung den Duft des Libanon verströmt. Der Libanon wird hier in einer positiven Bedeutung verwendet und führt uns gedanklich zurück zu der ausführlichen Betrachtung der Sänfte. Es wird angedeutet, dass der von der Braut ausgehende Duft, der Duft der Kreuzigung Jesu ist. Aus ihrer Position heraus ist das der Duft des Lebens. In der Bibel ist der Libanon für seine Bäume, besonders für die Zeder, bekannt. Somit verbreitet ihre Kleidung den Duft der Zeder. Salomo verwendete Zedern beim Bau des Tempels. Die offensichtliche Verbindung ist hier die zur Gemeinde als dem „Tempel des Heiligen Geistes“ (vgl. 1. Korinther 6:19). Ferner hat hier der Libanon aufgrund seiner schneebedeckten Berge die Bedeutung von *weiß* oder *Weiße*. Betrachtet man die Wortwurzel, von der „Libanon“ abgeleitet ist, sehen wir eine verschleierte

Beschreibung vom Herzen der Braut und ihres Verstandes, ihres inneren Wesens und Willens. Mit anderen Worten: Wir sehen ihre gereinigte Seele. Unser Hohepriester Jesus hat verkündet, dass die Braut rein ist (vgl. Jesaja 61:10; Sacharja 3:3-5; 1. Korinther 15:42; Offenbarung 3:5&18, 19:7-8).

Henna steht symbolisch für den Freikauf, die Erlösung und die Versöhnung der Braut. Im Hebräischen finden wir für Henna oder Cyperblume, das Wort *kopher*, das im übertragenen Sinn *Erlösungspreis* und *Preis des Lebens* bedeutet. Laut *NAS Exhaustive Concordance*[1] hat *kopher* den gleichen Wortstamm wie *Kephir*, ein Löwe. *Kephir* wiederum stammt von *kaphar*, was *besänftigen* bedeutet. *Strong's Exhaustive Concordance*[2] beschreibt *kaphar* als *Buße für etwas tun*, *sühnen*, *auslöschen*, *vergeben*, *barmherzig sein*, *begnadigen*, *reinwaschen*, *versöhnen*, *Versöhnung erzielen* und *bedecken*. Laut *Fausset's Bible Dictionary*[3] liefern die trockenen Hennablätter rotes Öl, das damals wie heute Verwendung findet, um Frauenhand- und -fußnägel zu färben. Lesen wir Hohelied 1:14, so wird der Begriff von *Versöhnung* oder *Sühne* höchst interessant. Die Braut bezeichnet Ihn hier als ein Büschel von Hennablüten für sie: als einen König, der ihre Sühne ist. Wie wir wissen, wurde Jesus, der Löwe aus dem Stamme Juda, vom Vater zum Sühnopfer gemacht (vgl. Römer 3:25; 1. Johannes 2:2, 4:10).

Jesus wurde vom Vater gesandt, um als reines Opfer die Auswirkungen der Sünde auf sich zu nehmen. Er besänftigte den Zorn Gottes für alle, die Ihn als ihren Erlöser annehmen. Er bezahlte den Erlösungspreis, um zu ihrer Sühne zu werden. Dadurch hat Er sie durch Sein Blut zu den Freigekauften, den Erlösten gemacht. Zu solchen, die mit Gott versöhnt sind.

Echter Speik, oder *Narde*, wird aus der Nardenpflanze gewonnen. Diese besteht aus vielen Ähren, die alle einer Wurzel entspringen. Mich erinnern die Ähren (spikes = spitz) erstens an die Nägel, welche die Hände und Füße Jesu durchbohrten, und zweitens an Jesus als den Wurzelstock und an Seine kostbare Braut-Gemeinde; an die vielen Ähren, für die Er den höchsten Preis bezahlt hat.

Im Hebräischen steht Narde für das Kostbare, das Teure, für Salbung und für Anbetung. Maria verwendet Nardenöl, um Jesus für das Begräbnis zu salben (vgl. Johannes 12:3-8). Es deutet also auf Salbung, Tod und Begräbnis hin. Zum Zweck der Anbetung wurde Nardenöl in einem versiegelten Behälter aus Alabaster aufbewahrt. Dieser musste aufgebrochen werden, um an den Inhalt gelangen zu können und den Duft freizusetzen. Dieses kostbare und sehr teure Öl verströmt ein starkes Parfum. Es war genau dieser Duft, der das Haus erfüllte, als Maria es zum Beweis ihrer hingegebenen Anbetung ausgoss und so Jesus für Seine Kreuzigung salbte (vgl. Johannes 12:3-7).

Unsere kostbarste Anbetung entspringt oftmals Zeiten des Zerbruchs. Momente, in denen es uns viel oder sogar alles kostet, Ihn anzubeten. Wenn wir, die Braut, unsere Herzen in Hingabe öffnen und unser Leben Ihm und für Ihn geben, ermöglichen wir durch unseren Geist und wahre Anbetung, dass der kostbare Duft Christi in und durch uns freigesetzt wird. Und genau wie dieser Duft aus der Anbetung Marias mit der Salbung Christi die Atmosphäre und Kleidung derer im Raum durchdrang, wird kostbare Anbetung Auswirkungen auf die Atmosphäre haben, in der sie freigesetzt wird. Lobpreis ist unser Geschenk an Ihn. Anbetung ist das, was wir Ihm zurückgeben. Mit dieser Gabe geben wir Seinem Namen Ehre. Der Lobpreis und die Anbetung der Braut Christi setzen den Duft Seiner Herrlichkeit frei, der alle, die in der Nähe sind, sättigen kann. Irgendwo las ich, der hebräische Wortstamm für *Narde* könnte auch *Licht* sein. In meinen üblichen Referenzwerken habe ich dies nicht gefunden. Deshalb habe ich das Wort in das Hebräisch-Englische Online Wörterbuch *Morfix* eingegeben. Meine Recherche ist in hermeneutischer Hinsicht vermutlich nicht verwendbar, aber dennoch interessant:

Narde – נרד

נ Nun, der 14. Buchstabe des hebräischen Alphabets

ר Resch: Beschuldigter, Beklagter; der 20. Buchstabe des hebräischen Alphabets

ד	Daleth, steht in antiken Piktogrammen für eine Tür; der 4. Buchstabe des hebräischen Alphabets
נרד	Narde, echter Speik; herabsteigen, hinabgehen; sich reduzieren, geringer werden, nachlassen
רד	die Nacht oder Dunkelheit bricht herein
נר	Öl-Kerzenlampe; Licht

Bei der Betrachtung der einzelnen Buchstaben stachen *Daleth* und *Resch* besonders heraus. *Daleth*, „die Tür", steht sowohl für Jesus, die Tür, als auch für die Tür unseres Herzens, die wir öffnen müssen, um Christus aufzunehmen. Auch dies ist wiederum ein Akt der Anbetung. *Resch* deutet auf uns als Angeklagte und Straftäter hin, die einen Anwalt brauchen. Ich habe bei meiner Untersuchung entweder den ersten oder den letzten Buchstaben entfernt, um zu sehen, welche möglichen Wortstämme im Wort „Narde" enthalten sind. Dabei bin ich auf etwas gestoßen, das ich bezüglich dieses Wortes unbedingt festhalten möchte. Wir sind durch das Gesetz angeklagt und wissen um unsere Schuld. Wir sind Personen in der Dunkelheit, die Licht benötigen. Wir müssen uns demütigen und „das Licht" annehmen und darin wandeln, so wie Jesus im Licht ist – und selbst das Licht ist (vgl. Johannes 1:1-14; 3:19, 8:12; 1. Johannes 1:7). In Kapitel 5 wird also sichtbar, wie die Braut in der Welt auf dem Prüfstand steht, wie sie in Dunkelheit lebt und einen Fürsprecher braucht, einen Helfer und Tröster –, den Parakleten.

Safran produziert ein dunkelgelbes Puder und weist darauf hin, dass die Gemeinde Jesu zu einer Spiegelung Seiner Herrlichkeit wird. Safran wird aus der Pflanze *Crocus Sativus (Safrankrokus)* gewonnen. Es ist eine Blume, die bis zu vier Blüten hervorbringt, von denen jede drei strahlend karmesinrote Narben (Blütenstempel) trägt. Die Pflanze produziert ein Gewürz, das schon immer – bezogen auf sein Gewicht – eines der teuersten in der Welt war. Es enthält ein Carotinoid-Pigment, das Mahlzeiten und Textilien einen satten goldgelben Farbton verleiht. Bei der Recherche zu Safran bin ich auf einen Bericht gestoßen, der mehrere wissenschaftliche Studien zitierte. Diese stellten fest, dass Safran als Nahrungsergänzung die Symptome bei Patienten mit leichter bis mittelgradiger Depression lindert. Auch bei Krankheitsbildern von starker Depression konnte bei Nahrungsergänzung mit Safran eine Besserung festgestellt werden.[4]

Schau dir für einen Moment den goldgelben Farbton oder das schimmernde Gold an:

> Die Flügel der Taube schimmern von Silber
> und ihr Gefieder ist bedeckt mit hellem Gold.
> Psalm 68:14 GNB

In Hohelied 1 haben wir gesehen, wie sich die vaterlose Braut Seiner Herde oder Seinem Schafstall anschließt. Wie schon erwähnt, beschreibt die Taube alle, die zum Herrn gehören – und Silber weist auf die Erlösten hin. In Psalm 68 beschreibt David die Erlösten in seinem Lob des Vaters der Vaterlosen als gelbe Taubenflügel oder, wie der hebräische Zusammenhang zeigt, als goldschimmernde Federn. Psalm 45:9 gibt zu verstehen: Stehen wir als Braut Jesu in der Gegenwart des Königs der Herrlichkeit, sind wir mit Gold bedeckt.

Besonders interessant sind die karmesinroten Narben oder Blütenstempel dieser Pflanze, die das Pulver produzieren, aus denen später das Gewürz extrahiert wird. Wir wissen, Narben oder Wundmale weisen auf die Wunden Christi hin. Ein Stigma ist als ein Mal oder Kennzeichen der Schande definiert; eine Körperstelle, die zu bluten beginnt, wenn man unter großem emotionalem Druck steht, oder es ist auch das „Abstempeln“ einer Person als kriminell. Genauso wird Christus in den Evangelien beschrieben, als Er die Verurteilung und Kreuzigung erduldete! Die Braut ist mit Jesu Blut erkauft – einem extrem hohem Preis für eine äußerst wertvolle Braut – sie wurde geheilt und wiederhergestellt, nicht nur körperlich, sondern ebenso im Verstand und in der Seele. Denn Jesus hat Seiner Geliebten den bedeckenden Umhang der Anbetung gegeben, um den Geist der Niedergeschlagenheit zu besiegen (vgl. Jesaja 61:3). Der Herr gibt Seiner Gemeinde zu verstehen, dass sie von Sorge und Depression freigesetzt ist. Du bist erlöst, freigekauft durch Seine Kraft und Herrlichkeit. Wenn du anbetest und Sein Wort und Seine Größe proklamierst, hat Niedergeschlagenheit keine Herrschaft oder Kontrolle über dein Leben. Er hat den Preis bezahlt. Er ist dein Mantel der Anbetung. Er ist dein Erlöser. Er hat Seine Braut mit dem Lied der Errettung umschlossen, mit der Kraft des Lobpreises.

Du bist mir Schutz, vor Not bewahrst du mich, mit Jubelgesängen der Rettung umgibst du mich. Sela.
Psalm 32:7, ZÜ

Kalmus – *qaneh*-Zweige oder Gewürzrohr – ist eine schilfrohrartige Pflanze, die sehr stark duftet, wenn sie *gequetscht*[3] wird. *Qaneh* kommt aus dem Hebräischen und stammt von dem Wort *qanah* ab. Es bedeutet *kaufen* oder *erwerben* und drückt symbolische Bedeutungen wie *Besitzer*, *Eigentum*, *verkauft*, *gekauft* oder *eingelöst*, *erlöst* aus. Jesus ist der Weinstock und wir sind Seine Reben. Dieses Schilfrohr oder dieser Stab erzählen daher von Errettung, von den Erlösten sowie von Prellungen. Außerdem bedeutet es Demut, wie wir noch sehen werden.

Wenn wir Schilfrohr hören, denken wir vermutlich zuerst an Mose. Er wurde vom Tod gerettet, indem er in ein Schilfrohr-Körbchen gelegt wurde und seine Mutter den Korb mit dem Baby im Schilfrohr des Flusses aussetzte. Das Kind wurde gerettet und sollte die Israeliten später aus der Sklaverei führen –ein Bild auf Christus hin. Jesus, der für 30 Silbermünzen verkauft wurde, hat Sein Leben niedergelegt, um Seine Braut auszulösen – und zwar aus jeder Nation, jedem Stamm und jeder Sprache. Dies ist Sein erkaufter Besitz. Schilfrohr ähnelt einem Stab und weist unterschiedliche symbolische Bedeutungen auf. Kalmus ist in sich eine schwache Pflanze, die sich bei Wind stark biegt oder sogar ganz flach auf dem Boden liegt. Dennoch kann sie sich wieder in eine aufrechte Position bringen. Der Heilige Geist kommt wie ein brausender und gewaltiger Wind. Sind wir Menschen, die sich in Ehrerbietung und Hingabe Seinem Willen und Seiner Gegenwart beugen? In Jakobus 4:10 steht: Der Herr wird uns aufrichten, wenn wir uns vor Seinem Angesicht beugen.

Nachgebender Kalmus ist ein Bild für Demut (vgl. Jesaja 58:5). Jesus wird keinen zerbrechen, der sich in Hingabe Ihm gegenüber beugt. In Matthäus 12:20 sagt Jesus, dass Er kein geknicktes Rohr abbrechen wird. Neben unserer Schwäche drückt Kalmus auch aus, dass Jesus durch die Menschwerdung geschwächt wurde. Gebeugt und schwach von dem Gewicht der Sünde, waren wir einst unter ihrer Last, Schuld und Scham gebeugt. Jesus hat uns jedoch durch Seine Gnade gestärkt und vor Gott wiederaufgerichtet.

Genau wie das Schilfrohr sind wir zerbrechlich, schwach, werden leicht vom Wind hin- und hergeschwenkt und niedergedrückt. Wir mögen verletzt, ohne Stärke, verwundet, abgelehnt sein und haben vielleicht sogar Schaden genommen, Misshandlung oder Missbrauch erlebt. Doch durch Jesus muss keiner der genannten Zustände dauerhaft oder irreparabel sein. Jesus wurde unseretwegen abgelehnt und verletzt. Er kennt unseren Schmerz, unser Leid und unser gebrochenes Herz. Er ist gekommen, um Menschen mit zerbrochenen Herzen wiederherzustellen und zu heilen (vgl. Jesaja 61:1; Lukas 4:18).

Dieses Schilfrohr, das geschlagen, verletzt und zu Pulver zerstoßen werden muss, um seinen Duft zu entfalten, repräsentiert Jesus. Da Er wegen unserer Ungerechtigkeit geschlagen wurde, wurde die Gemeinde zu einem angenehmen Duft für den Vater. Nun gibt es keine Schuld und Verdammung mehr für Seine wahre „Gemeinde-Braut“, die sich Seiner Autorität unterstellt (vgl. Hohelied 4:7; Judas 1:24).

In dem abgeknickten Zweig, der Demut Jesu, entdecken wir eine weitere Symbolik des Schilfrohrs. Sie steht für einen Stock oder ein Zepter, den Stab der Vollmacht. Als die Soldaten Jesus als König verhöhnten, gaben sie ihm als abwertende Geste bezüglich Seines vermeintlich schwachen Königreichs und Seiner mangelnden Vollmacht einen Stab in die Hand. Dann setzten sie Jesus die

Dornenkrone auf den Kopf, nahmen Ihm den Stab wieder weg und schlugen Ihm damit auf den Kopf (vgl. Matthäus 27:29-30).

Zimt, ein Gewürz im Salböl, ist auch ein Symbol für Heiligkeit und Gerechtigkeit. Zimt oder *qinnamon* hat üppige weiße Blüten und Rinde in aufrechten Röllchen, die Aufrichtigkeit ausdrücken. Einer der faszinierendsten Aspekte der Zimtpflanze steckt in der Art ihres Anbaus und ihrer Ernte. Nur wenige Jahre nach der Pflanzung wird sie direkt über der Erde abgeschnitten. Aus einem Zweig und einer Wurzel bringt sie zwölf Triebe hervor. Daniel wurde gesagt, Jesus würde abgeschnitten werden, aber nicht für sich selbst. Seine Gemeinde wurde durch zwölf Apostel gegründet. Und es gibt noch mehr Parallelen: Beim Ernten der Zimtpflanze wird die äußere Rinde der Pflanze weggekratzt, die äußere Hülle wird geklopft (geschlagen) und entzwei gebrochen, um das innere Rohr zum Vorschein zu bringen. Wir haben schon darüber gesprochen, dass Jesus geschlagen wurde. Aber wie ist das mit der Gemeinde? Jesus beschreibt sich als den Felsen, den Eckstein, von dem jeder zermalmt werden würde, auf den Er fallen wird (Matthäus 21:42-44).

Zimt ist also ein Bild für das Fleisch und den Geist, den äußeren und inneren Menschen. Zimt spricht davon, das Alte abzulegen und den neuen Menschen anzuziehen. Er ist ein Bild des fleischlich-gesinnten, äußeren Menschen, der mit Christus gekreuzigt wird, damit der neue Mensch – lebendig gemacht – durch den Heiligen Geist freigesetzt und gestärkt werde (vgl. Römer 6:6; 2. Korinther 4:16-18; Epheser 3:16-17; 4:22).

Weihrauch, auch reiner Weihrauch genannt, symbolisiert Reinheit. Wie schon erwähnt: Die Wortwurzel von „Weihrauch" weist auf die Farbe weiß hin. Wird er verbrannt, entwickelt Weihrauch weißen Rauch. Weihrauch ist bitter sowie glitzernd und wird extrahiert, indem Einschnitte in die Rinde der Pflanze gemacht werden. Wie Tränen tropft daraufhin eine Substanz heraus, die bitter schmeckt, aber süß duftet. Dies symbolisiert die Bitterkeit des Kreuzes, wodurch jedoch Seine Gemeinde – wie Er –

zu einem süßlich duftenden Aroma vor Gott wird (vgl. Epheser 5:2; 2. Korinther 2:14-15). *Easton's Bible Dictionary*[6] sagt aus, dass Weihrauch beim Verbrennen einen angenehmen Duft abgibt. Weihrauch wurde zu einem Symbol des göttlichen Namens (vgl. Maleachi 1:11; Hohelied 1:3) und zu einem Sinnbild des Gebets (Psalm 141:2; Lukas 1:10; Offenbarung 5:8; 8:3) und der Anbetung[6]; somit steht Weihrauch für das von Gott Angenommene. Weihrauch war Teil dessen, was vor die Bundeslade im Allerheiligsten platziert werden musste, dem Ort der Gegenwart Gottes. Auch wurde Jesus bei Seiner Geburt Weihrauch geschenkt.

Myrrhe steht symbolisch für leidende Liebe, Leidenschaft, Erweckung, Heilung, Selbstaufopferung, Selbstverleugnung und für die Bitterkeit, sich selbst zu sterben sowie den eigenen Willen, eigene Pläne und Ziele aufzugeben. Wir werden uns die Myrrhe bei der Erweckung von Jesu Braut noch genauer ansehen.

Aloe bezieht sich auf den Tod, auf die Kreuzigung Jesu und auf die Kreuzigung der Braut mit Christus. In Johannes 19:39 brachte Nikodemus Aloe (zerstoßenes Aloe-Holz), um den Leib Christi einzubalsamieren. Laut *Fausset's Bible Dictionary*[7] ist Aloe ein bildlicher Ausdruck für alles Liebliche, Duftende, Gedeihende und für das, was unverweslich ist (4. Mose 24:6; Hohelied 4:14). In Römer 6, 7:4 und 8:10-11, 1. Korinther 15:22 und Galater 2:20 spricht Paulus von unserer Kreuzigung mit Christus, unserem Tod gegenüber der Sünde mit ihrer Macht und ihrem Einfluss auf uns. Er spricht von unserer Verlobung mit Jesus durch solch einen Tod und über unsere Auferstehung und ewiges Leben. Ebenso schreibt Petrus in 1. Petrus 1:4 und 1:23 über unser Erbe der Unvergänglichkeit.

Die Hauptgewürze beziehen sich auf die vorbereitete Braut, auf Tod, Begräbnis und Wiederauferstehung – und darauf, in Christus zu leben. Die *International Standard Bible Encyclopedia*[8] beschreibt diese Gewürze als Balsam oder *bosem*. *Bosem* stammt von einer Wortwurzel ab, die *Anlocken durch Verlangen, vor allem durch Duft,* bedeutet. Balsam wird als einer der festgelegten Bestandteile des Salböls erwähnt. In Hohelied 4:13 wird er umschrieben als süße Gewürze, die in Esther 2:12 als Parfüme erwähnt sind. Dieses Produkt aus Balsam-Pflanzen wurde verwendet, um Frauen für die Eheschließung vorzubereiten; insbesondere für Frauen, die vor den König geführt wurden. Außerdem wird dieses Gewürz bei Beerdigungen verbrannt (vgl. 2. Chronik 16:14).

Sie nahmen nun den Leib Jesu und banden ihn samt
den wohlriechenden Gewürzen in leinene Tücher,
wie die Juden zu begraben pflegen.
Johannes 19:40, SLT

Ich möchte hier gern Folgendes aus Jesaja 11:3 anschauen:

Und er wird sein Wohlgefallen haben an der Furcht des Herrn.
Jesaja 11:3, SLT

Einige Übersetzungen übertragen „Wohlgefallen haben" auch als „schnelle Auffassung". Dies wird aus dem Hebräischen als „in ihm ein lebendiges Verständnis von der Furcht des Herrn schaffend" transliteriert. Das tatsächlich verwendete Wort ist וַהֲרִיחוֹ, das Verb *ruach*, von welchem das Substantiv *Ruach* abgeleitet ist und *Geist*, wie in „der Geist des Herrn" ausdrückt. Dieses Verb steht für *riechen*, kann aber auch *wahrnehmen* oder *berühren* bedeuten. Es liegt also nahe, dass es um einen der fünf Sinne geht. Riechen und Wahrnehmen deuten auf einen Geruch hin. Die Furcht des Herrn ist Anbetung, was wiederum Unterordnung, Gehorsam, Respekt und Ehre beinhaltet. Könnte es – wenigstens grundsätzlich – möglich sein, dass Sein Duft und Sein Geist in denen lebt und auf denen ruht, die Ihn anbeten? Und erhält eine anbetende Braut in der gleichen Weise Seine Weisheit, Seine Kenntnis, Sein Verständnis, Sein Wahrnehmungsvermögen, Sein Urteilsvermögen, Seine Macht und Seinen Ratschluss? Ich bin der Meinung, dass dies unbedingt eine Möglichkeit der Deutung ist, denn eine solche Braut wird Jesus immer ähnlicher.

DER JAKOBSCODEX

Jakob, der Sohn Isaaks, wurde anstatt Esau als der Erstgeborene anerkannt. In seinem Fall wurden der Segen und das Erbe des Erstgeborenen sogar rechtskräftig, weil Jakob sich wie der Erstgeborene *anfühlte* und wie Esau *roch*. Sehen wir von der offensichtlichen Täuschung und der Diskussion über die Rechtschaffenheit seiner Tat ab, liegt ein Prinzip hinter diesem Bericht. Ist jemand *in Christus* und Jesus tatsächlich *sein Herr*, so sieht Gott der Vater nicht länger dessen Sünde, sondern Er sieht Seinen Sohn. Der Vater sieht den Glaubenden durch das Blut Jesu. Die Braut wird, wie der Erstgeborene, wie Jesus, duften. Sie wird den üblen Geruch des Todes, den Geruch Satans und der Welt nicht länger an sich haben oder verströmen, denn sie ist geheiligt und hat sich geheiligt. Sie suhlt sich nicht mehr im Schweinestall der Ansichten, Meinungen und des Verhaltens Satans oder der Welt. Die Intimität mit Jesus und Seine Berührung haben bewirkt, dass sie anders als die Welt aussieht, anders riecht, denkt und sich anders verhält.

Der Duft, den eine Person verströmt, wird entweder Jesus oder Satan – bzw. den Duft der Welt – widerspiegeln. Genauso werden ihre Lippen, also die Worte, entweder Jesus oder den Teufel widerspiegeln. Wir erkennen den Geruch und die Lippen des Feindes an Stolz, Arroganz, Selbstinszenierung, weltlichen Ambitionen, Bitterkeit, Hass, Anklage, Urteilen, Verurteilen, Angst, Zweifel und Unglaube, argwöhnisches Hinterfragen und durch Schuldzuweisungen an Gott oder Menschen. Daher kann Jesus in den Kapiteln 4 und 7 über die Lippen und den Mund der Braut sagen, dass sie scharlachrot und lieblich sind, wie Honig, Milch und Wein.

ERWACHE, O NORDWIND

Biblisch gesehen deutet Norden auf den Himmelsthron hin (vgl. Hiob 37:22; Jesaja 14:13), und Wind ist ein Hinweis auf den Heiligen Geist. Ich bin der Meinung, dass wir in Kapitel 4:15+16 sehen, wie die Braut den Himmel für eine Ausgießung des Heiligen Geistes bestürmt. Die schlafende Gemeinde soll geweckt und ihre Beziehung durch den Geist Gottes, den Fluss des lebendigen Wassers, erneuert und wiederbelebt werden. Der Wind des Heiligen Geistes setzt den Duft der Braut frei; und nur durch die Kraft des Heiligen Geistes kann sie Seinen Duft freisetzen. In 2. Korinther 2:14 lesen wir davon, wie sich der Geruch Seiner Erkenntnis durch die persönliche Beziehung und Erfahrung der Braut mit Christus ausbreitet – und damit der Glaube an Christus und die Weisheit Christi. Es ist ein Aroma des Lebens, wenn sie den Charakter und das Wesen Christi verströmt.

Jesus hat auf den Vater, nicht auf sich selbst, hingewiesen. Der Heilige Geist weist auf Jesus hin. Er spiegelt wider, verströmt, repräsentiert und nimmt das, was Christus gehört, und verkündet es der Gemeinde. Die Gemeinde wiederum kann, sollte und wird dies in der Kraft des Heiligen Geistes ebenso tun.

Wir sollten uns die Frage stellen: „Wie viele und welche Düfte verströme ich?" Betet die Braut ihren König Jesus an, dann wird sie zum Duft Christi (vgl. Hohelied 1:12-13; Psalm 45:11-12). Der Duft Jesu ist laut Hohelied 3:6 und Psalm 45:8 von Myrrhe, Weihrauch, Aloe und Kassia erfüllt. So wie die Braut zum Duft des Lebens wird, verströmt sie auch den Duft des Todes, wie es Paulus in 2. Korinther 2:15-16 beschreibt. Denn, wird Sein Leben von unserem Leben verströmt, so nehmen verschiedene Personen diesen Duft unterschiedlich wahr. Einige werden Ihn annehmen, von anderen wird Er abgelehnt. Denjenigen, die Jesus verachten und ablehnen, sind wir ein Ärgernis, ein widerlicher Gestank, der entfernt werden muss – ein Duft des Todes. Für alle, deren Herzen offen und willens sind, auf Christus zuzugehen und Ihn anzunehmen, sind wir ein Werkzeug des Heiligen Geistes. Eine Quelle, aus der lebendiges Wassers entspringt – ein Duft, der Leben bringt.

5

Die erweckte Braut

Kapitel 5 im Hohelied gewährt uns einen prophetischen Blick ins Gemeindezeitalter, im Besonderen auf die Arbeiter und die Ernte der letzten Tage. Diese Ernte beginnt mit Erweckung und Heilung der Braut. Danach bezeugt sie Ihn und beantwortet die Frage der Welt nach Ihm.

In Vers 1 lesen wir, dass Er in Seinen Garten – in ihr Herz – kommt. Er hat von dem gegessen und getrunken, was der Vater für Ihn bestimmt hat. Dazu hat Er sich schon vor der Schöpfung der Welt bereit erklärt, nämlich den höchsten Preis für Seine Braut, die Gemeinde, zu zahlen. Dieses Angebot steht jedem zur Verfügung, der es annehmen will. Ein Angebot, die eigene Sünde für Seine Gerechtigkeit einzutauschen. Die eine Möglichkeit, das eigene Leiden für Seine Heilung und Seinen Frieden einzutauschen und aus Seinem Tod und Seiner Auferstehung Leben zu erhalten. Diese im Hohelied stetig wiederkehrende Botschaft muss immer und immer wieder wiederholt werden, bis sie an alle Nationen dieser Erde gerichtet worden ist.

In den Versen 2-3 sehen wir, wie Jesus Seine Hand zu Seiner Gemeinde ausstreckt, indem Er an die Tür ihres Herzens klopft. Ähnlich wie die Braut an dieser Stelle sagen viele – vielleicht mit ein bisschen Selbstgerechtigkeit: „Ich bin rein", „ich bin startklar", „meine Ewigkeit ist abgesichert." Durch die Jahrhunderte hinweg konnte man beobachten, dass es in der Gemeinde Menschen gibt, die ihre erste Liebe und Leidenschaft für Jesus verloren haben. Auch jetzt sind viele Gläubige Jesus gegenüber abgestumpft, leidenschaftslos, desinteressiert und wenig begeistert.

In den Versen 4-8 wird nun aber ein Erwachen beschrieben! Eine Wiederherstellung der Leidenschaft und des Feuers in Seiner Braut, eine erneuerte erste Liebe, ein ehrliches Verlangen nach Seiner Gegenwart. In diesen Zeilen wird uns eine Heilung geschildert, eine Ausgießung des Heiligen Geistes, was wiederum zu einer neuen Ausgießung ihrer Anbetung führt. Diese leidenschaftliche Anbetung werden viele Menschen verachten und sogar verfolgen, vor allem Menschen mit einem religiösen Geist. Dennoch wird keine Verfolgung diese frische Anbetung, dieses Erweckungsfeuer aufhalten oder gar auslöschen können. Die Anbetung und der Lobpreis der Braut werden nicht zum Schweigen gebracht.

Vers 9 beschreibt die jetzige Zeit als eine Zeit der Erweckung und Wiederbelebung. Die Welt fragt die Gemeinde: „Warum soll dein Gott anders sein als alle anderen? Er ist doch genauso, wie der Rest, er ist nur einer von Vielen. Er war nur ein Mensch. Warum sollten wir Ihn suchen, warum sollten wir an Ihn glauben, warum Ihm folgen oder auf Seine Worte hören?“

Untersuchen wir die Verse 10-16, erkennen wir nicht nur die Anbetung und den Lobpreis der Braut, sondern die Beschreibung einer prophetischen Evangelisation in den letzten Tagen. Diese Ausgießung ereignet sich, wenn die Gemeinde, sowohl Männer als auch Frauen, jung wie alt, anfangen, das neu erwachte Leben und die Heilung freizusetzen und weiterzugeben. An ihren Händen, mit Myrrhe gesalbt, tragen sie Jesu Vollmacht und Seine Salbung – und demonstrieren so der Welt das Königreich Gottes.

DIE SCHLAFENDE BRAUT

Er hat sich selbst in Menschsein gekleidet, damit wir mit Ihm bekleidet sein können. In Hohelied 5:3 sehen wir, wie die Braut ihre Kleidung für Seine eingetauscht hat. Sie hat ihre Selbstgerechtigkeit, ihre unreinen Kleider, getauscht für Seine Heiligkeit und Gerechtigkeit. In Sacharja 3:3-4 stehen unreine Kleider für Schuld. Umso größer die Freude der geschmückten Braut, die der Herr mit Errettung und Gerechtigkeit eingekleidet hat (vgl. Jesaja 61:10). Aus der Kleidung der Braut strömt jetzt der Duft des Libanon. Jegliche Form von Schweiß, Sünde und des Fluches klebt nicht mehr an ihr. Vor Gott ist sie gefällig und angenehm gemacht worden. Im Laufe der Zeit beginnen jedoch die Besorgnisse des Lebens ihre Zeit und Aufmerksamkeit zu verzehren. Erschöpft wird sie zur schlafenden Braut. Sie fragt: „Reicht das nicht? Bin ich so nicht gut genug? Ich will und brauche nicht weiter zu gehen als bis hierher. Es ist mir zu drastisch und radikal, Leidenschaft zu zeigen.“ Eine Einstellung, welche die Braut in Gleichgültigkeit und Selbstzufriedenheit geführt hat.

Selbstzufrieden scheint sie sogar unberührt davon, dass Er an der Tür ihres Herzens klopft und Intimität begehrt. Indem sie ausruft: „Ich habe“, und indirekt „ich bin“, sagt sie mit anderen Worten: „Bei mir ist alles in Ordnung, ich bin schon rein, ich brauche dich und deine Nähe jetzt gerade nicht. Ich bin schon rein und gerecht.“ Salomo beschreibt damit nicht nur das, was wir oft im Alten Testament über Israels Beziehung zu Gott lesen. Er zeigt auch eindeutig, wie die Gemeinde im Zeitalter der Gnade Jesus und Seiner Nähe gegenüber erkalten wird und schon erkaltet ist, weil sie in ihren Augen durch ihre eigenen religiösen Taten gerecht und rein ist. Viele in der Gemeinde Jesu haben kein Verlangen nach Seiner Gegenwart. Dies entspricht den Israeliten von einst, die sich mit dem bloßen Zeremoniell zufrieden gaben – aber die Beziehung zu Ihm mieden.

In Kapitel 5 des Hohelieds wird deutlich, dass der König – symbolisch ausgedrückt durch ihren Schlaf und der kalten Gleichgültigkeit, die ihre Seele im Griff hat –, einige Zeit abwesend war. Dies erscheint mir wie eine prophetische Schau auf die Kirchengeschichte: eine lange Zeitspanne scheint vergangen zu sein. Kann und will – wird – die heutige Gemeinde neu für Seine Gegenwart erwachen?

In gewissem Sinn ist der Zustand der schlafenden Braut mit der Gemeinde von Laodizea beschrieben. Diese ist bei den Sendschreiben als letzte erwähnt und stellt eine Vorausschau der letzten Tage dar. Die Gemeinde in Laodizea ist lauwarm, selbstgerecht und fühlt sich ihrer Ewigkeit sehr sicher. Dennoch ist sie getäuscht. Auf eine gewisse Weise hat sie faule Kompromisse mit der Kultur und der Umgebung geschlossen und ist sogar falscher Lehre zum Opfer gefallen. In diesen Umständen sehen wir, wie Jesus in diesem Kapitel liebevoll mit einzelnen Herzen spricht und Seine Braut mit einem Weckruf zur Umkehr anspricht. Er sehnt sich nach wie vor nach ihrer Erlaubnis, dass Sein Wort und Seine Wahrheit ihr Leben regieren. Seine Zurechtweisung zeigt nur, wie groß Seine Liebe für Seine Braut ist – und zugleich Seine Betroffenheit. Genau wie in den frühen Tagen der Gemeinde haben weltliche Einflüsse von außen, wie zum Beispiel Gnostizismus, Intellektualismus, Rationalismus, Philosophie, Gesetzlichkeit, falscher Mystizismus, Unmoral und vieles mehr, die heutige Gemeinde infiltriert. Wie Paulus in Kolosser 2:8-23 schreibt, ist die Gemeinde von Philosophie, menschlichen Traditionen, weltlichen Prinzipien, Stolz, falscher Demut, einem intellektualisierten Evangelium, gesetzlichen Regeln und Vorschriften betrogen und getäuscht worden.

Dadurch, dass sie intellektuell aufgeklärt, lauwarm, autark, bequem, fade, leidenschaftslos und nicht im Wachstum begriffen ist, wurde diese Art der Gemeinde instabil, kraftlos und unverlässlich. Durch ständig wechselnde Ansichten und Standards will sie mit den derzeitigen gesellschaftlichen Gepflogenheiten auf dem Laufenden bleiben – eine abtrünnige „Zeitgeist-Gemeinde“, von der Paulus prophezeite, dass sie am Ende in Erscheinung tritt (vgl. 2. Thessalonicher 2:3). Voll von religiösem Anschein, dennoch ohne Gehalt, leer und getäuscht, glaubt sie, bereits alles zu haben oder alles zu wissen. Sie betet mit ihrem Mund an, aber in Wahrheit ist ihr Herz weit vom Herrn entfernt. Sie wiegt sich in falscher Sicherheit und glaubt, alles sei zwischen Gott und ihr in Ordnung. Doch das stimmt nicht! Vielleicht erfüllt sie durch gewisse äußere Formen noch halbherzig die „Mindestanforderungen“ und glaubt, es würde Gott gefallen. In Wirklichkeit aber missversteht sie Gott. Sie erkennt nicht, dass sich Gott nicht nach Religion, sondern nach Beziehung sehnt. Und genau wie die bedauernswerte, arme, blinde und nackte Gemeinde in Laodizea keinen Beifall und kein Lob von Christus erhielt, ist die Ermahnung heute dieselbe: „Tut Buße!“ Dennoch hat Jesus sie nicht völlig aufgegeben. Seine Einladung, zu Ihm zurückzukehren, bleibt bestehen. Obwohl sie die Gegenwart Jesu aus ihrem Leben ausgeschlossen hat, spürt Er sie weiterhin auf, mit dem Ziel, sie zurückzubringen! Jesus sagt heute das gleiche, wie damals: „Alle, die ich liebe, weise ich zurecht und erziehe sie streng.“ Seine Maßregelung ist der Beweis dafür, dass Er sie immer noch liebt – und sie nicht aufgeben will.

Wie ein Ehemann mit gebrochenem Herzen, der bereit ist, ihr den Treuebruch zu vergeben, steht Jesus an der Tür einer treulosen, sich von Ihm zurückziehenden Gemeinde. Und so klopft Er an jede einzelne Herzenstür. Er bittet, die Bedingungen für Seine Rückkehr anzunehmen, genauso, wie sie damals Sein Geschenk der Errettung angenommen hat. Bist du eingeschlafen? Ist deine Leidenschaft abgekühlt? Durchleben wir Zeiten der abgekühlten Leidenschaft und fiebern nicht mehr erwartungsvoll Seiner Gegenwart entgegen, müssen wir uns darum bemühen, das Feuer wieder anzufachen.

WAS GESCHAH, WÄHREND DIE BRAUT SCHLIEF?

In Matthäus 13:24-30 und 36-43 sagt uns Jesus ganz deutlich, was geschah, während die Braut schlief: Der Feind schlich sich ein und säte Unkraut in der Gemeinde. Dieses Unkraut wird mutwillig, absichtlich und vorsätzlich gesät. Diese Art von Unkraut sieht so aus und tut so, als wäre es Weizen. Aber in Wirklichkeit stammt es von einer giftigen Saat. In Johannes 12:24 erklärt Jesus: Er ist das Weizenkorn und Satan ist der Same des täuschenden Unkrauts.

Säkularer Humanismus ist ein solches, die Gemeinde infiltriertes Unkraut. Was in den USA einst angesehene christliche Universitäten waren, sind nun nichts weiter als säkulare, humanistische, liberale Propagandamaschinen mit gottlosem Denken und Relativismus. Professoren, Lehrer sowie Lernende, nicht nur an Universitäten, sondern auch an den meisten weiterführenden Schulen „bekehren sich“ zum Humanismus und zur Religion der Wissenschaft. Sie verspotten und setzen jeden herab, der christliche Überzeugungen und Werte vertritt. Gott steht für sie im Widerspruch zur Wissenschaft und Vernunft. Auf der Suche nach Offenbarung und Verständnis schauen sie auf sich selbst und auf die Wissenschaft statt auf Gott. Stolz auf ihre Aufgeklärtheit und ihren Individualismus, frei von allem, was religiös ist oder sich „Gott“ nennt, glauben sie, dass alles Existierende rein aus der natürlich sichtbaren Welt besteht. Das führt zu der Annahme, dass es keinen Gott gibt – oder gar, dass wir selbst Gott sind! Ohne einen Gott, der im Voraus ein absolutes Richtig und Falsch festgesetzt hat, kann und muss jeder selbst entscheiden, was in seinen Augen richtig ist. Ohne vorgegebene Ethik oder moralische Maßstäbe können Richtig und Falsch nur situativ gedeutet werden. Hört sich das nicht an wie das Buch der Richter? Die Wahl dieses Pfads der Unabhängigkeit von Gott war Adam und Evas Untergang.

Ein weiteres Unkraut ist der Zeitgeist, ein weiteres ist die liberale Theologie, ein Nebenprodukt der Aufklärung, das die traditionelle Sichtweise der Auslegung und Autorität der Bibel systematisch untergraben hat. Für liberale Theologen und ihre Anhänger ist die Bibel nicht das unfehlbare Wort Gottes; sie beinhaltet das Wort Gottes nur stellenweise. Man ist der Meinung, die Bibel sollte als sinnbildliche Darstellung gesehen werden, die moralische und geistliche Lektionen hervorhebt.

Viele Menschen der sogenannten „Kirche“ oder Christen, die den Lehrmeinungen der liberalen Theologie und dem Zeitgeist folgen, gehen heute Kompromisse mit der Welt ein und halten sich nicht mehr an die Lehren von Heiligung und Umgestaltung des Menschen. Heiligung bedeutet nicht, dass wir uns von der Welt abschotten. Es meint einfach, dass wir unsere Werte, Moral und unsere Entscheidungen bezüglich unseres Lebensstils nicht an die Ansichten und das Verhalten der Welt anpassen. Große Teile der heutigen Gemeinde sind wenig mehr als zu einer sozial-politischen- oder Umweltorganisation geworden. Einige gehen sogar so weit, dass sie die Jungfrauengeburt Christi verleugnen: laut Jesaja 7:14 und Matthäus 1:23 der zentrale Grundpfeiler des Christentums. Das Gleichnis der zehn Jungfrauen erinnert uns daran, dass eine kompromissbereite Gemeinde – ohne das Öl für Licht, also ohne die Wahrheit –die Hochzeit traurigerweise verpassen wird!

DIE GEFAHR EINER VERBLASSENDEN LIEBE

> ... und du hast Schweres ertragen und hast standhaftes Ausharren, und um meines Namens willen hast du gearbeitet und bist nicht müde geworden. Aber ich habe gegen dich, dass du deine erste Liebe verlassen hast. Bedenke nun, wovon du gefallen bist, und tue Buße und tue die ersten Werke! Sonst komme ich rasch über dich und werde deinen Leuchter von seiner Stelle wegstoßen, wenn du nicht Buße tust!
>
> Offenbarung 2:3-5, SLT

Hier sagt Jesus zur Gemeinde in Ephesus: „Ich kenne deine Werke, du hast Not und Verfolgung erlitten und du hast nie aufgegeben." Trotzdem ist Er ungehalten über die Erkaltung ihrer Liebe, dem Rückschritt in ihrer Beziehung zu Ihm. Jesus macht eine schockierende Aussage: Kehrt sie nicht zu dieser Liebe und dieser engen Beziehung zurück, wird Er sie nicht mehr als Seine Gemeinde erachten!

Als die Gemeinde schlief, kam der Feind und säte Unkraut der Falschheit, der Täuschung und des Glaubensabfalls. Es hatte den Anschein, Weizen zu sein, doch das Wort der Wahrheit ist es nicht (vgl. Matthäus 13:25). Paulus spricht in Römer 13:11 darüber, dass jetzt die Zeit sei, aus dem Schlaf aufzuwachen. Dabei verwendet Paulus das Wort *Hupnos*, um die Gemeinde zu ermahnen, aus der geistlichen Lethargie herauszutreten. Wenn wir uns das Wort genauer ansehen, stoßen wir auf das verwandte Wort *Hupo* oder *Hypo*, von dem unser Wort „Hypnose" abstammt. Es kann bedeuten, *unter der Macht, Autorität und dem Einfluss von etwas oder jemandem hervorzukommen.* Es ist an der Zeit, dass die Gemeinde, die von ihrer Autorität und Macht eingebüßt hat, wieder hervortritt und damit die Welt um sie herum beeinflusst, statt umgekehrt. Damit würde sie die Welt, im Sinne Jesu, auf den Kopf stellen (vgl. 2. Korinther 6:17).

Traurig ist, dass wir zu Beginn von Kapitel 5 eine eindrückliche Darstellung des momentanen Zustands des Christentums in der westlichen Welt, eine schlafende Braut, sehen. Eine Braut, die nicht reagiert, nichtsahnend, teilnahmslos, nicht in der Lage zu sehen, zu hören, wahrzunehmen, zu ergreifen oder zu verstehen, was Gott gerade tut oder gerne tun möchte. Sie hat kein Interesse, von Ihm in eine tiefere Beziehung gerufen zu werden. Doch die gute Nachricht ist: Es ist dennoch zu erkennen, dass die Braut noch nicht zu sehr erkaltet ist. Sie ist sich Seiner zumindest noch bewusst! Sie hört Seine Stimme noch, selbst wenn sie dafür Leiden, Spott und Verfolgung in Kauf nehmen muss. Wir sehen in diesem Abschnitt, was uns oft für die letzten Tage angekündigt wurde: Erweckung! Die Braut zeigt sich, indem sie erweckt und geheilt sowie mit neuem Feuer ausgerüstet ist. Eine erweckte und wiederhergestellte Gemeinde, die nicht mehr schläft oder unempfänglich ist, wird eine nicht mehr aufzuhaltende Zeugin sein. Diese wird in die Welt hinausgehen, um die Macht Jesu zu verkünden und zu demonstrieren. Sie wird einmal mehr zu einer leidenschaftlichen Zeugin voller Liebe für ihren Bräutigam, obwohl sie für ihre Liebe und ihre Hingabe Verfolgung erleidet. Am Ende von Kapitel 5 geschieht ein Erwachen. Wir lesen von einer Erweckung und einem Ausgießen des Heiligen Geistes, anders als alles, was wir seit dem Pfingsttag erlebt haben. Diese erweckliche Zeit begann bereits, mehr oder weniger, mit der Wiederherstellung Israels als eine Nation.

Wie beginnt es? Was wird dazu im Hohelied gesagt? Es beginnt mit einem Ausgießen Seiner Salbung; einer Salbung mit Myrrhe, wodurch die Braut erweckt und geheilt wird.

MYRRHE: ERWACHEN UND HEILUNG

Sie:

Ich schlief, doch mein Herz war wach.
Da, es klopft! Mein Liebster kommt!

Er:

Mach auf, mein Mädchen, meine Freundin!
Mein Täubchen, meine Vollkommene, lass mich herein!
Mein Haar ist vom Tau der Nacht ganz durchnässt.

Sie:

Ich habe mein Kleid schon ausgezogen,
soll ich es deinetwegen wieder anziehen? Meine Füße
habe ich schon gewaschen, ich würde sie nur wieder
schmutzig machen. Jetzt streckt er seine Hand durch
die Öffnung in der Tür. Mein Herz schlägt bis zum Hals,
weil er in meiner Nähe ist. Ich springe auf und will dem
Liebsten öffnen; meine Hände greifen nach dem Riegel,
sie sind voll von Myrrhenöl.

Hohelied 5:2-5, HFA

Den Teil von Vers 2, in dem Er sagt: „Mein Haar ist vom Tau der Nacht ganz durchnässt", werde ich im nächsten Kapitel aufgreifen. Die hier verwendeten Schlüsselworte sind: *Myrrhe, Schlaf, Tür* und *Riegel.* Myrrhe hat sowohl im Hebräischen als auch im Griechischen, Lateinischen und Arabischen die gleiche Bedeutung: bitter. Biblisch gesehen wird dadurch die Liebe Christi symbolisiert, die bereit war, zu leiden. Myrrhe ist ein Gummiharz und wird, wie bereits erwähnt, gewonnen, indem Einschnitte in die Rinde dieses kleinen Wüstenbaums gemacht werden. Diese tiefen Schnittwunden erinnern an die Striemen und Wunden, die Christus zugefügt wurden, als Er von den römischen Soldaten geschlagen wurde.

Myrrhe ist ein wesentlicher Inhaltsstoff des heiligen Salböls und steht für Heiligung. Es fand Verwendung bei der Einweihung von Tempelgegenständen und für die Weihung von Priestern (vgl. 2. Mose 30:23-33). Myrrhe wurde für die Reinigung und die Vorbereitung auf einen Bund verwendet. Die äußere Vorbereitung einer Braut mit Myrrhe (vgl. Esther 2:12-14) wird in einigen Kulturen des Nahen Ostens noch heute praktiziert. Myrrhe spricht von opferndem Schenken, von einem Akt der Anbetung. Als die Weisen aus dem Morgenland kamen, um den neugeborenen Jesus anzubeten, öffneten sie ihre Schätze und eine ihrer Gaben war Myrrhe (vgl. Matthäus 2:11). Schätze wiederum können auf geheime, sichere oder verborgene Dinge hinweisen.

Myrrhe wurde bei der Einbalsamierung und der Vorbereitung auf das Begräbnis verwendet (vgl. Johannes 19:39), sie spricht vom Tod, davon, sich selbst zu sterben, oder im Fall Christi, für andere zu sterben! Wie erwähnt, bezieht es sich auf „bitter", auf das, was bitter schmeckt, aber süß riecht. Im geistlichen Sinn spricht Myrrhe also von der Bitterkeit, sich selbst zu sterben, um ein süß-riechendes Aroma für den Herrn zu werden. Myrrhe steht für Leiden und Trauer und wurde den zum Tod durch Kreuzigung Verurteilten gegeben, um ihnen Schmerz und Leiden zu erleichtern. Jesus wurde am Kreuz mit Myrrhe vermischter Wein angeboten, den Er jedoch ablehnte.

In der Medizin wird Myrrhe als Schmerzmittel angewendet. Die traditionelle Chinesische Medizin nutzt Myrrhe, um Organe wie Herz, Leber und die Milz zu behandeln. Biblisch betrachtet beziehen sich diese Organe auf unseren inneren Menschen. Myrrhe wird ein direkter Einfluss auf drei bestimmte Bereiche des Gehirns nachgesagt: auf den Hypothalamus, der den Schlaf-Wach-Zyklus reguliert und eine lebensnotwendige Rolle bei der Fähigkeit des menschlichen Körpers, auf einen physischen Schock oder plötzliche, heftige Störungen mit innerer Stabilität zu reagieren, spielt. Eine Fähigkeit, die dem menschlichen Körper ermöglicht, auch in Krisensituation zu funktionieren. Der Bereich des Gehirns, auf den Myrrhe positiven Einfluss nehmen kann, ist die Hirnanhangdrüse (Hypophyse). Sie produziert eine Anzahl von Hormonen, vor allem solche, die mit Wachstum, Reife und

Fortpflanzung zu tun haben. Und schließlich wird Myrrhe zur Behandlung der Amygdala verwendet, dem Steuerungszentrum für unsere Emotionen. Bei der Amygdala handelt es sich um eine Reihe von Neuronen, die tief im Gehirn verortet sind. Sie haben eine Schlüsselrolle bei emotionalen Reaktionen, vor allem bei denen, die mit Angst und Freude zu tun haben. Die Amygdala reguliert beispielsweise Lust (Sexualtrieb), soziales und emotionales Verhalten und die Art und Weise wie wir auf Furcht, Stress und Angst reagieren. Insbesondere spricht sie auf von vergangenen emotionalen Traumata getriggerte (ausgelöste) Erinnerungen an, die dazu führen können, dass man in Panik verfällt oder in anderer ungesunder oder unangemessener Art reagiert. Eine gestörte Funktion der Amygdala kann der Grund für Depressionen, Angststörungen und Phobien sein.[1] Ich möchte jetzt den Zusammenhang herstellen – zwischen dem geistlichen und dem physischen Symbol der Myrrhe. Myrrhe repräsentiert auf wunderbare Weise Jesus: Sein menschliches Wesen, den leidenden Retter und den großartigen Arzt, der kommt, um die Seele zu heilen und wieder gesund zu machen.

Die Braut sagte: „Ich schlafe, aber mein Herz ist wach." Bei genauer Betrachtung dieses Absatzes handelt es sich hier also sowohl um ein Erwachen der Braut-Gemeinde als auch um die Heilung ihres Herzens. Schlaf kann zum einen meinen, dass sie ganz klar kalt geworden ist, Ihm gegenüber unsensibel und gleichgültig. Wie schon zuvor erwähnt, ist sie ein Bild für die lauwarme Gemeinde, deren Leidenschaft nachgelassen hat. Sie rechtfertigt sich und findet Vorwände, dass sie nicht näher auf Seine Gegenwart reagiert. Im Brauchtum biblischer Zeit hat ein abgewiesener Liebhaber den Griff der Tür der Frau, die er liebte, mit Myrrhe geölt. Dies galt als Beweis seiner unerschütterlichen und aufrichtigen Liebe. Genauso sagte Jesus in Offenbarung 3:20 zur lauwarmen Gemeinde Laozideas: „Siehe (höre, wisse, verstehe), ich stehe an deiner Herzenstür und klopfe an. Ich warte darauf, dass du mir dein Herz öffnest, mir gestattest, einzutreten und eine persönliche Beziehung mit dir zu haben." Die Zeit zu antworten ist jetzt. Denn schon viel zu lange sind viele Gemeindemitglieder zu langsam mit ihrer Herzensantwort zum Herrn hin, wenn sie überhaupt jemals auf Sein Anklopfen reagiert haben. Verpasse deine Gelegenheit nicht, wenn Jesus an deine Tür klopft.

Aus biblischer Sicht kann *Schlaf* auch die Bedeutung haben, *alt geworden zu sein*, was von Tod oder Sterben spricht. Es beschreibt eine ungesunde, schwache, durch Krankheit beeinträchtigte Person, oder jemanden, der sich in einem chronischen Zustand befindet – der eine seit langem bestehende Angewohnheit hat, die sich vermutlich nicht von selbst und ohne Hilfe von außen ändern wird. Und doch sehen wir, dass der Bräutigam Seine Hand durch die Öffnung in der Tür streckt. Im Hebräischen kann sich das Wort für *Tür* auf die inneren Organe eines Menschen beziehen: beispielsweise auf das Herz, den inneren Menschen, auf unseren Verstand, unseren Willen und unsere Gefühle. Er hat Seine Hand durch die Öffnung der Tür gestreckt – genau genommen, in ein Loch. Bildlich gesprochen ist hier die Rede von einem Loch in ihrem Herzen, in ihrer Seele und ihren Gefühlen. Hier wird von einer Leere gesprochen, einer Wunde, die Er berühren, füllen, ausfüllen und heilen möchte. Der Bedeutungsreichtum der hebräischen Sprache lässt die Deutung zu, dass diese Öffnung, oder das Loch, für viele sogar zu einer Höhle geworden ist, eine Gefängniszelle, die ihr Herz, ihre Seele und ihre Emotionen aufgrund von bitteren, in der Vergangenheit liegenden traumatischen Erfahrungen in Gefangenschaft hält. Danach erkennen wir, dass ihr Herz bewegt, aufgerüttelt, erweckt, geheilt und lebendig wird. Das Bild für Erweckung – für die geheilte und neu belebte Gemeinde! Wenn wir auf Jesus und Seine Heilung reagieren und buchstäblich Freisetzung aus alten Gefängnissen unserer Seele empfangen, erwacht das einst Bittere, Tote oder Sterbende zu neuem Leben – zu einer brennenden Leidenschaft. In Hohelied 1:13 sagt sie entsprechend, dass Er ein Myrrhe-Büschel ist, das über ihrem Herzen liegt. Und in Hohelied 5:13 heißt es, dass von Seinen Lippen (Worten) Heilung wie flüssige Myrrhe tropft.

Welche Bedeutung kommt der Hand zu? Sie repräsentiert Macht und natürlich Berührung. Hier hat die Berührung Seiner Hand beim Klopfen an ihre Herzenstür eine Fülle von heilender Myrrhe zurückgelassen. Es ist wichtig zu sehen, dass nicht Er das Schloss oder die Tür öffnet, sondern sie – die Braut. Selbst wenn es sich für einen Augenblick bitter oder schmerzhaft anfühlt, müssen wir Jesus gestatten, die geheimen, verborgenen, schmerzenden und leidenden Bereiche unserer Seelen zu berühren. So, wie Er es mit Petrus und der Frau am Brunnen tat. Haben wir erst einmal auf Ihn reagiert, geht es uns wie der Braut im Hohelied: Seine Berührung wird zu unserer Berührung. Seine Berührung wird zur Kraft, die dann durch Seine Gemeinde wirken kann.

Wie David in Psalm 142:8 ausruft, kann unsere Seele aus dem Gefängnis herausgeführt werden, wenn wir Ihm antworten. Sind wir erst einmal aus dem Gefängnis, aus der Grube von Bedrängnis, Angst, Sorge, Verzweiflung und Herzensleid befreit, werden die Geheilten durch ihren Lobpreis Zeugen für Jesus sein. Trotz möglicher Verfolgung und Wunden werden wir als diese *Sulamith*-Braut – genau wie Petrus und die Frau am Brunnen – zu einer Zeugin, die keiner aufhält. Diese geht in die Welt hinaus, um die Kraft und Macht Jesu zu verkünden – aber auch um sie zu demonstrieren.

Jesu Botschaft an uns heute ist: „Ich bin gekommen, um Menschen, die meine Liebe ignoriert oder abgelehnt haben, aufzuwecken, aus dem Schlaf zu holen und zurück an den Ort der Leidenschaft für eine innige Beziehung zu bringen." Er sagt: „Erlaube mir, dein Leiden zu berühren, deine Bitterkeit und deinen Schmerz. Ich habe eine heilende Salbe in meiner Hand. Strecke mir deine Hand entgegen und berühre mich. Lass das Öl der Freude über dich fließen und nimm alles an, was ich in dich hineinlege. Das, womit ich dich berühre, wirst du anderen schenken und auf sie übertragen."

ZEIT DES ERWACHENS

Ich möchte jetzt noch kurz zu einem Absatz zu Beginn des Hohelieds zurückkehren. Denn ich meine, dort etwas entdeckt zu haben, von dem ich denke, dass es der Herr dort verborgen hat. Es geht um die Aussage, dass Sein Name wie ausgegossener Balsam ist. Mit Seinem Namen ist Seine Person, Sein Charakter, Seine Macht und Vollmacht ausgegossen. Ich glaube, bei dieser und der Aussage in Kapitel 2:12 war Salomo vom Herrn inspiriert, die Ausgießung des Heiligen Geistes zu prophezeien. Kapitel 3 und 5 weisen ebenso auf das Erwachen und die Erweckung der schlummernden Braut hin. Der Prophet Joel prophezeite dies ebenso – und die Ereignisse vom Pfingsttag aus Apostelgeschichte 2 bestätigten es: Der Heilige Geist wurde beim Entstehen der Gemeinde auf die Braut Christi ausgegossen. Die Geschichte zeigt jedoch, die Gemeinde ließ es zu, dass ihre Gefäße im Laufe der Jahre austrockneten und ihre Kraft und Wahrheit nachließen. Aber der Geist des Herrn begann, an die Herzenstüren bedeutsamer Männer und Frauen Gottes zu klopfen – und befähigte sie, Seine Gemeinde noch einmal zu entzünden, damit sie „in der Stadt umhergeht" und ihr den Lobpreis und die Herrlichkeit ihres Geliebten überbringt.

In Hohelied 2:7, 3:5 und 8:4 sagt die Braut drei Mal – jedes Mal in Verbindung mit einem Hinweis auf ihr Erwachen: „Ich beschwöre euch, weckt die Liebe nicht auf, bis die Zeit kommt (bis es ihr gefällt)." Obwohl eine Auslegung schwierig ist, könnten wir es so ausdrücken: „Versprich mir, du Welt um mich herum, dass du die Liebe zwischen mir und meinem Bräutigam nicht hervorrufen oder wecken wirst, bis es Ihm gefällt oder bis zu dem Zeitpunkt, an dem Er wünscht, dass sie erweckt wird." Es scheint, als ob Salomo prophezeit, dass das Erwachen und die entsprechenden Zeitpunkte im Voraus von Jesus festgelegt sind – nach Seinem Willen und abhängig von Seinen Bedingungen.

Worum geht es bei diesem Erwachen, diesen Erweckungen? Zuerst hören wir den Bräutigam in Hohelied 2:10 und 13 sagen:

„Steh auf, meine Freundin, komm her, meine Schöne!". Zur Erinnerung: Dieses erste Erwachen ist die Geburtsstunde der Gemeinde, die während der Frühlingsfeste von Passah und Pfingsten stattfand. Hohelied 2:3 bezieht sich auf ihre Annahme Seines Verlobungsantrags. Das wird in Hohelied 8:5 wiederholt, wo die Braut unter dem Apfelbaum aufgeweckt wurde. Dort, wo ihre Mutter sie zur Welt brachte, wo sie ihr das Leben gab. In Kapitel 3 ist die Braut aufgestanden, sie brachte das Evangelium auf die Straßen und gab in der Welt Zeugnis von Ihm und Seiner Kreuzigung. Wir könnten an der Stelle viel über einzelne Phasen von Erwachen und Erweckung sprechen – durch Männer wie beispielsweise Luther, Calvin, Edwards, Wesley und Finney – aber auch von dem großen Erwachen der Azusa Street Erweckung und der Charismatischen Erneuerung. Ich möchte allerdings die Aufmerksamkeit auf das Erwachen in Kapitel 5 richten. Sie beschreibt meines Erachtens nach die Erweckung der letzten Tage, über die so oft prophezeit wurde.

Einige würden sagen, eine Erweckung ist das erneute Feuerfangen einer schlummernden, passiven Gemeinde – während ein Erwachen beschreibt, wie Nationen und Kulturen radikale Veränderungen erleben. Nun, ich wage hier keine Abhandlung über den Unterschied zwischen Erweckungen und geistlichem Erwachen zu schreiben, sondern ich zeige auf, dass Salomo das Geschehen von beidem prophezeit hat! Die Geschichte beweist, dass Erwachen *(plural)* mit gewaltigen Veränderungen und Wandel in der Gesellschaft, Bildung, Wissenschaft, Philosophie und Technologie einhergehen. Beispiele dafür sind: die Protestantische Reformation von 1517, die Renaissance vom 14. bis 17. Jahrhundert, die Übergangsphase zwischen dem Mittelalter und der Neuzeit, die industrielle Revolution von Mitte 1700 bis Mitte 1800, die Aufklärungszeit. In diesem Zeitalter der Vernunft (Aufklärung), ca. 1700, erlebte die Welt das erste große Erwachen in den 1730-er Jahren durch Männer wie Jonathan Edwards und George Whitefield und das zweite große Erwachen 1790 – 1850, bei dem Charles Finney eine bedeutende Persönlichkeit war.

In der heutigen Post-Moderne, die Zeit nach dem Zweiten Weltkrieg, der Zeit der Wiederherstellung der Nation Israel im Jahr 1948, dem Anfang der „Wiederherstellung aller Dinge", erlebt die Welt einen grundlegenden Wandel auf allen Ebenen der Gesellschaft. In diesem Zeitalter erfuhr die Gemeinde die sogenannte Charismatische Gemeindeerneuerung, was mit der Wiederherstellung Israels, und Jerusalem als seiner Hauptstadt, zusammenfiel. Und im Mai 2018, während die postmodernen westlichen Kulturen eine radikale Neubewertung ihrer kulturellen Normen, Identität, Geschichte, Philosophie, der menschlichen Natur und Moral durchlebten, erkannten die Vereinigten Staaten von Amerika vor aller Welt Jerusalem als die ewige Hauptstadt Israels an. Meine Frage an dich, den Leser, ist diese: Spürst du in dieser Stimmungslage die Dringlichkeit der heutigen Zeit? Es ist wieder Zeit für die Gemeinde – wie in der Apostelgeschichte –, ein sichtbares Zeugnis von der Macht und Herrlichkeit ihres Retters, Jesus Christus, zu sein.

GESALBT, UM ZEUGNIS ZU GEBEN

In Kapitel 5:4-5 sehen wir die Salbung der Braut mit Myrrhe. Die hier verwendete Myrrhe ist fließende – und somit keine feste – Myrrhe. Sie weist auf den Heiligen Geist hin, der durch sie fließt. Wie auch in Lukas 4:18, Apostelgeschichte 4:27, 10:38 und 2. Korinther 1:21-22 zu sehen, ist die Braut durch die Salbung auf ihrer Hand und durch die Salbung in ihrem Herzen bevollmächtigt. Sie legt ein Zeugnis in einer feindseligen Umgebung ab. Wie schon zu Beginn von Kapitel 5 beschrieben, prophezeit Salomo über Christus, indem die Braut ihren Geliebten beschreibt. Wir werden das noch genauer anschauen, wenn wir die hebräischen Wörter, die den Bräutigam und die Braut beschreiben, sprachgeschichtlich unter die Lupe nehmen. Mit der ersten Erkundung der Wortbedeutung beginnen wir, nachdem wir über die Wächter gesprochen haben.

VERFOLGUNG VON INNEN: DIE WÄCHTER

Obwohl die Wächter schon sehr detailliert vorkamen, spielen sie an dieser Stelle nochmals eine wichtige Rolle. Natürlich wissen wir, dass es Verfolgung in der Welt geben wird: Laut Jesus sind uns aufgrund unseres Bekenntnisses äußere Anfechtungen und bedrängende Situationen garantiert. Ich möchte mich jedoch auf die innere Verfolgung konzentrieren. Denn, wie Salomo in Prediger 1:9 und 3:15 schreibt, gibt es Ereignisse mit einer wiederkehrenden Natur, denen Menschen in allen Generationen gegenüberstehen, genauso wie zu der Zeit, als die Gemeinde ihren Anfang nahm. So wie in den Tagen der Apostel, die in der Apostelgeschichte beschrieben sind, wird es auch wieder am Ende des Gemeindezeitalters sein. Bedeutungsvolle „Erwachen" mit Ausgießungen des Heiligen Geistes und damit einhergehenden Zeichen, Wundern und dem Sichtbarwerden der Herrlichkeit des Herrn lösen dann wie damals innerhalb der Gemeinde Verurteilung aus. Sobald die Braut sich Seiner Berührung hingibt, erweckt und wiederbelebt ist, sind die Wächter verärgert. Wie schon gesagt weisen Wächter, oder „Bewahrer", auf Menschen innerhalb der Gemeinde hin, die versuchen, den Ist-Zustand zu schützen. Die innere Verfolgung beginnt mit dem Schlagen, Verwunden und Angreifen der Braut. Ihr Schleier wird in dem Versuch fortgenommen, diese wahre Braut bloßzustellen, zu beschämen, sie in Ungnade und Verruf zu bringen. Es beschreibt das Wirken eines religiösen Geistes, von dem Wächter oft eingenommen sind. Sie sind selbst nicht frei und lehnen alle ab, die in Geist und Wahrheit anbeten. Wie die Pharisäer verachten sie Menschen in Freiheit. Sie fürchten um den Verlust ihrer Bedeutung und den Verlust ihrer Kontrolle. Wie die Geschichtsschreibung in Bezug zu vielen Märtyrern der Kirchengeschichte belegt – insbesondere während der Reformation – sind viele Wächter sogar willens, für ihre Einstellung und Überzeugungen zu morden.

Wächter werden zwei Mal im Hohelied erwähnt. Das erste Mal in Kapitel 3:1-4. Hier sucht die Braut ihren Bräutigam und geht unversehrt an den Wächtern vorbei. Warum also richten sich die Wächter im Kapitel 5 in böser Absicht gegen sie? Dafür kann es viele Gründe geben. Einer davon könnte das von Paulus erwähnte „Abfallen" sein. Oder, wie viele der religiösen Leiter sowohl im Alten als auch im Neuen Testament, könnten sich die Wächter durch die gezeigte Liebe, Hingabe und kompromisslose und radikale Anbetung der Braut provoziert fühlen. Möglicherweise steckt im Wort *vorbeigegangen* ein Schlüssel zu der Frage. Das hier verwendete hebräische Wort kann mit *jemanden verstimmen, jemanden zum Zorn reizen, feindselig stimmen, entfremden* übersetzt werden. Offensichtlich hat die Braut die Wächter hinter sich gelassen und erkannt, dass ihre Beziehung zu diesem König, zu ihrem Bräutigam, nicht von ihnen abhängig ist. Eine Wahrheit und eine Tatsache, die sie – wenn es nach den Wächtern ginge – nicht wissen sollte. Für jeden, der eine wahre Braut ist – für die wahre Gemeinde – ist die Beziehung zu Christus nicht stellvertretend durch Menschen oder eine Institution zu haben. Sie muss persönlich sein.

Wir sehen also eine Braut, deren Seele im Streben nach ihrem Herrn leidenschaftlich ist und deshalb verfolgt wird. Dies wird durch die Beschreibung des geplanten Raubs ihres Schleiers ausgedrückt. Dieser Schleier, ein dünnes Sommerkleidungsstück, das über einem Kleid getragen wurde, ist ihr Gewand des Lobpreises, ihre Anbetung und Leidenschaft. Genau dieses Kleidungsstück wurde von den religiösen Eiferern, denen die Leidenschaft für wahre Anbetung fehlte, verachtet. Symbolisiert in dem Abnehmen ihres Schleiers erkennen wir ihre Verachtung für die Braut, ihren gewaltsamen und brutalen Versuch, sie aufzuhalten und bloßzustellen.

Doch wenn ihr auch leiden solltet um der Gerechtigkeit willen, glückselig seid ihr! Ihr Drohen aber fürchtet nicht und lasst euch nicht beunruhigen; sondern heiligt vielmehr Gott, den Herrn, in euren Herzen! Seid aber allezeit bereit zur Verantwortung gegenüber jedermann, der Rechenschaft fordert über die Hoffnung, die in euch ist, und zwar mit Sanftmut und Ehrerbietung.

1. Petrus 3:14-15, SLT

BEFRAGT: VON DER WELT ANGEKLAGT

In Vers 9 des 5. Kapitels wird die Braut angeklagt und von der Welt befragt. Sie soll ihren Glauben verteidigen. Ihre Antworten auf die ihr gestellten Fragen – wer, was und warum – sind zugleich Evangelisation. Die Braut verlangt von denen, die sie befragen, dass sie Jesus als König der Könige und Herrn der Herren annehmen und ebenfalls Teil der Braut werden. Sie drängt ihre Ankläger, einen Eid zu schwören und einen Bund mit diesem König zu schließen, indem sie sich Jesus ganz hingeben. Wie das? Werfen wir einen aufschlussreichen Blick auf ihre Antwort an die Welt.

Während wir als Leib Christi im Zeitalter der Gnade auf Seine Wiederkunft und auf das Hochzeitsmahl warten, ist es unsere Verantwortung, anderen die Botschaft Seines Königreichs zu bringen. Die Braut trägt Sein Leben in sich und muss Jesus an die Welt verteilen. Wie wir am Anfang von Kapitel 5 gesehen haben, bedeutet der Austausch unserer schmutzigen Lumpen für Seine Gerechtigkeit und unsere Heiligung nicht, dass wir die uns umgebende Welt ignorieren können. Auch wenn wir Verfolgung erleiden, zu Kompromissen oder zum Schweigen genötigt werden, müssen wir leidenschaftlich und ohne Kompromisse bei unserer Anbetung und Ehrerbietung für Jesus und Seinen Auftrag an uns bleiben. Sein Wort ist es, das durchdringt und heilt. Wir müssen es genauso wie Seine Berührung und Salbung annehmen und glauben, um so einer verlorenen Welt Sein Königreich zu veranschaulichen.

Ich möchte nochmals darauf hinweisen, dass die Verse 9-16 in Hohelied, Kapitel 5 prophetisch auf Jesus anspielen, auf die heutige Gemeinde und auf ein Erwachen, eine Erweckung und ein Ausgießen des Heiligen Geistes. Dies wird anders aussehen als alles, was seit dem ursprünglichen Pfingsttag geschehen ist. Dieses Ausgießen begann, wie schon gesagt, mit der Wiederherstellung der Nation Israel und wird seinen Höhepunkt in sehr naher Zukunft haben. Dieser Absatz beschreibt also die Tage, in denen wir leben: Ein religiöser Geist, der die leidenschaftliche Braut verurteilt und eine Welt, die die Gemeinde fragt: „Warum ist euer Gott anders als alle anderen?“ Denn die Welt sagt: „Jesus ist so wie alle anderen. Er ist nur einer von vielen. Er ist doch nur ein Mensch. Warum sollten wir Ihn suchen – warum an Ihn glauben oder Ihm gar gehorchen?“ Diese Fragen beantwortet die Braut durch eine öffentliche Zurschaustellung ihrer Anbetung, mit der sie Jesus und Seine Königsherrschaft verherrlicht und Seine Macht und Herrlichkeit verkündet und beweist. Sie erzählt öffentlich von Seinem Opfer am Kreuz, von dem hohen Preis, den Er für die Welt bezahlt hat.

Mit Lobpreis, Anbetung und einer prophetischen und geistgeleiteten Evangelisation wird diese Erweckung und Ausgießung ihren Ausdruck finden. Die Gemeinde – Frauen und Männer, alt und jung – wird ebenso wie die Braut in Hohelied 5:4-5 anfangen, die Heilung freizusetzen. Beginnt die Braut, mit Myrrhe an ihren Händen gesalbt, in Seiner Vollmacht und unter Seiner Salbung zu evangelisieren und das Königreich Gottes in der Welt zu demonstrieren, werden viele – genauso, wie wir das im Hohelied 1:4 gesehen haben – umkehren, und Jesus nachfolgen. Durch ihre Anbetung und ihren ungehinderten Lobpreis beantwortet die Braut die Frage der Welt: „Wer ist Er – und warum Er?“

SEIN LEIB

WEISS UND RÖTLICH

> Mein Geliebter ist weiß und rot,
> hervorragend unter Zehntausenden!
> Hohelied 5:10, SLT

Als die Braut antwortet: „Er ist weiß“, spricht sie von Seiner Reinheit. Seine Sündlosigkeit zeichnet Ihn aus; sie ist offensichtlich, eindeutig, klar zu sehen und zu verstehen. Ihr Bräutigam ist rot. Rot wurde dem hebräischen Wort *adom* entnommen, das vom Wortstamm *adam* abstammt. Dieses hebräische Wort wurde in 1. Mose 1:26 als *Mensch* oder *Menschheit* übersetzt. Das Wort „rot“ – manche übersetzen es auch mit *stark* – bedeutet hier *Blut im Gesicht zeigen*. In 4. Mose 19:2 wird mit *adom* die Rote Kuh als makellos beschrieben, als das reine und sündlose Brandopfer (vollkommenes Opfer), das für die Sünde der Menschen gegeben wird. In Jesaja 63 und Offenbarung 19 beziehen sich *rot* und *Blut* auf das Gericht und den Zorn Gottes. Hier wird auf Jesus Bezug genommen, den zweiten Adam, der ohne Sünde ist. Durch Sein Opfer und Sein Blut stellt Er den Zorn Gottes zufrieden. Daraufhin wurde Er an den höchsten Platz erhoben. Anders übersetzt: Er wurde zum Thron und Rechten des Vaters erhöht (vgl. Epheser 1:20; Philipper 2:9-10). Die Braut beschreibt Seine Erhöhung auf den Thron Gottes und verkündet, dass Er das für immer höchste Oberhaupt ist. *Dagal* bedeutet *erhöht – hochgehoben wie ein Banner*, *herausragend* und *sichtbar*. Jesaja prophezeit dies interessanterweise ebenfalls über Jesus:

> Und es wird geschehen an jenem Tag, da werden die Heidenvölker fragen nach dem Wurzelspross Isais, der als Banner für die Völker dasteht; und seine Ruhestätte wird Herrlichkeit sein.
>
> Jesaja 11:10, SLT

SEIN HAAR

> … seine Locken sind gewellt, schwarz wie ein Rabe.
>
> Hohelied 5:11, SLT

Sobald die Braut beginnt, von Seinem Haar zu sprechen, wird es interessant und sehr detailliert. Seine Locken sind gewellt und schwarz. Das hier verwendete Wort für Sein Haar oder Seine Locken ist *qevutstsoth*, was so viel wie *Locken* oder *Haar über der Stirn* bedeutet. Es ist die weibliche Form des Partizips im Passiv von *quwts* oder *quts*. In der ursprünglichen Bedeutung beschreibt dies zum einen eine geschorene oder abgeschnittene Stirnlocke. Interessanterweise bezieht es sich außerdem auf Saison oder auf eine Sommerfrucht und auf den Sommer – insbesondere, in der Erntesaison zu sein. Wir können erkennen, wie sich dies auf das Gemeindezeitalter beziehen kann, auf die Zeit des Sommers zwischen dem Pfingstfest und dem Laubhüttenfest, auf die Zeit zwischen Seiner Himmelfahrt und Seiner Wiederkunft und auf das Zeitalter der Gnade, in der Jesus Seine Nachfolger hinausschickt, um die reife Ernte einzubringen.

Denke einmal an das Wort *Pony* als Beschreibung für den Teil der Haare, der die Stirn bedeckt und herunterhängt. Jesus hing nicht nur am Kreuz, mit dem Kopf hängend, als Er starb und Seinen letzten Atemzug tat. In dem Augenblick war Er auch „abgeschnitten", genau wie Daniel es prophezeit hatte – Er wurde abgeschnitten von der Gegenwart des Vaters (vgl. Daniel 9:26).

Wir wollen nicht übersehen, dass Seine Locken gewellt sind. Das hier verwendete hebräische Wort ist *taltallim*, was bildlich gesprochen *sich wiegende Palmenzweige* beschreibt. Als ob dieser Hinweis auf Palmsonntag nicht schon genug wäre, stammt dieses Wort von dem hebräischen Wort ab, das transliteriert *talal* heißt, und *betrogen*, *hintergangen* oder *verspottet* bedeutet. Das wiederum erinnert uns an Judas und die römischen Soldaten.

Letztlich können wir die Bedeutung noch erweitern, wenn wir die Worte *schwarz* und *Rabe* auf drei Ebenen tiefer betrachten. Für *schwarz* lesen wir hier das Wort *shachor* das von *shachar* abstammt und *schwarz werden* oder *dunkel werden* bedeutet, genau wie in der Abenddämmerung. Die ursprüngliche Wortwurzel, die identisch mit *shachar* ist, bedeutet *früh morgens* oder *bei Dämmerung aufstehen* und *sich sorgfältig um etwas bemühen, etwas suchen.* Das wiederum erinnert an Jesu Kreuzigung, Sein Begräbnis und Seine Auferstehung. Genauso ist Jesus ein Belohner und Entschädiger. Er gibt denen, die ihn sorgfältig suchen, einen sehr großen Lohn! (vgl. Hebräer 11:6) Bezüglich der Raben fand ich zwei Erklärungen: Erstens symbolisieren sie in 1. Könige 17:6 Gottes Versorgung, als sie Elia Brot und Fleisch brachten. Jesus sagt von Sich in Johannes 6, dass Sein Fleisch Nahrung ist – und, dass Er selbst das Brot des Lebens ist. Zweitens ist der Rabe ein Sinnbild für Gottes Gericht und Gnade (vgl. 1. Mose 8).

Jesus selbst hat das Gericht Gottes, das wir verdient hatten, auf Sich genommen, damit wir Gnade erhalten können.

SEINE LIPPEN

Die Wangen sind Beete voll Balsamkraut, die herrlichsten Würzkräuter sprießen dort. Wie Lilien leuchtet sein Lippenpaar, das feucht ist von fließendem Myrrhenöl.

Hohelied 5:13, GNB

Was Seine Wangen betrifft, wissen wir, dass das Gesicht Jesu vor Seiner Kreuzigung völlig entstellt wurde. Als ein Akt der Misshandlung und als Symbol der Schmach riss man Ihm Seine Barthaare aus (vgl. Jesaja 50:6, 52:14). An dieser Stelle macht es Sinn, noch einmal nachzuschlagen, was nötig ist, damit die Braut Seinen Duft erhalten und freisetzen kann.

Der Ausdruck *Wie Lilien leuchtet sein Lippenpaar* ist sehr vielschichtig. Lippen – *saphah* – bedeutet *Lippe*, *Sprache*, *Worte*, *Rand* oder *Grenze* und deutet auf eine *Beendigung* hin. *Strong's Exhaustive Concordance* besagt, dass dies von dem Wort *caphah* kommt, was *abjagen* oder *aufholen* bedeutet. Es ist verwandt mit dem Wort *cowph soph*, was *Abschluss* oder *Ende* bedeutet. Bei Lilien – *shushan, shoshan* oder *shoshannah* – kann die röhrenartige Form auf eine gerade Trompete hinweisen. An der Stelle sei die Erinnerung erlaubt, dass zur Zeit Jesu in der jüdischen Kultur der Bräutigam oft ohne Ankündigung erschien, um Seine Braut zu holen. Dies geschah oft um Mitternacht, mit dem Klang des Schofars. Seine Braut wurde fortgenommen und damit endete die Phase der Verlobung. Was ich in diesem Absatz andeuten möchte, ist in den Worten *fließend* und *süß duftendem Myrrenöl* zu finden. *Fließend – nataph* – meint *tropfen*; es kann auch *sprechen* bedeuten. *Süß duftend (diese Beschreibung des Myrrenöls fehlt in vielen deutschen Bibelübersetzungen, Anm. der Übersetzerin)* – das hier verwendete Wort *abar* findet sich an anderen Stellen in der Bedeutung von *überqueren, übertreten, durchgehen, herüberbringen.* Auf Sein Wort hin, beim Schall der Trompete, wird Seine Braut *übertreten, durchgehen, an einen Ort gebracht werden.* Dieser Ort ist das Zuhause, das Er für sie vorbereitet hat (vgl. 1. Thessalonicher 4:16-17).

SEIN KOPF UND SEINE FINGER

Sein Haupt ist reines Feingold, ...
Seine Finger sind wie goldene Stäbchen, ...
Hohelied 5:11+14, SLT

„Die Herrschaft ruht auf Seiner Schulter!" Sein Kopf ist aus feinstem Gold und drückt Seine Königsherrschaft aus: Eine Herrschaft, die ewig und unzerstörbar ist. Sie spricht von Seinen Fingern, dem Zepter der Autorität und Macht (vgl. 2. Mose 8:19; Lukas 11:20). Er ist der eine König, dessen Königreich, Macht und Vollmacht ewig sind. Und wie bereits David, Jesaja und Daniel prophezeiten, wird Sein Körper nie die Verwesung sehen (vgl. Psalm 16:10; Jesaja 9:6-7; Daniel 6:27; Apostelgeschichte 2:27.31, 13:34-37).

SAPHIR: EIN PROPHETISCHER STEIN SCHREIT AUF

Sein Leib gleicht einer Statue aus Elfenbein,
über und über mit Saphiren bedeckt.
Hohelied 5:14, HFA

In Lukas 19:37-40 sehen wir Jesu Antwort an die scheinheiligen religiösen Leiter, die wutentbrannt über die Anbetung derer waren, die Leidenschaft für den Messias ausdrückten.

Als Jesus sich schon der Stelle näherte, wo der Weg vom Ölberg nach Jerusalem hinunterführt, brach die ganze Menge der Jünger in Jubel aus. Sie dankten Gott für die vielen Wunder, die sie miterlebt hatten. Laut sangen sie: „Gepriesen sei der König, der im Auftrag des Herrn kommt! Gott hat Frieden mit uns geschlossen. Lob und Ehre sei Gott hoch im Himmel!" Empört riefen da einige Pharisäer aus der Menge: „Lehrer, verbiete das deinen Jüngern!" Er antwortete ihnen: „Glaubt mir: Wenn sie schweigen, dann werden die Steine am Weg schreien."
Lukas 19:37-40, HFA

Was hat es mit diesen schreienden Steinen auf sich? Die Braut spricht zudem darüber, dass Sein Körper aus Elfenbein geschnitzt ist. Das hier verwendete hebräische Wort *shen* bedeutet *Zähne*, *scharf*, *durchbohrt*, ein *Fels* und im übertragenen Sinn ein *Abdruck* oder eine *Narbe*. Mit anderen Worten ist Sein vernarbter Körper verziert, überdeckt oder bedeckt. Dabei spricht das hebräische *alaph* auch von *schwach* oder *matt werden*. Wir wissen, Jesus war nach Seiner Geißelung schwach und matt. Sein Körper – Sein Herz – ist mit Saphiren bedeckt oder verziert. Ich hätte diesen Punkt übersehen, hätte ich nicht in Jonathan Cahns Buch „The Book of Mysteries"[2] *(in deutscher Übersetzung: „Der Lehrer und sein Schüler", Anm. der Übersetzerin)* das Kapitel über den „Hörbaren Saphir" gelesen. In dem Wort *Saphir* können wir tatsächlich das prophetische Wesen dieses Textabschnittes erkennen. *Saphir* ist das hebräische Wort *sappir*, das von *saphar* abstammt und so viel wie *sagen, sprechen, proklamieren* oder *zeigen*[3] bedeutet. Es kann außerdem ausdrücken: *beschriften (einmeißeln), nummerieren* oder *nummeriert werden, durch eine Markierung einen Kratzer machen* oder *eine Linie ziehen.*

Dieses Einkerben kann auch als *mit einem scharfen Werkzeug eine Linie ziehen* oder *Einschnitte machen* beschrieben werden. Es bedeutet *Schulden aufzählen, Aufzeichnungen machen, Buch über alles führen, was gezahlt werden muss* oder *etwas, das jemandem geschuldet wird.* Andererseits kann es bedeuten, *jemandem einen Kredit einzuräumen.* Eine Markierung weist auf ein *Zeichen* oder einen *Beweis* hin, auf einen *sichtbaren Abdruck*, wie beispielsweise durch *eine Schnittwunde* oder *einen Bluterguss.* Symbolisch weitergefasst, meint es die *Vermittlung von Informationen, um auf den eigentlichen Preis hinzuweisen* oder *um die Eigentümerschaft nachzuweisen.*

Um den Gedanken noch weiter zu spinnen: *Saphar* kommt von *sepher*, was *Buch* und ein *Schriftrollen-Verzeichnis* bedeutet. Dieses Wort kann sich auf eine *Rechnung*, eine *Urkunde* und ein *rechtliches Dokument* beziehen, das auf einen *Rechtsanspruch*, auf *Eigentumsrecht*, auf einen *Beweis* oder eine *Anklageschrift* hinweist. Es kann *Buchstabe* bedeuten. Wie bekannt, bezieht sich *Buchstabe* in der Bibel auf das mosaische Gesetz. Der Buchstabe oder das (mosaische) Gesetz tötet. Es zieht den Zorn Gottes und Bestrafung nach sich (vgl. 2. Korinther 3:6; Römer 4:15). Zum einen erkennen wir, dass es von einer *formellen Anklage* oder dem *Vorwurf der Verletzung des Gesetzes* spricht. Zum anderen bezieht es sich auf den *rechtlichen Nachweis* oder die *Dokumentation einer Schuld, von Kosten, einem Preis, Erwerb* und *dem Eigentumsrecht.*

Als ich das Wort *sepher* recherchierte, fand ich interessanterweise einen Vermerk, der auf das hebräische Wort *abedah* hinweist, was *verlorener Gegenstand* bedeutet. *Abedah* stammt von *àbad* ab und meint etwas *Verlorenes, Zerstörung, Hades, göttliches Gericht.* Es kann *auslöschen, beseitigen* oder *zerstören* ausdrücken.

Abedah steht in Verbindung zu *Gesetz, gesetzliche Dokumentation* und *Rechte*, einschließlich *Ehe- und Erbrecht*, sowie *gemeinsame Vereinbarungen zwischen zwei Parteien.*[3]

Dazu ein Beispiel: Das Gesetz hat eine Person angeklagt. Jemand wurde schuldig und muss die Konsequenzen dafür erleiden und die Strafe bezahlen. Wie wir aus Römer 10:4 wissen, ist Christus das Ende des Gesetzes. Er erfüllte das Gesetz und zahlte den Preis und die Bestrafung, die wir verdient hatten. Wir finden hier den Verweis auf den blutsverwandten (Er)Löser, der das Verlorene sowohl ausgelöst als auch wiederhergestellt hat. Er hat unsere Schuld getilgt, die Strafe bezahlt und der Bestrafung für die Übertretung von Gottes Gesetz und den Anforderungen der Gerechtigkeit genüge getan. Er hat uns zurückerstattet, was wir durch den ersten Adam verloren hatten. Der Saphirstein, eingelassen in den Leib aus Elfenbein schreit also auf, er ruft laut – gibt etwas bekannt und sagt etwas Bedeutendes aus über die Braut und den Messias. Der Stein verkündet, wer Er ist und wie Er unsere Schuld bezahlt hat.

Gern möchte ich diesen Saphir noch etwas genauer unter die Lupe nehmen. Die teuersten aller Saphire, oder die, welche am meisten Beachtung finden, sind die blauen Saphire. Es gibt bei Saphiren auch andere Sorten. Einige sind zweiachsige Kristalle und erinnern damit an ein Kreuz. Solche zweiachsigen Saphire zeigen oft verschiedene Schattierungen und Farben auf, wenn sie aus unterschiedlichen Winkeln betrachtet werden. So erscheinen manche aus einem Winkel blau und aus einem anderen violett. Sie können auch vielfarbig sein, wie zum Beispiel blau und violett.[4]

Biblisch gesehen kann die Farbe *Blau* ein Hinweis auf den *Himmel* sein. *Violett* steht für das *Königtum*, die *Königsherrschaft*, für *Herrschen* und *Vollmacht* (vgl. Daniel 5:7.16) und ist eine *Mischung* oder ein *Zusammenbringen von Blau und Rot.* Wie schon erwähnt, spricht *rot* von *Fleisch* und *Blut.*

Adam (rot) ist die Farbe der Erde, aus der Adam geschaffen wurde. Hier finden wir also einen Hinweis auf das Zusammenführen von Gott und Mensch. Wo Blau und Rot *eins* werden, ist das Ergebnis Violett.[5] Jesus, unserem König, dem Wort Gottes, das aus dem Himmel herabkam und Fleisch wurde, wurde bei Seiner Anklage und Verhöhnung ein violetter Umhang umgelegt (vgl. Johannes 19:2).

Schaut man die Stiftshütte in 2. Mose, Kapitel 26-27 genauer an, gibt es diesbezüglich ebenfalls interessante Details. Hier sind alle aufgeführten Teile oder Durchgänge der Stiftshütte aus feinem Leinen gearbeitet. Nämlich aus blauem, violettem oder scharlachrotem Faden. Das betrifft das Tor, durch das die Menschen in den heiligen Vorraum eintraten, die Tür zum Inneren der Stiftshütte, der Vorhang vor dem Allerheiligsten und die mittlere Lage der Bedeckung der Stiftshütte. In Johannes 1:14 lesen wir, dass Jesus das Wort Gottes ist, das unter uns lebte. Im Griechischen heißt es: Er *„stifthüttete“* unter uns. Jesus sagte außerdem von sich, dass Er selbst die Tür ist: zur ewigen Errettung, zum Vater (vgl. Johannes 10:7.10; Epheser 2:10).

JESU STRIEMEN UND NARBEN

Saphire weisen oft geringfügige Einschlüsse von winzigen, schmalen Rutil-Nadeln auf. Dieses dunkelrote Mineral entwickelt sich während dessen Entstehung im Inneren des Saphirkristalls.[4]

Das Rutil durchdringt den Stein und ähnelt damit den blutbefleckten Nägeln, die Jesu Hände und Füße durchdrangen – was uns letztlich von der Strafe der Sünde freisetzte.

> ... und er hat die gegen uns gerichtete Schuldschrift ausgelöscht, die durch Satzungen uns entgegenstand, und hat sie aus dem Weg geschafft, indem er sie ans Kreuz heftete.
>
> Kolosser 2:14, SLT

Nachdem sie geschliffen sind, können Saphire, die solche Einschlüsse aufweisen, Sternformationen zeigen oder reflektieren.

Diese werden als Asterismus bezeichnet. Wie wir wissen, ist Jesus der helle Morgenstern (vgl. Offenbarung 22:16)!

SAPHIRE IN DER BIBEL

Wir finden Saphire in den Klageliedern 4:7, wo Jeremia von Nasiräern spricht.

> Ihre Nasiräer waren glänzender als Schnee, weißer als Milch, ihr Leib war röter als Korallen, ihre Gestalt wie ein Saphir.
>
> Klagelieder 4:7, SLT

Die Körper der Nasiräer waren wie geschliffene Saphire. Für das Wort *geschliffen* wird hier das hebräische *gizrah* verwendet, das neben *geschliffen* auch *schneiden* oder *Trennung* bedeuten kann. Es handelt sich um die weibliche Form von *gezer*, was bedeutet, die *Figur oder Person ist wie ausgeschnitten*, *entzweit* oder *in Stücke geschnitten*. In Daniel 2:34 und 44-45 lesen wir eine Prophetie über einen herausgeschnittenen Stein, der die menschlichen Königreiche zerstören und Sein eigenes, ewiges Königreich errichten wird. Diese Vorstellung von *schneiden* und *schleifen* wird in Hohelied 5 wiederholt aufgegriffen und spricht auch hier von einem Bund. In 1. Mose 15:17 wird ein Bund zwischen Gott und Abraham geschlossen. Dabei wird das Tier in der Mitte durchgeschnitten und zerteilt – und Gott fährt wie in einer Feuerflamme zwischen den Fleischstücken hindurch und stiftet damit den Bund. *Nasiräer* steht im Zusammenhang mit Reinheit und bezeichnet einen Menschen, den Gott geweiht hat oder der für Ihn abgesondert ist (vgl. 4. Mose 6; Richter 13; 1. Samuel 1:11). *Nasiräer* beschreibt auch jemanden, der sich deutlich von seinen Brüdern unterscheidet, wie Joseph in 1. Mose 49:26. Jesus von Nazareth war natürlich der perfekte Nasiräer (vgl. Johannes 18:5, 19:19).

Eine weitere Bibelstelle besagt, dass der Saphir den Himmel repräsentiert: Gottes Thron und das, was sich unter Gottes Füßen befindet, unter Seiner Vollmacht, Seiner Herrschaft, Seiner Abhängigkeit. Es beschreibt alles, was Er besiegt und bezwungen hat (vgl. 2. Mose 24:10; Hesekiel 1:26-28, 10:1).

... alles hast du seinen Füßen unterworfen. Indem er ihm aber alles unterworfen hat, hat er nichts übriggelassen, das ihm nicht unterworfen wäre. Jetzt aber sehen wir noch nicht, dass ihm alles unterworfen ist; wir sehen aber Jesus, der ein wenig niedriger gewesen ist als die Engel wegen des Todesleidens, mit Herrlichkeit und Ehre gekrönt; er sollte ja durch Gottes Gnade für alle den Tod schmecken.

Hebräer 2: 8-9, SLT

DAS JESUS-GEHEIMNIS: DAS PASSAH LAMM UND DER SAPHIRSTEIN

Das Lamm [...] musste männlich sein [...]. Das Passah Lamm [...]. Jedes Detail ist wichtig. Und in diesem einen Detail liegt ein Geheimnis. Das Wort für „männlich" ist im Hebräischen das Wort „zachar". „Zachar" bedeutet auch Erinnerung, Erzählen, Erwähnen und die Vorgeschichte [...], und den „zachar umzubringen", heißt, die Andenken zu beenden, die Aufzeichnung zu zerstören, die Erinnerung auszulöschen [...]. Und als Er, Jesus, starb [...], starb auch die Erinnerung an unsere Sünde. Die Aufzeichnung unserer Schuld ist vernichtet. Das Gedenken an unsere Schande gibt es nicht mehr [...]. Es ist auch die Kraft, deine eigene Erinnerung an deine eigene Sünde und die Sünde anderer zu beenden.

Cahn, 2016, S. 289 [6]

Jesus ist der Zerstörer unserer Vorgeschichte, ja, sogar der Erinnerung an unsere Schuld und an unser Vergehen. Diese Vorgeschichte sprach früher gegen uns, über etwas, das wir schuldeten, dessen wir schuldig, für das wir verantwortlich waren oder wofür wir zur Rechenschaft gezogen wurden. Diese Vorgeschichte schließt auch Menschen mit ein, die an uns schuldig wurden. Jesus kann auch diesen Schmerz auslöschen und ebenso die Macht der Anklage. Selbst alles, was du einem anderen zur Last legst, alles Vergangene, von dem du nicht frei zu werden scheinst. All dies können wir nun an einen neuen „Ort der Erinnerung", an den „Ort der Auslöschung" bringen, ans Kreuz; und zum Abendmahl, wo wir uns erinnern an das befreiende Werk, den Sieg, der durch Jesu Tod und Auferstehung für uns verfügbar ist.

Jesus wurde zu einem Menschen aus Fleisch und Blut, und durch Sein Leiden und Seinen Tod hat Er sich mit unserem Schmerz und unserem Leiden, ja auch mit unseren Versuchungen identifiziert. Folglich hat Er Gnade und Erbarmen mit uns in allen Prüfungen und Schwierigkeiten, die uns im Leben begegnen mögen. Laut Hebräer 2:18 hilft Er uns. Er hilft, versteht, befreit und antwortet Menschen in schwerer Not. Und wir, die wir diese Hilfe empfangen haben, können wiederum anderen helfen.

Hörst du es auch? Dieser Stein, der Saphir, will sprechen. Ich möchte an der Stelle noch eine andere, mögliche Sichtweise einnehmen. Dieser Stein spricht auch von uns, der Braut. Wie wir wissen und in Hiob 28:6 nachlesen können, ist der Stein zugleich Fundort des Saphirs. Somit sind wir die aus dem Stein gemeißelten Saphire. Wir sind sowohl *von* Christus als auch *in* Christus, dem bedeutendsten Eckstein, dem Stein des Anstoßes. Auf Ihm, in Seinem Leib, in Seinen Striemen liegen unsere Wunden, Verstöße und alles Ungerechte. Wenn Gott uns ansieht, tief in unser Herz hinein, sieht Er Jesus und das Kreuz. Selbst mit allem, was wir erlitten haben, unserem Schmerz und unseren Sorgen wird unser Zeugnis in Ihm unermesslich schön und wertvoll, vor allem dann, wenn wir Zeugen Seiner Gnade werden und Jesus widerspiegeln. So, wie die Braut im Hohelied können wir das, was wir von Ihm geschenkt bekamen, anderen zeigen und an sie weitergeben. Mit dem gleichen Erbarmen und der gleichen Gnade, die Er uns gewährt hat. So weisen wir auf den hin, der für die Schuld unserer Sünde bezahlt und uns auch von den Konsequenzen der Sünde befreit hat. Wir weisen auf *den*, der hilft, heilt und befreit. Wie Paulus in 2. Korinther 4:8-10 sagte:

> Wir werden überall bedrängt, aber nicht erdrückt; wir kommen in Verlegenheit, aber nicht in Verzweiflung; wir werden verfolgt, aber nicht verlassen; wir werden niedergeworfen, aber wir kommen nicht um; wir tragen allezeit das Sterben des Herrn Jesus am Leib umher, damit auch das Leben Jesu an unserem Leib offenbar wird.
>
> 2. Korinther 4:8-10, SLT

Noch ein letzter Gedanke zum Saphir: Über den Saphir im Brustschild des Hohepriesters lesen wir in 2. Mose 28:18, dass er an die fünfte Stelle gesetzt ist. Die Zahl Fünf symbolisiert in der Bibel *Gnade*. Die Edelsteine repräsentierten Jakobs Söhne. Dan war Jakobs fünfter Sohn. Ich stimme mit den meisten Theologen überein, dass die Bibel nicht ihn als den Sohn benennt, den der Saphir repräsentiert. Stattdessen glaube ich, dass der Herr mir Folgendes gezeigt hat: Als Rahel diesem Sohn bei der Geburt den Namen *Dan* gab, sprach sie: *Gott hat mich gerichtet*, weswegen *Dan* auch *Richter* oder *Gericht* bedeutet. Das hier verwendete hebräische Wort bedeutet jedoch nicht nur ein *Richter*, oder *richten*, sondern auch *Verteidiger*, *verteidigen* und *rechtfertigen*. Jemanden zu rechtfertigen meint, ihn von der Anklage und vom Verdacht freizusprechen, ihn aus Fehlverhalten und von Schuld zu befreien und seine Unschuld zu verkünden und öffentlich unter Beweis zu stellen. Man kann also sagen, der Saphir spricht von Gnade an Stelle von Gericht – und von denen, die gerechtfertigt worden sind.

SEINE BEINE UND SEIN ANGESICHT

Seine Beine sind wie Marmorsäulen, gegründet auf goldenen Füßen. Seine Gestalt ist wie der Libanon, auserwählt wie Zedern.

Hohelied 5:15, LU

Salomo setzt seine Prophetie über Christus und über Seine Braut fort, indem er von Seinen Beinen und von Seiner Gestalt, Seinem Gesicht spricht. Die Beschreibung Seiner Beine als Marmorsäulen ist weitaus mehr als ein Hinweis auf Schönheit, Stärke und Stabilität. Marmor – *shesh*[6]– wird oft als *feiner Stoff, weißes Leinen, das Kleidungsstück* oder *die Beinkleider* definiert, die der Hohepriester beim Betreten des Allerheiligsten trug (vgl. 2. Mose 28:42-43). *Shesh* steht in enger Verbindung zu *meshi*[7], was *teure Kleidung* bedeutet. Jesus, unser Hohepriester, der Mittler zwischen Gott und Mensch (vgl. 1. Timotheus 2:5; Hebräer 5:10, 9:11.24-26), bezahlte den teuersten Preis, bevor wir in die Gegenwart Gottes eintreten können.

Aber, wenn Salomo davon spricht, dass Jesu Beine auf goldenen Füßen gegründet sind, bezieht er sich auf etwas, das über den von Jesus bezahlten Preis hinausgeht; nämlich, auf die Belohnung für alle, die Ihn annehmen. Er wird zu ihrem Herrn, Eigentümer, Besitzer und Ehemann (vgl. *Strong's* Eintrag zu *eden*[8] – *Sockel, Podest*, deutet auf die gleiche Bedeutung wie *adon*[9] – *Herrscher, Herr, Meister, Eigentümer*. Vergleiche auch Namen, die mit *Adoni* anfangen).

Sein Gesicht, Sein Erscheinungsbild, ist wie der Libanon, auserwählt wie die Zedern des Libanon. Sein Antlitz oder Seine menschliche Erscheinung ist wie der Libanon wieder weiß – und die Zedern beschreiben Seine Würde, Macht, Stärke und sprechen von Läuterung (vgl. 3. Mose 14:4; 4. Mose 19:6).

Das Wort *auserwählt* – *bachar*[10] – kann man als *annehmbar, bevorzugt, eingesetzt, erprobt* oder *auserwählt* übersetzen. Hier bezeichnet es wie die Zedern: *auserwählt*. Du erinnerst dich, dass

Salomo den Tempel aus Libanon-Zedern erbauen ließ? Und Jesus ist ein erprobter Stein, der Eckstein, das sichere Fundament, das in Zion gelegt wurde.

> Darum spricht Gott, der HERR: „Seht, ich lege in Zion den Grundstein für ein gutes Fundament. Es ist ein kostbarer Eckstein, der felsenfest steht. Wer auf ihn baut und ihm vertraut, braucht nicht zu fliehen."
>
> Jesaja 28:16, HFA

Jesus, der Stein, den die Bauleute fortwarfen, wurde von Gott als der bedeutendste Eckstein auserwählt (vgl. Psalm 118:22-23). Jesus ist jedoch nicht nur das Fundament. Weitere Details zu Seiner Identität erkennen wir durch das Wort *bachar*[10]. Das gleiche Wort wurde zur Beschreibung in der Art und Weise verwendet, wie Gott David als König erwählte. Es weist außerdem auf Aarons einst toten Mandelzweig hin, der wieder zum Leben erwachte. Er war von Gott erwählt, um Knospen zu treiben, um Leben hervorzubringen und auf den von Gott Ausersehenen hinzuweisen.

FEINGOLD

Befassen wir uns erneut mit dem Feingold, erinnern wir uns sofort an die Stiftshütte, den Tempel und die mit Gold überzogene Bundeslade. Doch welcher Gegenstand war außerdem nach Anweisung aus einem Stück reinen Goldes gefertigt und auf einen goldenen Sockel gesetzt? Die Rede ist vom goldenen Leuchter. Der Kerzenständer im Heiligtum, die *Menora*, stand vor der Tür zum Allerheiligsten, in welchem sich die goldene Bundeslade befand und die Gegenwart Gottes wohnte.

> Du sollst auch einen Leuchter aus reinem Gold anfertigen; in getriebener Arbeit soll dieser Leuchter gemacht werden;

> sein Fuß und sein Schaft, seine Kelche, Knäufe
> und Blüten sollen aus einem Stück mit ihm sein.
> Aber der Schaft des Leuchters soll vier Kelche wie
> Mandelblüten haben, mit seinen Knäufen und Blüten …
> 2. Mose 25:31.34, SLT

Die Menora repräsentiert Licht, Wahrheit, den Geist des Herrn und den gesalbten Christus, der gefüllt mit dem Geist Gottes ist; geschlagen von denen, die Ihn kreuzigten. Durch diese Tür müssen wir gehen. Diese Wahrheit und dieser Geist müssen in uns leben, wenn wir in Gottes Gegenwart eintreten wollen. Seine Braut soll die Wahrheit und Herrlichkeit Christi in die Welt ausstrahlen und widerspiegeln.

Die Braut hat in Kapitel 5 ihren Bräutigam eindrücklich beschrieben. In dieses Bild sollen wir verwandelt werden – von einer Herrlichkeit zur anderen. Die prophetische Sichtweise setzt sich auch weiterhin fort, wenn wir zum Ausgang des Kapitels das Bild Christi mit dem der Weltherrscher und Regierungen vergleichen, von denen wir in Daniel lesen.

> Das Haupt dieses Bildes war aus gediegenem Gold, seine Brust und seine Arme aus Silber, sein Bauch und seine Lenden aus Erz, seine Oberschenkel aus Eisen, seine Füße teils aus Eisen und teils aus Ton. Du sahst zu, bis sich ein Stein losriss ohne Zutun von Menschenhänden und das Bild an seinen Füßen traf, die aus Eisen und Ton waren, und sie zermalmte. Da wurden Eisen, Ton, Erz, Silber und Gold miteinander zermalmt; und sie wurden wie Spreu auf den Sommertennen, und der Wind verwehte sie, sodass keine Spur mehr von ihnen zu finden war. Der Stein aber, der das Bild zertrümmert hatte, wurde zu einem großen Berg und erfüllte die ganze Erde.
> Daniel 2:32-35, SLT

Dieses Bild repräsentiert die Königreiche der Erde, menschliche Königreiche unter dem Einfluss und der Gewalt Satans. Es steht für

Königreiche, die mehr und mehr zerfallen. Sie besitzen zwar noch eine gewisse Macht, werden aber zunehmend tyrannisch, haben einen schlechten Ruf und sind gespalten. Die Entwicklung dieses Königreiches erleben wir heute: So wird versucht, eine Vielzahl von Nationen und Völkern in eines zusammenzusetzen. Dieses Königreich wird Jesus – der bedeutendste Eckstein, der Stein, der zu einem großen Berg wurde – bei der Ankunft mit Seiner Braut vernichten (vgl. Offenbarung 19).

Wir hatten schon zuvor festgehalten, dass die Welt der Braut folgende Fragen stellen wird: „Warum ausgerechnet dein Gott?" Und: „Wer ist er überhaupt?" Wie zur Zeit Moses, als Er die Israeliten aus Ägypten führte, wird sich der Herr in der Erweckung der letzten Tage stark durch Zeichen, Wunder und Taten Seiner Macht zeigen. Die Gemeinde wird „Ägypten" durch eine Ernte von Seelen für das Königreich Gottes plündern. Dann sollten wir – wie damals die Kinder Israels – aus Ägypten fortgehen.

> Und die Ägypter sollen erfahren, dass ich der HERR bin,
> wenn ich meine Hand über Ägypten ausstrecke und
> die Kinder Israels herausführe aus ihrer Mitte.
>
> 2. Mose 7:5, SLT

Der Aufbruch der Braut ist der Beweis für die Welt, dass Gott wahrhaftig existiert und Er derjenige ist, den die Braut zuvor verkündet hat.

6

Die hinweggenommene Braut

Jesu erste Erscheinung auf der Erde hatte den Sinn und Zweck, den Bund zu schließen; Seine Wiederkunft wird dazu dienen, Seine Braut zu sich nach Hause zu holen. Genau das ist unser Thema in Kapitel 6. Doch zuerst dürfen wir ergründen, wer die Makellose aus dem Hohelied 6:8-9 ist. Sie ist die weise Jungfrau, die in Sprüche 31:29-30 beschriebene Frau. Sie hat Ehrfurcht vor dem Herrn, ist eine anbetende Braut und gehorcht dem Wort des Bräutigams.

DIE BRAUT: DER BRÄUTIGAM UND DAS HOCHZEITSGEMACH

Nach Aussage der Bibel findet die Hochzeitszeremonie von Braut und Bräutigam im Haus Seines Vaters statt – unter der *Chuppa* – dem Hochzeitsbaldachin. Da der Himmel eine Art *Chuppa* ist, können wir uns vorstellen, dass die Hochzeit von Jesus und Seiner Braut im Himmel stattfinden wird, im Haus des Vaters Jesu. Das geschieht, wenn Jesus nach Seiner Braut ruft, zusammen mit dem Blasen des Schofars.

Die vollständige Heirat – im Hebräischen *nesu'in*, was von einem Wort, das *Erhöhung* bedeutet, stammt– wird unter der *Chuppa* durchgeführt. Dann treten Braut und Bräutigam in das Hochzeitsgemach (*chadar* auf Hebräisch) ein, wo die Ehe vollzogen wird. Einst blieb das Hochzeitspaar sieben Tage lang – also eine Woche – in diesem Hochzeitsgemach. Danach erst kamen Braut und Bräutigam wieder aus ihrem Gemach. Da der Schleier der

Braut nun entfernt ist, wird die Braut allen offenbart, wenn sich das Paar öffentlich gemeinsam der Welt präsentiert.

Im sechsten Kapitel in den Versen 10-12 bis einschließlich Vers 1 des siebten Kapitels ist sowohl im Hebräischen als auch in weiteren Texten das Prinzip Seiner Rückkehr in Verbindung mit der Erhöhung der Braut zu finden. Wie schon in Joel 2:5-17 prophezeit, kommt Jesus in diesem Augenblick für Seine Braut zurück. Jesus erwähnt dieses Ereignis im Gleichnis vom Hochzeitsfest in Matthäus 22:1-4 und im Gleichnis der zehn Brautjungfern in Matthäus 25:1-13. Paulus bezieht sich auf das Ereignis in 1. Thessalonicher 4:16. Da Jesus niemals zufällige oder beiläufige Kommentare macht, empfehle ich jedem, diese Textstellen zusammen mit Matthäus 7:21-23 zu betrachten. Jesu Botschaft ist klar, Sein Herz und Seine Absicht sind rein und uns zugewandt. Wir sollten, ja *müssen* für die Hochzeit bestmöglich vorbereitet sein – für den Moment, wenn Er für Seine Gemeinde zurückkehrt; denn dieses Ereignis wird ohne Vorwarnung stattfinden. Dennoch sagte Jesus – und andere prophetische Schriften –, dass sich die Zeichen auf den herannahenden Tag häufen, durch Ereignisse, die am Himmel, auf der Erde, in der Welt und in der Gemeinde sichtbar und erfahrbar sind. Viele dieser Ereignisse finden schon seit einer Weile, und so auch heute, vor unseren Augen statt. Ein bedeutsames Zeichen ist die Wiederherstellung Israels, des „Feigenbaums".

Zu Beginn von Kapitel 6 ist der Bräutigam abwesend. Er hat Seine Braut als Seine Stellvertreterin im Haus ihres Vaters zurückgelassen. Die Erweckung aus Kapitel 5 geht weiter, als Seine Stimme plötzlich gehört wird, wenn Er die Braut als ein „Heer" bezeichnet. In der Folge spricht Salomo über Königinnen, Nebenfrauen und unzählige Jungfrauen. Sehen wir darin eine Welt voller tiefgläubiger Anhänger verschiedener Religionen oder sind dies Menschen, von denen Jesus im Gleichnis der zehn Brautjungfern sprach? Bitte berücksichtige hier, dass sie zur einzigen, wahren Braut erklärt wurde. Zur Erinnerung: Die Braut ist ein Heer und ein Abbild ihres Königs. Nichtsdestotrotz beziehen sich Königinnen und Nebenfrauen per Definition auf jene, die vielleicht zu einer anderen Zeit in einer Bundesbeziehung mit dem König standen oder dies wenigstens behaupteten. Sind sie etwa, wie in dem Gleichnis (eines der beunruhigendsten Gleichnisse in der Bibel), die fünfzig Prozent, die zwar zur Hochzeit eingeladen waren, jedoch unvorbereitet und Ihm unbekannt sind, und daher von Ihm an Seinem Hochzeitstag abgewiesen werden? Jesus selbst gibt das Unterscheidungsmerkmal: Fünf Jungfrauen sind weise und haben Öl, und fünf Jungfrauen sind töricht, ihnen fehlt das Öl. Öl ist ein Symbol für den Heiligen Geist, den Geist der Wahrheit, durch den die Gemeinde geheiligt ist. Er ist die Bürgschaft für unsere Erlösung, die Garantie für unsere Aufnahme beim Hochzeitsmahl des Lammes. Darüber sollte man nachdenken. Denn laut Bibel wird es vor Jesu Wiederkunft zu einem Abwenden von der Wahrheit, zu einem Glaubensabfall und zu einer Trennung kommen.

In Kapitel 6 scheint mir auch ein Hinweis auf die Zeit und Jahreszeit der Hochzeit gegeben zu werden. Es macht den Anschein, als wird hier die Zeit um die Herbsternte beschrieben und das Fest angesprochen, das mit Rosch ha-Schana beginnt, dem Fest der Trompeten, frei übersetzt als „der Anfang", – und dem Laubhüttenfest. In Vers 11 beobachtet die Braut das Fest, und ob die Ernte tatsächlich vor der Tür steht. Auch wenn sie weder Tag noch Stunde kennt, in der ihr Bräutigam sie abholt, weiß sie dennoch um die Jahreszeit. Sie ist also in der Lage, wie Jesus sagte, die bald kommende Stunde annähernd zu erkennen (vgl. Matthäus 16:3; 24:32-33).

DER KOMMENDE BRÄUTIGAM

Bezüglich der Ankunft des Bräutigams möchte ich jetzt einige biblische Hintergründe aufzeigen, die ich sorgfältig recherchiert habe und die ich sehr faszinierend finde. Du musst dabei nicht meiner Meinung sein, solltest aber deine eigenen Schlüsse ziehen.

In Hohelied 6:2 macht die Braut einen interessanten Kommentar: „Er ist losgegangen, um Seine Lilien zu pflücken." Die Abfolge der Ereignisse ist entscheidend! Bevor wir am Ende von Kapitel 6 Menschen sehen, die von Ehrfurcht über ihr Verschwinden ergriffen sind, lesen wir in Vers 2, dass ihr Geliebter in Seinen Garten gegangen ist, um Lilien zu pflücken. Wie schon in Kapitel 2 erwähnt, sind Lilien ein bildlicher Ausdruck für die Braut.

Geh hin, mein Volk, in deine Kammer und schließ
die Tür hinter dir zu! Verbirg dich einen kleinen Augenblick,
bis der Zorn vorübergehe.
Jesaja 26:20, LU

Unserem Hochzeitsbeispiel folgend, sind die in Seine Hände gesammelten Menschen jene aus Jesaja 26:20. Es sind diejenigen, welche die Kammer betreten und die Tür hinter sich schließen. Das bedeutsame Wort in diesem Vers ist *sich verbergen*. Im Hebräischen wird das Wort *chabah*[1] verwendet, über welches das *Brown-Driver-Briggs Lexikon* angibt, es bedeute, *sich in die Privatsphäre zurückzuziehen. Chabah* ist mit dem Verb *chabab* verwandt und bedeutet: *lieben* oder verstecken – wie im Schoße von etwas oder von jemandem verbergen. Laut *Brown-Driver-Briggs* beschreibt dieses Wort eine Art von Liebe, die zuvor entzündet oder in Brand gesetzt wurde. Obwohl ein Kommentar bezüglich dieser Aussage bereits gemacht wurde, ist es mir an der Stelle nochmals wichtig festzuhalten, dass die Braut das gesamte Hohelied hindurch wiederholt betont: Die Liebe soll nicht erregt oder erweckt werden, bis es ihr gefällt. Die Wortwurzel beider Worte ist *chaba*: ein Wort, das in Jesaja 49:2 als Metapher für den göttlichen Schutz des Messias verwendet wird. Es genügt darauf hinzuweisen, dass die Braut nicht dem Zorn oder Fluch Gottes ausgesetzt sein und nicht erleben wird. Denn während dieser sich über die Welt ergießt, wird sie in Abgeschiedenheit ihre Ehe mit dem König der Könige und Herrn der Herrn vollziehen.

Bezüglich Seines Kommens und unserer Rettung vor dem zukünftigen Zorn, sind auch folgende Bibelstellen zu nennen: 1. Thessalonicher 1:10 und 5:9.

In Hohelied 6:4-10 preist der Bräutigam Seine Braut als eine Person, die alle anderen übertrifft. Er spricht von ihr als einem mächtigen Heer, das zum Krieg auszieht, als sie plötzlich hinweggenommen wird!

Blast das Horn auf dem Zion! Ruft die Menschen zum Fasten auf! Sie sollen sich alle zum Gottesdienst versammeln. Das ganze Volk soll kommen und sich darauf vorbereiten, dem heiligen Gott zu begegnen! Ruft alle herbei, vom Säugling bis zum Greis! Selbst Braut und Bräutigam müssen ihre Kammer verlassen und kommen!

Joel 2:15-16, HFA

Inzwischen sollten wir erkennen können, wo Seine Kammer und ihr Ankleidezimmer sind – woher Er kommt und wohin sie aufbricht. Es handelt sich um den Himmel: Sein Zuhause – und die Erde: ihr Zuhause. Aus dem Hochzeitsbeispiel kennen wir das Bild des zurückkehrenden Bräutigams – oft um Mitternacht – der von dem Ruf: „Siehe, der Bräutigam kommt!“, zusammen mit dem Klang des Horns (Schofar) begleitet wurde (vgl. Matthäus 25:6; 1. Thessalonicher 4:16-17; Offenbarung 4:1). Der Bräutigam kommt mit einem Ruf und einer Trompetenfanfare, um Seine Braut abzuholen. Um Ihm zu begegnen, wird sie entrückt. Wie in 1. Thessalonicher 5:2 beschrieben, wird dieser Tag so unerwartet wie ein Dieb in der Nacht kommen.

... denn der Herr selbst wird, wenn der Befehl ergeht und die Stimme des Erzengels und die Posaune Gottes erschallt, vom Himmel herabkommen und die Toten in Christus werden zuerst auferstehen. Danach werden wir, die wir leben und übrigbleiben, zusammen mit ihnen entrückt werden in Wolken,

zur Begegnung mit dem Herrn, in die Luft,
und so werden wir bei dem Herrn sein allezeit.
1.Thessalonicher 4:16-17, SLT

Die nächste Phase der Hochzeit von Braut und Bräutigam findet unter der *Chuppa*, dem Hochzeits-Baldachin, statt. Dort wird die Ehe vollzogen.

Dies ist die vollständige Eheschließung, im Hebräischen bekannt als „nesu'in". Die Braut und der Bräutigam gehen in die Hochzeitskammer, oder „chadar" auf Hebräisch, wo die Ehe vollzogen wird. In dieser Hochzeitskammer werden sie sieben Tage, oder eine Woche, bleiben. Am Ende dieser sieben Tage werden die Braut und der Bräutigam aus der Hochzeitskammer herauskommen. Dies kann man in Joel 2:16 nachlesen.

Das Wort für „Woche" ist im Hebräischen „shavuah" und bedeutet „sieben". Es kann für sieben Tage oder sieben Jahre stehen. Ein Beispiel, in dem das hebräische Wort für Woche – „shavuah" – sieben Jahre bedeutet, finden wir in Daniel 9:24 und 9:27: „Und er [der falsche Messias, bekannt als der Antichrist] wird mit den Vielen einen festen Bund schließen eine Woche lang; [shavuah, sieben Jahre] ..." Diese „Woche" ist Bibel-Gläubigen als die „Große Trübsal" bekannt. Das jüdische Volk versteht diese Zeitspanne als die Geburtswehen des Messias, in der hebräischen Eschatologie als Chevlai shel Mashiach bekannt. Es stammt aus Jeremia 30:5-7. Menschen, die an den Messias glauben, werden mit Ihm zu Seiner Hochzeit im Himmel sein, während die Erde die siebenjährige „Große Trübsal" erlebt, oder auf Hebräisch, die „Chevlai shel Mashiach".

Brown-Driver-Briggs, 2006 [1]

Psalm 19:4-6, eine poetische Anspielung auf den kommenden Bräutigam

Die Sonne und ihr Aufgehen wird hier verglichen mit König Jesus, unserem Bräutigam, der aus Seiner Kammer kommt. In diesem Psalm sehen wir das Verherrlichen und Loben von

Gottes Wort. Jesus ist Gottes Wort oder das menschgewordene Wort (vgl. Johannes 1:1.14). Die Herrlichkeit der Schöpfung wird zu Beginn des Psalms beschrieben, um dann der Sonne plötzlich den Vorrang zu geben. Die Sonne, deren Zelt der Himmel ist, ist dominierend, dennoch an ihrem Platz und ihrem von Gott bestimmten Lauf gehorsam. Die Sonne verlässt ihren Sitz nur, um wieder dorthin zurückzukehren! Genauso ist es mit dem Diener des Vaters! Der Bräutigam wird aus Seiner Kammer herauskommen, Seine Braut nehmen, und an Seinen rechtmäßigen Platz zurückkehren, den Er für sie bereitet hat.

Chumney, 2008 [2]

Für wen kommt Er? Er kommt für alle, die gespannt auf Ihn warten und Ihn suchen, die auf Ihn hoffen und die Ihm gehorsam waren (vgl. 2. Petrus 3:3-10; Hebräer 9:28; Offenbarung 22:11-17).

DER WAGEN IHRES EDLEN VOLKES

– ich wusste nicht, dass mein Verlangen [meine Seele] mich gesetzt hatte auf die Wagen meines edlen Volkes [Ammi-Nadibs]. Dreh dich, dreh dich, o Sulamit, dreh dich, dreh dich, dass wir dich betrachten! [Sulamit:] Was wollt ihr Sulamit betrachten wie den Reigen von Mahanaim?

Hohelied 6:12, 7:1; SLT

Die verschiedenen Übersetzungen von Hohelied 6:12 und 7:1 unterscheiden sich sehr stark voneinander. Der Vers 12 in Kapitel 6 wird als der am schwersten auslegbare Vers im Hohelied angesehen. Es ist verständlich, dass Übersetzer aus einem westlichen Kulturkreis Schwierigkeiten damit hatten, den Zusammenhang von Romantik und Hochzeit beizubehalten. Aber für alle, und für uns, die wir spätestens jetzt ein Grundverständnis über die Abfolge der historischen jüdischen Hochzeit sowie der prophetischen Schriften bezüglich der letzten Tage haben, ist der Vers dann gar nicht mehr so seltsam.

Dafür gehen wir wieder zu Hohelied 6:11 zurück und beachten, was die Braut Sulamit beschreibt.

> Zum Nussgarten war ich hinabgegangen, um die grünen Triebe des Tales zu betrachten, um zu sehen, ob der Weinstock ausgeschlagen, ob die Granatbäume Blüten getrieben hätten.
>
> Hohelied 6:11, SLT

Im Gegensatz zu dem, was einige Kommentare andeuten, scheinen die folgenden Absätze nicht bei einem Festtanz stattzufinden. Nein – das, was wir hier sehen, ist, dass sie einfach nur durch den Garten spaziert, als ihr plötzlich und unerwartet etwas passiert.

Zweitens gibt es hier fünf Wörter, die wir uns unbedingt im Hebräischen ansehen sollten: Seele – *nephesh* – bedeutet *Lebewesen*, der *innere Mensch*, *Leben*, *Person* oder *Individuum*. Es ist das Leben, das der Mensch Adam empfing, als Gott ihm Seinen Geist einhauchte. Das Wort kann auch *Sehnsucht*, *Leidenschaft*, *Begehren*, *Appetit* und *Gefühl* bedeuten. Offensichtlich können wir folgern, dass hier auf mehr als nur auf Sehnsucht oder Gefühl hingewiesen wird. Der Wagen – *Merkabah* – ist die weibliche Form von *merkab*. Bevor wir auf alle möglichen Bedeutungsformen des Wortes eingehen, ist ein Wagen zuallererst ein Transportmittel. Wir erinnern uns: In Hohelied 3:9 haben wir bereits von Seiner Kutsche gelesen, von der Sänfte, die eine Art Gnadenthron ist. Dieses Wort ist sehr speziell und es wird nur einmal in der Bibel verwendet und beschreibt die Kutsche des Königs am Tag Seiner Verlobung. Die Wagen der Braut in Kapitel 6 hingegen ist anders. Dieser Hochzeitswagen, von dem sie spricht, ist dem Gnadenthron, der in 1. Chronik 28 beschrieben wird, noch viel ähnlicher.

> ... und für den Räucheraltar das aller lauterste Gold, nach Bedarf. Er gab ihm auch ein Modell des Wagens, der goldenen Cherubim, die [ihre Flügel] ausbreiten und die Lade des Bundes des HERRN bedecken sollten.
>
> 1. Chronik 28:18, SLT

Zur Beschreibung des Gnadenthrons, der Bedeckung der Bundeslade, wird hier das hebräische Wort *Merkabah* verwendet. Der Gnadenthron, die Sühne, das Allerheiligste, repräsentierte den Thron Gottes, Seine Gegenwart (vgl. 2. Mose 25:17-22; 3. Mose 16:2; 1. Samuel 4:4). Trat der Hohepriester in die Gegenwart des Herrn, versprengte er Blut zur Buße am Gnadenthron. Deshalb steht das Blut symbolisch für Jesus (vgl. 1. Johannes 2:2 und 4:10). Jesus ist unsere Erlösung und Sühne. Er ist der „Wiedergutmacher", Er besänftigte und konnte die Forderungen des heiligen Gottes erfüllen (vgl. Hebräer 9; Römer 3:25). Der Gnadenthron war demnach der *Ort* der Erfüllung – wo hingegen Jesus die *Person* der Erfüllung ist. Wir können die Bundeslade als ein Symbol für das menschliche Herz sehen, in dem das Gesetz Gottes geschrieben steht. In diesem Herz sitzt Gott auf dem Thron (vgl. 2. Korinther 3:3; Hebräer 10:16.22). Dieser in 1. Chronik 28:18 beschriebene Gnadenthron bedeckte buchstäblich das Gesetz – die Gesetzestafeln. Laut Römer 4:15 bringt uns das Gesetz den Zorn Gottes ein. Es hat, wenn es übertreten wird, Bestrafung und Zorn zur Folge. Somit erwartet die Feinde Gottes Zorn und verzehrendes Feuer (vgl. Jesaja 34:2; Zefanja 3:8; Daniel 8:19 ff.; Hebräer 10:27). Wer jedoch Seine Gnade und Erlösung angenommen hat, ist diesem Gericht nicht ausgeliefert (vgl. 1. Thessalonicher 1:10, 5:9). Jesaja prophezeite uns, dass die Türen der Hochzeitskammer geschlossen werden, sobald die Braut eingetreten ist. Sie wird vor dem Zorn Gottes verborgen sein (vgl. Jesaja 26:20).

Wie könnte sich das ereignen? Wie schon erwähnt, ist das verwendete Wort für Wagen sowohl im Hohelied 6:12, als auch in 1. Chronik 28:18 *merkabah*, die weibliche Form von *merkab*. Es beschreibt eine *Kutsche*, eine *Sitzgelegenheit* oder eine *Abdeckung*.

Beide Wörter stammen aus der hebräischen Wortwurzel *rakab*, die *fahren* oder *reiten* bedeutet. Diese Wortwurzel wird interessanterweise auch für den *Wagen aus Feuer – Rekeb* – verwendet, mit dem Elia in den Himmel auffuhr.

> Während die beiden so in ihr Gespräch vertieft weitergingen, erschien plötzlich, ein Wagen aus Feuer, gezogen von Pferden aus Feuer, und trennte die Männer voneinander. Und dann wurde Elia in einem Wirbelsturm zum Himmel hinaufgetragen.
>
> 2. Könige 2:11, HFA

Rekeb, der Wagen aus Feuer, wird durch weitere darin steckende Wortbedeutungen noch interessanter. Es kann zum Beispiel *Kavallerie* und *Armee* bedeuten. Es stammt von dem Wort *rakab* ab, das *aufsitzen* oder *auf ein Pferd steigen* und *dazu gebracht zu werden, in einer Kutsche zu fahren* oder *gefahren zu werden* bedeuten kann. Lass uns den Gedanken weiterführen und beachte die Beschreibung der Stiftshütte in 1. Chronik 28 – und hier ganz besonders den Hinweis auf die Cherubim. Schau dir anschließend Hesekiels Visionen über die Cherubim in Hesekiel Kapitel 1, 10 und 11 an. Sowohl David, in Psalm 18, als auch Hesekiel legen dar, dass Gott oder die Herrlichkeit Gottes auf Cherubim fuhr. Interessant! Je öfter ich aber Vers 12 in Hohelied 6 gelesen und studiert habe, desto mehr fiel mir der Ausdruck *mich gesetzt hatte* ins Auge – oder in anderen Übersetzungen *trieb mich hin, zog mich hin, entführte mich*. Im Hebräischen wird hier das Wort *sum* oder *sim* verwendet und kann folgende Bedeutungen haben: *verursachen, dass jemand ergriffen, umgewandelt wird, etwas verlässt oder sogar belohnt wird*. Die Braut sagt: „Meine Seele trieb mich auf die Kutschen meines edlen Volkes“. Das Wort *trieb* ist an dieser Stelle wichtig, denn es drückt aus, dass ihre Seele sie dorthin oder darauf setzte, *auf etwas positionierte*. Noch bevor sie sich dessen bewusst war, wurde sie plötzlich, ohne Vorankündigung, *ergriffen, erfasst*, dazu *veranlasst, wegzugehen* und *umgewandelt*.

Als nächstes sollten wir uns den Ausdruck *edles Volk* oder *Ammi-Nadib*, wie es die Luther-Übersetzung wiedergibt, genauer ansehen. *Ammi-Nadib* kombiniert die Wörter *nadib – edel* und *ammi – Volk. Edel* ist hier ein Adjektiv, welches das Volk der Braut beschreibt. *Ihre Seele* ist das Substantiv des Satzes, und *trieb* das entsprechende Verb. Im Hebräischen wird das Verb verwendet, um die Handlung des Substantivs (Person, Ort oder Sache) zu beschreiben, wohingegen das Substantiv also ihre Seele in Aktion ist. Die Handlung ihrer Seele, also das, was ihre Seele durch die Ausübung von Kraft oder Macht erlebt oder durchmacht, ist das Ergriffenwerden und das Umgewandeltwerden ihrer selbst von einem Zustand, einer Verfassung oder Stellung zu einem/einer anderen. Symbolisch wird hier erzählt, dass man aus Gnade im Wagen in die Gegenwart Gottes hinaufgetragen wird.

Der Bundeslade hinter dem Vorhang im Allerheiligsten hat sich der Hohepriester durch eine Wolke von Weihrauch und durch das Versprengen des Blutes der Sühne genähert. Die Cherubim über dem Gnadenthron symbolisieren den Thron Gottes, den Ort Seiner Gegenwart und Seiner Stimme. Hier erscheint Er in der Wolke über dem Gnadenthron (vgl. 2. Mose 25:17-22; 1. Samuel 4:4; 3. Mose 16:2). Genau wie bei Johannes, zu dem in Offenbarung 4:2 gesagt wird, er solle in den Thronsaal Gottes im Himmel hinaufsteigen, fährt die Braut in Hohelied 6:12 im Wagen hinauf. Kann es sein, dass der Heilige Geist in diesem Absatz verschlüsselt übermittelt, dass sie zum Thronsaal des Herrn hinauffährt – in einem Wagen – und bewegt wird von Seiner Gnade und Seinem Sühneopfer? In den Tagen Salomos waren solche Wagen Königen oder dem Adel vorbehalten; insbesondere dienten sie als Kriegsfahrzeuge. In Hohelied 3:9 finden wir eine Hochzeitssänfte, die Bezug auf einen Vorgang nimmt, der im Sichtbaren stattfindet. In Hohelied 6:12 wird jedoch ein Militärfahrzeug und der geistliche, nicht der natürliche, Bereich beschrieben. Das Wort „edel" – *nadib* – beschreibt *Prinzen, verant-*

wortungsvolle und *beherzte* Männer. Das Wort stammt von *nabab* ab, was *freiwillig, als freiwilliges Opfer gegeben* bedeutet. Es bezieht sich also auf einen Freiwilligen, auf jemand, der sich bereitwillig opfert. Schließlich beinhaltet es auch das Wort für Volk – *ammi* –, was auch Nation oder Truppen bedeuten kann. Wir sehen hier eine Gruppe von Menschen, die in dem Wagen fährt, ein Trupp Freiwilliger, solche, die ihr Leben aus freien Stücken einem Herrscher oder Befehlshaber ausgeliefert haben. Dieser Absatz ist sehr interessant in seiner prophetischen Dimension, besonders in Zusammenhang mit 1. Mose 32:2-3.

> Jakob aber ging seines Weges; da begegneten ihm Engel Gottes. Und als er sie sah, sprach Jakob: Das ist das Heerlager Gottes! Und er gab jenem Ort den Namen Mahanajim.
>
> 1. Mose 32:2-3, SLT

Das Wort *Mahanajim* bedeutet *Doppellager* oder *zwei Lager.* – Danach hören wir den Chor vier Mal *shub* rufen, was übersetzt *zurückkommen, wieder nach Hause kommen* oder *antworte uns* bedeuten kann. Also rufen sie: *Komm zurück, damit wir dich wiedersehen können,* oder: *Komm an den Ort zurück, wo wir dich sehen können.* Wenn das Wort Gottes eine Sache einmal erwähnt, oder Gott einmal etwas sagt, sollte es geglaubt werden. Bei einer Wiederholung sollte es sehr ernst genommen werden. Und wie viel ernsthafter ist wohl die Wiederholung in einem solchen Maß, wie wir sie hier entdecken. Die viermalige Wiederholung von „Komm zurück" ist wie ein verzweifelter Ruf. Möglicherweise ein Schrei aus Angst von denen, die sie zurückgelassen hat. Diese Menschen verlangen sehr, dass die Braut zurückkommen möge. Man könnte auch sagen, sie rufen völlig geschockt über das, was plötzlich geschehen ist. Die Braut fragt: „Warum wollt ihr, dass ich in zwei Lagern bin? Warum soll ich den *Tanz des Doppellagers* tanzen?" Oder, wie es im Hebräischen ausgedrückt wird, den „Tanz des Mahanajim"?

DER TANZ DES MAHANAJIM

Was können wir bei Sulamit betrachten – im Tanz der zwei Lager, im „Mahanajim"? In der Bibel sowie in der hebräischen Kultur galt Tanzen als ein Ausdruck von Lobpreis und Anbetung, ein Beweis von Freude, vor allem nach einem Sieg. So tanzten beispielsweise die Israeliten, die Heerscharen oder Armeen Israels – wie Gott sie in 2. Mose 12:17 nennt –, wie bei einer Jubelfeier, nachdem die Ägypter im Roten Meer ertrunken waren. Dasselbe erkennen wir in Hohelied 7:1, nachdem wir die einzelnen Worte aufgeschlüsselt haben. Die hier gebrauchten hebräischen Wörter sind *Mecholah* (Tanz) und *Machaneh* (Armee, Heer oder Lager von Soldaten oder Lager von Engeln). *Hammahănāyim* – der *mecholat Machanayim* (Tanz des Machanayim), wird einfach als „Mahanajim" transliteriert; abgeleitet von *chanah*, einem Lagerplatz für Reisende oder für Truppen. Bildlich spricht dies von Tänzern oder Engeln und ist das Wort, das in 1. Mose 32 verwendet wird. Hier begegnet Jakob einer Schar von Gottes Engeln. Jakob nannte diesen Ort Gottes Lager, *Mahanajim*, das Doppellager. Hier begegnete Jakob Gott, hier kamen Himmel und Erde, das sichtbare und das geistliche Reich miteinander in Kontakt.

Die Braut wurde also weggetragen oder hinaufgehoben, von einer Gruppe zu einer anderen, von der sichtbaren Welt in die übernatürliche; fortgebracht, um ihre Hochzeit im Heim ihres Ehemannes zu feiern! Dieses Ereignis ist für die Zurückgelassenen so traumatisch, dass sie verzweifelt beginnen, nach ihr zu rufen. Zu diesem Zeitpunkt sagt sie: „Was gibt es denn zu sehen?", oder noch einfacher ausgedrückt: „Was guckt ihr denn?" Eine Aussage, die am besten durch die beiden Absätze in Apostelgeschichte 1:9-11 und 1. Thessalonicher 4:16-17 verstanden werden kann.

> Und als er dies gesagt hatte, wurde er vor ihren Augen emporgehoben, und eine Wolke nahm ihn auf von ihren Augen weg. Und als sie unverwandt zum Himmel blickten, während er dahinfuhr, siehe, da standen zwei Männer in weißer Kleidung

bei ihnen, die sprachen: Ihr Männer von Galiläa, was
steht ihr hier und seht zum Himmel? Dieser Jesus,
der von euch weg in den Himmel aufgenommen
worden ist, wird in derselben Weise wiederkommen,
wie ihr ihn habt in den Himmel auffahren sehen!

Apostelgeschichte 1:9-11, SLT

... denn der Herr selbst wird, wenn der Befehl ergeht und die Stimme des Erzengels und die Posaune Gottes erschallt, vom Himmel herabkommen, und die Toten in Christus werden zuerst auferstehen. Danach werden wir, die wir leben und übrigbleiben, zusammen mit ihnen entrückt [rasch hinweggeführt] werden in Wolken, zur Begegnung mit dem Herrn, in die Luft, und so werden wir bei dem Herrn sein allezeit.

1. Thessalonicher 4:16-17, SLT

Wer ist diese fortgeführte Sulamit-Braut? Sie ist der Widerschein Seiner Herrlichkeit. In Hohelied 7:1 sehen wir das erste Mal ihren Namen: Sulamit. Als eine Braut, die Gemeinde, würde sie den Namen ihres Ehemannes tragen (vgl. Jesaja 4:1; 65:1; 2. Chronik 7:14; Apostelgeschichte 15:17; Jakobus 2:7). „O Sulamit" ist mehr als ein bloßer Name. Diese Anrede bzw. dieser Titel zeichnet sie nicht nur als Salomos Frau aus – sie wird dadurch zu dem, was sie ist, oder vielleicht besser ausgedrückt, als das, was sie in Ihm geworden ist, beschrieben.

Wer ist sie, die hervorglänzt wie das Morgenrot,
schön wie der Mond, klar wie die Sonne,
furchtgebietend wie Heerscharen mit Kriegsbannern?

Hohelied 6:10, SLT

Und Gott machte die zwei großen Lichter, das große Licht zur Beherrschung des Tages und das kleinere Licht zur Beherrschung der Nacht; dazu die Sterne. Und Gott setzte sie an die Himmelsausdehnung, damit sie die Erde beleuchten und den Tag und die Nacht beherrschen und Licht und Finsternis scheiden. Und Gott sah, dass es gut war.

1. Mose 1:16-18, SLT

Der Mond wurde geschaffen, um durch sein Leuchten Licht in die Dunkelheit zu bringen – und so über die Finsternis zu herrschen. Doch der Mond scheint nur deswegen, weil er Sonnenlicht reflektiert! Betrachte hierzu Josefs Traum in 1. Mose 37:9-10. Josef träumt von der Sonne, dem Mond und den Sternen, die sich vor ihm verbeugen. Josefs Vater Jakob deutet daraus, dass die Sonne ihn symbolisiert und der Mond seine Frau Rahel. In der Bibel kann die Sonne ein Symbol für einen Ehemann und der Mond das Symbol für eine Ehefrau sein. Maleachi 3:20 weist uns darauf hin, dass die Sonne Jesus symbolisiert. Psalm 19:5-6 vergleicht die Sonne mit einem Bräutigam. So, wie der Mond das Licht der Sonne in die Dunkelheit der Nacht reflektiert, soll die Braut das Licht des Bräutigams in die Finsternis der Welt widerspiegeln. Paulus weist auch in 1. Korinther 11:7 darauf hin. Die Metapher vervollständigt sich durch Paulus‘ Aussage in Epheser 2:6. Durch die Verbindung mit Christus haben wir, die Braut, einen Platz in der himmlischen Welt.

Die hier gestellte metaphorische Frage lautet: „Wer ist diese, die so hervorglänzt?“ (*zoth*, eine unregelmäßige weibliche Form von *zeh*, was *Lamm* bedeutet) Sie erscheint wie, ähnelt oder hat den Charakter und das Erscheinungsbild des Lammes, das Aussehen von *zeh*. Sie wird mit dem Mond verglichen, der in der Nacht scheint und das Licht der Sonne reflektiert. Genauso reflektiert die Braut in der Dunkelheit dieser Welt das Licht Jesu (vgl. 2. Korinther 3:18). Als Gemeindemitglieder erstmalig Christen genannt wurden, wurde genau darauf hingewiesen. Nämlich, dass sie Menschen sind, die sich wie Christus verhalten. Es sind die, die dem Lamm gleichen. In 1. Johannes 4:17 finden wir die Aussage: „Denn so wie Er ist, sind wir in dieser Welt.“

Wir alle aber, indem wir mit unverhülltem Angesicht die Herrlichkeit des Herrn anschauen wie in einem Spiegel, werden verwandelt in dasselbe Bild von Herrlichkeit zu Herrlichkeit, nämlich vom Geist des Herrn.
2. Korinther 3:18, SLT

Durch seinen zweimaligen Ausruf bestätigt der Bräutigam im Hohelied, dass sie eine Armee ist. Genauso klar besagt Offenbarung 19, dass die Braut die Armee ist, die zusammen mit Jesus bei Seiner Wiederkunft kommt.

Wenn der Christus, unser Leben, offenbar werden wird, dann werdet auch ihr mit ihm offenbar werden in Herrlichkeit.
Kolosser 3:4, SLT

Wie in Psalm 110:3 prophezeit, setzt sich die Armee aus Hohelied 6:12 aus solchen zusammen, die sich freiwillig angeboten und dem König hingegeben haben. Die hier mit Jesus kommenden Menschen haben eine Entscheidung aus freiem Willen getroffen, Ihm nachzufolgen. Der Ausdruck „edles Volk" bezieht sich auf das Volk des Bräutigam-Königs. Wenn Jesus in Kraft kommen wird, wird Sein Volk aus freiwilligen Soldaten bestehen – *nedabah,* von *nadab.*

Ein Lied Davids. Gott, der HERR, lässt dir sagen, dir, meinem Herrn und König: „Setze dich an meine rechte Seite! Ich will dir deine Feinde unterwerfen, sie als Schemel unter deine Füße legen." Der HERR hat dich zum König gemacht auf dem Berg Zion. Von dort aus wird er dein Reich ausweiten; über alle deine Feinde sollst du herrschen! Israels Männer folgen dir willig, wenn du sie zum Kampf rufst. Festlich geschmückt, frisch wie der Morgentau, sammelt sich bei dir die Jugend deines Volkes. Mit einem Schwur sagt der HERR es dir zu: „Du bist mein Priester für immer, nach der Art Melchisedeks." Er nimmt diese Zusage nicht zurück. Der Herr wird dir zur Seite stehen und Könige zu Boden schlagen am Tag seines Zornes. Wenn er Gericht hält über die Völker, werden überall Tote liegen; er vernichtet die Herrscher vieler Länder. Der König trinkt aus dem Bach am Weg, und so gestärkt, behält er den Sieg.

Psalm 110:1-7, GNB

Tatsächlich bringt uns das Gesetz nichts als den Zorn Gottes ein ...

Römer 4:15, HFA

Beachte hier besonders Vers 3 in Psalm 110 und erinnere dich an Hohelied 5, als der Bräutigam die Braut weckt und ihr sagt, dass Seine Locken mit Morgentau bedeckt sind. Damit weist Jesus Seine Braut darauf hin, dass das letzte Erwachen mit Seiner Rückkehr zum Abholen Seiner Braut enden wird. Dies wird durch Davids Anmerkung über die Taube in Psalm 55 bestätigt. David wünscht sich, Flügel der Taube zu haben, damit er vor Zorn, Schrecken, Bedrängnis, Furcht, Zittern, Sturm und Unwetter entfliehen könne. In Hohelied 6 fliegt die Braut in einem Wagen davon. Dieser Wagen symbolisiert das Auffahren in den Himmel. Sie wird fortgeführt, um in Sicherheit zu sein vor der Ausgießung von Gottes Zorn, Seinem irdischen Gericht über diejenigen, die Christus abgelehnt haben. Die Präzedenzfälle sind klar und werden in der Bibel mehrfach wiederholt. Am Anfang dieses Buches habe ich gesagt, dass Gott uns mit der Bibel in vielerlei Hinsicht ein „Bilderbuch“ an die Hand gegeben hat. Mehr als einmal hat Er uns ein Bild gemalt, das die Errettung vor Seinem Gericht zeigt. Henoch ist dabei unser erstes Beispiel. Dr. Chuck Missler schreibt in „The Harpazo“:

Henoch wandelte mit Gott und Gott nahm ihn hinweg (vgl. 1. Mose 5:24). Wir, die Braut, sind die, die mit Christus und Seinem Geist wandeln (vgl. Epheser 5:8; Kolosser 2:6; Offenbarung 3:4; Galater 5:25). Henoch wurde nicht „zur Mitte der Sintflut“, noch „nach-sintflutlich“, sondern vor der Flut hinweggenommen

> – Henoch war ***eine*** Person, ja. Genauso sind wir, als die Gemeinde ***eins*** miteinander in Gottes Augen, und ***eins*** mit Christus (vgl. Johannes 17:11.21-23; Galater 3:28). Missler, 2003[3]

Gott brachte Henoch also in den Himmel (vgl. Hebräer 11:5; 1. Mose 5:21-24). Noah war ein Mann, der – genau wie wir, die Gemeinde – Gnade in Gottes Augen gefunden hatte. Er wurde als schuldlos befunden. Noah musste daher nicht das Gericht der Ungerechten erleiden. Noah war in der Arche verborgen – er wurde emporgehoben und verschont. Der rechtschaffene Lot lebte in einer Gesellschaft, in der ungezügelte Perversion an der Tagesordnung war. Diese Umgebung stellte ihn als intolerant und voreingenommen hin. Lot musste herausgenommen werden, bevor das Gerichtsurteil über Sodom und Gomorra vollstreckt werden konnte. Das biblische Muster ist erneut: „Kein Zorn, bis die Gerechten in Sicherheit gebracht sind!“ Wer dieser Botschaft und dieser Warnung damals nicht glaubte und sich darüber lustig machte, blieb zurück und schaute der Zerstörung ins Auge (vgl. 1. Mose 19:1-29).

Zu dem Zeitpunkt, als die Israeliten Ägypten verließen, verabscheuten die Ägypter die Juden so sehr, dass sie diese nicht mehr in ihrem Land haben wollten. In ihrer Verzweiflung, um sie endlich loszuwerden, zahlten sie ihnen sogar Silber und Gold (vgl. Psalm 105:37-38). Diese Einstellung finden wir heute häufig in Politik und der Unterhaltungsindustrie wieder, die unsere westliche Gesellschaft formen und prägen.

Jesus sagte in Johannes 14:3, Er würde einen Ort für Seine Gemeinde bereiten. Danach käme Er zurück, um sie dorthin mitzunehmen, damit sie mit Ihm zusammen sein kann. Schenken wir als Gemeinde der Tatsache Glauben, dass die Bibel das von Gott eingegebene Wort ist – von Menschen geschrieben und vom Heiligen Geist eingegeben – dann ist doch jedes einzelne dort geschriebene Wort von wesentlicher Bedeutung! Dabei sei es zunächst einmal dahingestellt, ob wir es verstehen oder nicht. Mich berührt und begeistert es gleichermaßen, dass im Wort

Gottes (der Bibel) jeder Bericht, jedes Gleichnis, jedes Bild, jedes Detail festgehalten ist, um uns eine Wahrheit oder ein göttliches Prinzip zu vermitteln. Die Tatsache zum Beispiel, dass Jesus Seinen öffentlichen Dienst *bei einer Hochzeit* begann und darauf verweist, dass dies nicht *Seine* Hochzeit sei, finde ich absolut bemerkenswert! Genauso erwähnenswert ist die Verwendung der Symbol-Sprache, damit wir heute den Bezug zur historischen jüdischen Hochzeit herstellen können. Der Heilige Geist sorgte dafür und wachte darüber, dass Menschen genau diese Aussagen im geschriebenen Wort verwendeten, die wir heute lesen können. Betrachten wir die Bibel durch die Brille der damaligen jüdischen Kultur, können wir viele Meinungsverschiedenheiten vermeiden. Auch die Fülle der theologischen und doktrinellen Auslegungen, vor allem diejenigen, die sich mit Eschatologie beschäftigen, könnte verringert werden. Denn durch das Ausmalen außerhalb der Linien (Vergleiche ein Bildermalbuch) kamen wir auf Vorstellungen und Auslegungen, die sich von dem von Gott einst vorgesehenen Bild entfernt haben.

Folgt man durchgängig dem Hochzeitsmodell der hebräischen Kultur zur Zeit Jesu, stellen wir fest, dass die Endphase, der Höhepunkt der Hochzeit, das Abendmahl im Haus des Vaters ist. Der Bräutigam kam unangekündigt, um Seine Braut zu *„ergreifen"* und sie in Sein Zuhause mitzunehmen. Dort fand die offizielle Hochzeit statt, gefolgt vom Vollzug des Bundes und dem anschließenden Hochzeitsfest. Vielleicht wird darauf sogar in 2. Mose 1:4-6 angespielt. Hier führt der Herr einen siebentägigen Gedenkgottesdienst ein – und an dessen Ende feiern die Israeliten ihre Herausnahme aus Ägypten. Darum erwähnt Johannes in der Offenbarung Kapitel 4 bis 19 weder die Gemeinde noch das Hochzeitsmahl. Gott nutzte den Großteil der Prophetie dafür, um Daniels siebenjährige Zeit von der „Bedrängnis Jakobs" – also die Große Trübsal – detailliert zu beschreiben. Die Zeit der Trübsal ist die dafür bestimmte Zeit, dass Bräutigam und Braut unter der *Chuppa* zusammenkommen.

Wenn wir gemäß der Bibel die Braut Christi sind, wie und wann kommen wir dann ins Haus des Vaters? Die Braut ist ein erkauftes Eigentum. Dieses erkaufte Eigentum, die Gemeinde, wird eines Tages (vgl. Epheser 4:30) durch die Kraft des Heiligen Geistes erlöst werden. Laut Römer 8:23 ist dies das eigentliche Nehmen der Braut und die letzte Phase unserer Erlösung. Manche mögen das Wort Entrückung nicht. Vielleicht hilft dabei das Wissen darum, dass es sich dabei lediglich um die Übersetzung des lateinischen Wortes *rapturo* handelt. Hieronymus hat es benutzt, um das griechische *Harpázô* in 1. Thessalonicher 4:17 wiederzugeben. Das wiederum bedeutet so viel wie *etwas mit Macht aufgreifen* oder *ergreifen.* Vielleicht sind die Ausdrücke *erfasst werden, versammelt werden* statt *weggerissen werden* (vgl. 2. Thessalonicher 2:1) leichter zu verstehen. Ohne eine weitere, detaillierte Lehreinheit über den Unterschied zwischen der Wiederkunft Jesu und der Entrückung der Gemeinde zu geben: Die Bibel berichtet uns, dass wir Jesus in der Luft und nicht auf der Erde treffen werden. Wir werden die Hochzeit und das Hochzeitsmahl feiern und gemeinsam den letzten Kelch teilen, von dem Jesus in Zusammenhang mit dem Haus Seines Vaters sprach. Wenn Christus auf der Erde erscheinen wird, wird Er das gemeinsam mit Seiner Braut tun (siehe auch: Offenbarung 19:11-16). Nachdem Er eine festgelegte Zeit lang beim Hochzeitsmahl war, wird Er zurückkehren, um Seine Feinde zu besiegen (siehe auch: 5. Mose 20:7, 24:5).

7

Das Hochzeitsmahl

Zu Beginn von Hohelied 7 wird uns eine weitere Beschreibung der Braut gegeben. Ich möchte in diesem Kapitel die Aufmerksamkeit auf das eigentliche Hochzeitsmahl richten, zuvor aber noch zwei Wörter im Einzelnen anschauen. Das eine ist *Juwelen* in Vers 2 und das andere Wort *Palme* in Vers 8.

SEINE JUWELEN

Der Gebrauch des Wortes *Juwelen (Anm. d. Ü.: in deutschen Bibelübersetzungen „Halsgeschmeide" oder „Spangen")* ist von großer Wichtigkeit. Es bestätigt, was über die *Rettung vor dem Zorn* gesagt wurde, der all jene erwartet, welche die Hochzeit verpassen. Die drei darauf hinweisenden Bibelabschnitte sind Jesaja 61:10, Sacharja 9:16 und Maleachi 3:17. Diese Bibelstellen beziehen sich auf alle, die von Gottes Zorn verschont werden und auf die gerechte Braut, die in Errettung gekleidet ist.

PALME

Die gerecht gemachte, überwindende und anbetende Braut wird in Hohelied 7 mit einer *Palme* verglichen – eine Palme, die laut Psalm 92:12 gedeiht. Es ist also eine Braut, die überreich erblüht und wächst, selbst dort, wo Wasser – also das *Wort* – knapp ist.

Wie die Palme ist die Braut eine Quelle des Lebens, gleich einer Oase in der trockenen, bitteren und von Hitze geplagten Wüste. Die Verlobungszeit – also das Kirchenzeitalter – wird durch die heißen Sommermonate dargestellt. Diese liegen zwischen Pfingsten und Rosch ha-Schana. Die Braut ist – wie das Symbol der Palme in der Bibel – redlich und rechtschaffen. Sie kann heftigen Stürmen und den Schwierigkeiten des Lebens standhalten – ohne zu fallen. Sie ist eine Anbeterin. Genau dafür steht nämlich auch die Palme in Hesekiel. Die Braut hat sich Ihrem Geliebten, Jesus, hingegeben, der wiederum ihre Äste ergreift. Die Zweige / Wedel der Palme befinden sich weit oben. Ein Hinweis darauf, dass die Braut in gleicher Weise ihren Verstand und ihren Willen Christus übergeben hat.

DAS HOCHZEITSMAHL DES LAMMES

Mehr als alles andere ist mir wichtig, dass meine Leserinnen und Leser im Herzen für immer festhalten können, wie in Kapitel 7 die Braut und der Bräutigam beschrieben werden, wenn sie zusammen sind. Wir lesen von der Hochzeitsnacht und von der Feier im Hause des Vaters des Bräutigams. Dies haben wir im Modell der historischen jüdischen Hochzeit sowie in Offenbarung 19 eingehend betrachtet. Nun ist Seine Braut voll und ganz Sein. Nie mehr werden sie voneinander getrennt! Sie ist königlich in violett gekleidet, sie ist niemand anderem als ihrem Bräutigam verantwortlich und gehört nun Ihm allein. Dann geht dieser Augenblick zu Ende und der Bräutigam und König und Seine überwindende Braut kehren zurück in ihr Heimatland.

Lasst uns fröhlich sein und jubeln und ihm die Ehre geben! Denn die Hochzeit des Lammes ist gekommen, und seine Frau hat sich bereit gemacht. Und es wurde ihr gegeben, sich in feine Leinwand zu kleiden, rein und glänzend; denn die feine Leinwand ist die Gerechtigkeit der Heiligen. Und er sprach zu mir: Schreibe: Glückselig sind die, welche zum Hochzeitsmahl des Lammes berufen sind! Und er sprach zu mir: Dies sind die wahrhaftigen Worte Gottes!

Offenbarung 19:7-9, SLT

In Offenbarung 19:11-21 sehen wir den König im Krieg. An dieser Stelle frage ich mich: „Welcher König oder welche sonstige Person zieht bei seiner Hochzeitsfeier in den Krieg?“ Laut Offenbarung 19 ist es Jesus, von dem hier die Rede ist. Denn Jesus erfüllt das *ganze Gesetz*. Dazu sollten wir 5. Mose 20:7 anschauen. Dort ist zu lesen, dass ein verlobter Mann zu Hause bleiben muss und nicht in den Kampf ziehen darf, bevor er geheiratet hat. Und 5. Mose 24:5 enthält die Vorschrift für einen neuverheirateten Mann, mit seiner Frau für ein Jahr zu Hause zu bleiben.

Dann sollen die Männer, die für die Aufstellung des Heeres verantwortlich sind, fragen: „Ist jemand hier, der sich gerade ein neues Haus gebaut hat und es noch nicht einweihen konnte? Er soll gehen und in das Haus einziehen. Sonst stirbt er vielleicht, und ein anderer wohnt schon bald darin. Hat einer von euch gerade einen Weinberg angelegt, konnte aber noch nichts davon ernten? Er soll heimkehren, damit er nicht im Kampf fällt und ein anderer die Ernte bekommt. Ist jemand verlobt, aber noch nicht verheiratet? Er darf auch nach Hause gehen, damit er nicht stirbt und ein anderer seine Verlobte heiratet.“

5. Mose 20:5-7, HFA

Jesus kann nicht in den Kampf ziehen, bis das Haus gebaut ist, der Weinberg reif zur Ernte ist und Er die Frucht der Ernte erhalten hat – in anderen Worten, bis der Hochzeitsprozess vollständig abgeschlossen ist und Er die angemessene Zeit mit seiner Braut verbracht hat. Offensichtlich befindet sich also eine Zeitspanne zwischen dem Hochzeitsfest und Seiner Rückkehr, um den Kampf aufzunehmen. Und laut Offenbarung, Kapitel 19 hat Jesus Seine Armee dabei. Diese Armee ist Seine Braut.

DIE WIEDERKUNFT JESU: DAS ÖFFENTLICHE AUFTRETEN DES PAARES

DIE RÜCKKEHR ZU IHREM ZUHAUSE

Der Ort, an den die Braut mit Jesus zurückkehren wird – das Haus ihrer Mutter; die Kammer, in der die Braut gezeugt wurde; der Geburtsort des Christentums – ist Jerusalem (vgl. Hohelied 3:4, 8:2).

> Da öffnete sich der Himmel vor meinen Augen, und ich sah ein weißes Pferd. Der darauf saß, heißt „der Treue und Wahrhaftige". Es ist der gerechte Richter, der für die Gerechtigkeit kämpft! Seine Augen leuchteten wie flammendes Feuer, und sein Kopf war mit vielen Kronen geschmückt. Der Reiter trug einen Namen, den nur er selbst kannte. Sein Gewand war mit Blut getränkt, und sein Name lautete: „das Wort Gottes". Die Heere des Himmels folgten ihm auf weißen Pferden. Sie alle trugen Gewänder aus reinem, strahlend weißem Leinen. Aus dem Mund des Reiters kam ein scharfes Schwert, mit dem er die Völker besiegt. Er wird mit eisernem Zepter über sie herrschen. Und wie beim Keltern der Saft aus den Trauben gepresst wird, so wird er sie zertreten, und sie werden den furchtbaren Zorn des allmächtigen Gottes zu spüren bekommen. Auf seinem Gewand, an der Hüfte, stand der Name: ***König über alle Könige! Herr über alle Herren!***"
>
> Offenbarung 19:11-16, HFA

Die Braut wird als *überwältigend (fantastisch, großartig)* beschrieben. Sie ist Gottes Volk – Seine Armee (vgl 2. Mose 6:26; 7:4;12:17.41; 4. Mose 33:1; Offenbarung 19:14)!

„Du bist schön, meine Freundin, wie Tirza,
lieblich wie Jerusalem,
furchtgebietend wie Heerscharen mit Kriegsbannern!"

„Wer ist sie, die hervorglänzt wie das Morgenrot,
schön wie der Mond, klar wie die Sonne,
furchtgebietend wie Heerscharen mit Kriegsbannern?"

Hohelied 6:4.10, SLT

Sie ist wie eine *furchterregende* – oder in anderen Übersetzungen *überwältigende* – Armee mit Kriegsbannern. *Furchterregend – ayom* – deutet auf etwas *Schreckliches, Gefürchtetes, Machtvolles, Verheerendes* hin – auf *eine Armee mit Kriegsbannern. Banner – dagal* – bedeutet, sie ist *erhoben worden, erhöht* und *auffällig gemacht.* Sie *ragt hervor.* Außerdem wurde sie neben ihrem König zum Machtinhaber ernannt. Nach 1. Johannes 3:2 werden wir wie Jesus sein.

Unter dem Banner des Herrn der Heerscharen kehrt diese auffällige, erhobene Braut in ihr Haus zurück, um dort mit ihrem König zu regieren und zu herrschen. Sie befindet sich unter Seinem Banner – trägt es aber auch (vgl. 2. Timotheus 2:12; Offenbarung 5:10).

DIENER, FREUNDE ODER BRAUT

Jesus sagte zu Seinen Jüngern, dass Er sie nicht mehr Diener, sondern Freunde nennt. Lesen wir in Johannes 15:15 und Psalm 25:14, finden wir heraus, was den Unterschied zwischen Freunden und Dienern ausmacht. Die Vertrautheit miteinander! Genauso ist es in der Beziehung zwischen Braut und Bräutigam. Wer in einer Bundesbeziehung mit dem Herrn lebt, hat Zugang zu vertraulichem Wissen, Informationen, Segnungen und dem Erbe, das Gott nicht mit anderen – außerhalb dieses Bundes – teilen wird. Interessanterweise kommt Jesus nach der Hochzeit nicht, um Seine Freunde oder die Braut abzuholen, sondern Er kommt für die Diener!

Ihr sollt so leben wie Diener, die darauf warten, dass ihr Herr von einer Hochzeit zurückkommt. Seid wie sie dienstbereit und achtet darauf, dass eure Lampen brennen. Wenn ihr Herr zurückkommt und klopft, können sie ihm schnell öffnen. Ja, glücklich schätzen können sich alle, die der Herr bei seiner Rückkehr wach und dienstbereit antrifft! Ich versichere euch: Der Herr wird sie bitten, am Tisch Platz zu nehmen, und er selbst wird sich eine Schürze umbinden und sie bedienen.

Lukas 12:36-37, HFA

Und der Geist und die Braut sprechen: Komm! Und wer es hört, der spreche: Komm! Und wen da dürstet, der komme; und wer da will, der nehme das Wasser des Lebens umsonst!

Offenbarung 22:17, SLT

8

Ihr Zuhause

Jesu erstes Erscheinen als der *goel*, der Erlöser (wie in Hohelied 2 beschrieben), geschah, um sich mit Seiner Braut zu verloben, wie es auch die Geschichte von Ruth beschreibt. Dies ereignete sich im Frühjahr, zur Zeit der Weizen- und Gerstenernte, *zur festgesetzten Zeit* des Passafestes und Pfingsten. Aber in Hohelied 7:11-8:5 sehen wir, wie sie zur oder nahe der Obsternte gemeinsam an ihren Geburtsort zurückkehren (vgl. 2. Mose 23:16; 5. Mose 16:16).

Dreimal im Jahr sollen alle Männer Israels am Heiligtum des Herrn zusammenkommen: am Fest der ungesäuerten Brote, am Wochenfest und am Laubhüttenfest. Keiner von euch darf mit leeren Händen kommen!

5. Mose 16:16, HFA

… Als drittes sollt ihr das Fest der Wein- und Obsternte am Ende des Jahres feiern, wenn ihr die Früchte aus den Weinbergen und Gärten geerntet habt.

2. Mose 23:16, HFA

Bei dieser Rückkehr spricht die Braut von Trauben, Granatäpfeln und Früchten. Die von ihr zitierten Liebesäpfel symbolisieren unter anderem Liebe, Intimität oder die Hochzeitsnacht. Diese Absätze scheinen einen Hinweis zu geben, dass die Ehe zur Zeit der Obsternte stattfindet, der letzten der von Gott festgesetzten Zeiten – auch als *Sukkot*, Laubhüttenfest oder Fest der Einsammlung bekannt. Dieses Fest wird im frühen Herbst gefeiert und kennzeichnet das Ende der Ernte oder die letzte Ernte. Finden wir hier einen Hinweis auf die letzte Ernte von Seelen? Das Bild würde somit auf die zweimalige Ankunft des

Messias hinweisen: Zuerst auf den leidenden und sterbenden Retter zu Beginn des „religiösen" Jahres; und als zweites auf den siegreichen, herrschenden König zu Beginn des säkularen Jahres, Rosch ha-Schana, um Seine irdische Herrschaft anzutreten. Auf diese prophezeite Herrschaft warten die Juden schon seit Jahrhunderten; eine Friedensherrschaft auf der Erde. Als der Bräutigam in Kapitel 8, Vers 5 zurückkehrt, fragt die Welt: „Wer ist sie, die da heraufkommt aus der Wüste mit ihrem Bräutigam?" Wenn Jesus, wie in Offenbarung 19 beschrieben, mit Seiner Braut zurückkehrt, betritt Er den Ölberg und kommt von Osten her nach Jerusalem herein (vgl. Sacharja 14:4-5), aus der Richtung der Wüste am Toten Meer.

IN SEINEN AUGEN HABE ICH FRIEDEN GEFUNDEN

... da wurde ich in seinen Augen wie eine,
die Frieden gefunden hat.
Hohelied 8:10, SLT

Das hier im Hebräischen für *Auge* verwendete Wort – *Ayin* – bedeutet nicht nur *Sehvermögen* oder *Sicht*. Es bezeichnet auch *in Seiner Gegenwart*. Es kann auch *in Seinem Leiden* bedeuten. In Seinen Augen hat sie Frieden gefunden, Frieden entdeckt und Frieden erhalten. Sie besitzt Frieden oder Gunst, den Schalom. In Seinem Frieden empfängt sie von Ihm ihren eigentlichen Wert, Vollständigkeit, Sicherheit und Heilung.

Immer, wenn wir Jesus anbeten, wendet sich unser Hauptaugenmerk Ihm zu. Unsere Augen schauen auf Ihn, wir schauen in Sein Gesicht – in Seine Augen. An diesem Ort finden wir Frieden. Diesen Frieden bringen Braut und Bräutigam in ihr Zuhause. Es ist eine Zeit auf der Erde, wie sie in Hohelied 8:11-12 beschrieben ist. Auch Sacharja 14:16-21 erwähnt, dass zu dieser Zeit die auf der Erde lebenden Menschen jährlich zum Laubhüttenfest erscheinen müssen, um ihre Verehrung dem König der Könige Ausdruck zu verleihen.

DIE GARTENBEWOHNERIN

Mit den Versen 13 und 14 im Kapitel 8 des Hohelieds werden unsere Gedanken von den Ereignissen, welche die Gemeinde künftig erwarten, in die heutige Zeit zurückgeholt, in der wir den Bräutigam zu der Bewohnerin des Gartens sprechen hören: „Lass mich deine Stimme hören." Und, wir hören, wie die Braut dem Bräutigam zuruft: „Komm schnell zu mir, mein Liebster." Der Garten ist ihr Herz. Dort hört die Braut Seine Stimme. Hören beginnt nicht in deinem Verstand oder in deinem Intellekt, sondern in deinem Herzen. Jesus spricht zu uns: „… ich stehe an der Tür und klopfe an; wenn jemand meine Stimme hört …" (Offenbarung 3:20) Der König hat ein großes Verlangen nach Seiner Braut und nach inniger Gemeinschaft mit ihr. Geduldig wartet Er auf den Klang ihrer Stimme, mit der sie Ihn einlädt. Genauso hörte es Johannes in Offenbarung 22:17: „Und der Geist und die Braut sprechen: Komm!" Sie bittet Ihn, sie nach Hause zu rufen, während sie auf den Moment wartet, an dem Er zu ihr sagt: „Komm hier herauf!" (vgl. Offenbarung 4:1)

RÜCKBLICK

Das Hohelied Salomos hat uns mit auf die Reise genommen: Die Braut wurde eins mit ihrem Bräutigam – die Braut wurde wie Er. Ihre Entwicklung beschreiben Wörter und Aussagen wie: „Ich werde zum Berg der Myrrhe und dem Hügel des Weihrauchs gehen", „Saphir", „der Name", „Aroma" und „Duft". In den Versen 6-14 von Kapitel 8 sehen wir einen prophetischen Blick aus Salomos Perspektive. Aus heutiger Sicht beschreibt es die Zeitspanne, die wir das *Zeitalter der Gnade* nennen. Schließlich erkennen wir: Das Hohelied malt uns das Porträt einer Person. Eine verunsicherte ehemalige Sklavin, die sich zur Königsbraut entwickelt. Diese zeigt sich stark im Glauben, ist unnachgiebig und hat ein unauslöschliches Vertrauen. Selbst viele Wasser können ihre Leidenschaft nicht auslöschen und kein Angebot, keine Ablenkung dieser Welt kann ihr Herz von Ihm abwenden. Die „schunamitische Braut" ist nicht nur ein Bild für das Volk Israel, das mit Gott in der Wüste vermählt wird, sondern ebenso für die mit dem Heiligen Geist versiegelte Gemeinde. Prophetisch ruft Salomo durch die Stimme der Braut: „Platziere mich als Siegel auf dein Herz und deinen Arm". Diese Bitte wurde erfüllt, als Jesu Arme am Kreuz für uns ausgestreckt und Seine Hände durchbohrt wurden (vgl. Jesaja 49:16). Auf diese Weise wurden unsere Namen in Ihn eingraviert, in Sein Buch des Lebens. Er versiegelte die Braut als Sein wertvolles Eigentum und versicherte uns, der Tag wird kommen, an dem Er dieses Eigentum erlösen wird (vgl. 2. Korinther 1:22; Epheser 1:13-14, 4:30).

„Schunamiterin" ist nicht der Name der Braut, sondern ihre Beschreibung. Sie wird im Hohelied nicht mit Namen genannt, denn alle, die in die Beziehung des Neuen Bundes mit Jesus eingetreten sind, gehören zur Braut. Ihre Geschichte soll uns daran erinnern, wer wir einst waren und woher wir kamen. In Apostelgeschichte 10:15 offenbarte der Herr durch Petrus: Was Gott als rein bezeichnet hat, sollen wir nicht als unrein bezeichnen. Diejenigen, die zu Christus gehören, sollten wir niemals anklagen oder verurteilen. Genauso sollten wir aufhören, uns selbst zu verurteilen. Wir sind eben nicht gewöhnlich und wir sind nicht von dieser Welt. Wir sind ein im wahrsten Sinne des Wortes besonderes Volk, eine auserwählte, heilige Priesterschaft - dazu berufen, den Namen Jesu zu verkünden. Unsere Aufgabe ist es, die Arbeit in Seinem Weinberg in *Baal Hamon* zu tun. Man könnte meinen, das sei eine Ortsbeschreibung. Sieht man aber genauer hin und bleibt dabei stringent beim Thema der Braut-Armee, ist festzustellen, dass *Baal Hamon* Seinen Titel ausdrückt und das Abzeichen Seines Rangs. Es zeigt Jesus als Besitzer, Eigentümer, als Herrn und Meister über Seine Menschenmenge, Seine großartige Armee, die nicht zum Schweigen gebracht werden wird. Als Seine Gemeinde sind wir die Hüter Seines Weinbergs, den Er uns anvertraut hat. Wir dienen in Seiner uns anvertrauten Autorität, pflegen diesen Weinberg und bringen Ihm darin Frucht.

Ich hoffe, ich konnte verständlich machen, dass das Hohelied mehr als ein *Liebesgedicht* Gottes an Sein Volk Israel, bzw. von Jesus an Seine Gemeinde ist. Mich fasziniert, dass es genauso ein *Lied über die Erlösten* ist, die zum Eintritt in das Allerheiligste eingeladen sind. Dieses Lied handelt von Leidenschaft, von einem brennenden Verlangen, einem Feuer der Leidenschaft, das aus der Gemeinde für Jesus entbrennt – und von Jesus für Seine Gemeinde. Oft hören wir vom Feuer der Erweckung – der tiefen Sehnsucht nach inniger Beziehung mit unserem Herrn. Nichts und niemand anderes soll hier mehr eine Rolle spielen. Es ist der Ort der Anbetung. Nicht länger entfremdet, sind wir eingeladen, jederzeit hinter den Vorhang in das Allerheiligste zu kommen – in die Gegenwart Gottes.

Das Hohelied veranschaulicht diese tiefere Beziehung zu unserem Herrn. Es richtet sich an Gläubige, an uns, und ist ein klangvoller und lauter Ruf, zu unserer ersten Liebe zurückzukehren, Christus näher zu kommen und Ihm unsere Ehrerbietung und unseren Gehorsam entgegenzubringen sowie danach zu hungern und zu dürsten, Ihn noch besser zu kennen. Das Hohelied verstehe ich als eine prophetische Schau, wie Christus den Schleier von Seiner Gemeinde nimmt. Dahingehend, dass die Braut und reine Jungfrau noch hinter dem Schleier verborgen und vielleicht verkannt ist, sich aber bald zeigt und der Welt offenbart wird.

Johannes hörte in Offenbarung 19:17 die Stimme der großen Menschenmenge über sie sprechen: „Seine Braut hat sich bereit gemacht." Es ist eine Gemeinde, die sich bereit gemacht hat; sie weiß, wer sie ist, kennt ihre Verantwortung als verlobte Braut und versteht, wer und was sie werden soll – und handelt entsprechend.

Jesus zieht Seine Gemeinde zu sich. Er wartet auf die Antwort unseres Herzens, dass wir gerne zu Ihm kommen, um uns Ihm hinzugeben. So werden wir erhalten, was Er uns gerne geben und offenbaren möchte. Die Zeit, Ihm zu antworten ist jetzt. Und denke dabei immer an die Worte, die Jesus in Johannes 14 sagte: Alle, die Ihn lieben – die wahre Braut – werden Seine Gebote halten.

Zum Schluss möchte ich nochmals auf die Aussage der Braut aus Hohelied 6:3 hinweisen: „Ich gehöre meinem Geliebten, und mein Geliebter gehört mir". Die jüdische Überlieferung verwendet für diese Aussage Akronym *Elul*, zusammengesetzt aus den hebräischen Buchstaben *Aleph*, *Lamed*, *Waw* und *Lamed*. *Elul* spricht zu uns vom Ende und ist der letzte Monat im Sommer, die Tage vor Rosch ha-Schana, dem neuen Anfang.

Sara Esther Crispe schreibt über diesen Vers:

> Dieser wunderschöne und romantische Satz stellt die Beziehung zwischen uns und unserem Schöpfer dar. Oft wird damit auch der Vergleich der Beziehung zwischen Ehemann und Ehefrau, zwischen Braut und Bräutigam, in unserem persönlichen Leben gezogen [...] Der Monat ‚Elul' lehrt uns die Notwendigkeit der Umkehr, es reicht jedoch nicht aus, „zwei Lameds" zu haben. Der Rabbiner Yitzchak Ginsburgh erklärt, dass die beiden Lameds miteinander verbunden sein müssen, um von einer Beziehung sprechen zu können. Sie müssen sich von Angesicht zu Angesicht gegenüberstehen. Dreht man das zweite Lamed um, damit es dem ersten gegenübersteht, entsteht das Bild des jüdischen Herzens. [...]. Das jüdische Herz, die „wahre Liebe", steht für eine Verbindung, die folgende Dimensionen beinhaltet: Nämlich von Verstand zu Verstand, von Angesicht zu Angesicht, von Auge zu Auge, Körper zu Körper und von Seele zu Seele. Der Buchstabe Waw – die Verbindung zwischen Kopf und Herz – muss immer gesund und deutlich fließend bleiben. Unterbricht etwas diesen Fluss, kann die Beziehung nicht weiter bestehen.[1]

Die wahre Braut wird diese Wendung vollzogen haben. Indem sie ihre Augen immer auf ihren König gerichtet hält, wappnet sie sich gegen die kleinen Füchse, die ihren Weinstock zu zerstören versuchen. Dadurch, dass sie wie Er ist, sind ihre Sünden für rechtsungültig erklärt worden, ihre Stellung beim Vater ist wiederhergestellt. So weiß sie mit Gewissheit, dass sie am Tag des Gerichts frei sein wird.

Der Rabbiner Jonathan Cahn lehrt, dass der *29. Elul* der *Tag der Auslöschung* ist, an dem alle Schuld und Darlehen weggewischt werden.[2] Cahn sagt weiter:

> Der Monat „Elul" ist ganz besonders während des „Schmitah" bedeutsam [Sabbatjahr] [...] Während des „Erlassjahres", dem „Sabbat des Landes", wurden die Sklaven befreit. Jedem, der sein Land oder sein Erbeigentum verloren hatte, wurde es zurückerstattet. Das „Erlassjahr" war das „Jahr der Wiederherstellung" [...] Die „Schmitah" war ein Segen für die Israeliten, wenn sie Gott nachfolgten, jedoch ein Gericht, wenn sie dies nicht taten [...][3]

Die Braut ist keine Sklavin der Sünde mehr. Ihre Schuld wurde weggewischt. Aufgrund ihrer Entscheidung, den König zu heiraten, ist sie freigesprochen und wird am Ende nicht verurteilt. Sie wurde wiederhergestellt und neu gemacht. Die Braut besteht aus Personen, die in einer Beziehung zu Jesus leben. Man ist dann der Braut Christi zugehörig, wenn man glaubt, dass Er der ist, der Er behauptet zu sein; wenn man den Preis, den Er bezahlt hat, angenommen hat und die eigene *Lampe* mit dem Öl des Heiligen Geistes gefüllt hat. Die Braut ist eine leidenschaftliche Anbeterin, die in Geist und Wahrheit anbetet. Sie hat sich der Vollmacht Jesu unterworfen, ist Ihm voll und ganz hingegeben und ein geheiligtes Abbild Seiner Selbst, während sie mehr und mehr wie Er wird. Das hebräische Original beschreibt, dass die Braut Ihn, ihren Bräutigam, mit ihrer ganzen Seele liebt und auch mit ihrem ganzen Herzen, mit ganzem Willen und mit allem Verstand. Eine Liebe, die über Gefühle hinausgeht, praktisch wird und durch ihren Lebensstil Ausdruck findet.

Über den Autor

MIKE BATES

Zwei Dinge kennzeichnen den Dienst von Mike Bates: Seine aufrichtige Liebe zum Wort Gottes und ein zeitintensives Hören auf das, was Gott in die jeweilige Situation sprechen möchte. Ein gründliches Studium des Alten und Neuen Testaments sind Merkmale seiner Predigten und Seminare. Für seinen Dienst wurde er von der *Kingdom Covenant Church* in Lakeforest, Kalifornien, ordiniert.

Besuch gerne meine Webseite:

WWW.MWBATES.COM

YouTube

Aktuelle Videos von mir findest du auf **YouTube** – bitte suche nach **Mike & Wencke Bates** oder übernimm die folgende URL in deinen Browser:

YOUTUBE.MWBATES.COM

Bibliografie

EINLEITUNG

1 Dr. Chuck Missler, A Message from Outside Time, June 2013 Personal Update News Journal

2 Jewish-Hermeneutics; aus Pardes (Jewish exegesis); aus: Wikipedia, the free encyclopedia and Rules of Jewish Hermeneutics von Rabbi Dr. Hillel ben David (Greg Killian) https://beithashoavah.org/wp-con- tent/uploads/2014/09/Rules-of-Jewish-Hermeneutics-101.pdf

Auszüge zur *Alten Jüdischen Hochzeit* wurden entnommen:

- Chumney, Eddie. Sources for the Jewish Wedding Ceremony. 02.04.2008. http://thebodyofmessiah.com/fm/weddingsources.htm (abgerufen am 22.07.2014)
- Kidner, Derek. Psalm 1–72 An Introduction & Commentary. Downers Grove, IL: Inter-Varsity Press, 1973
- Lash, Neil and Jamie. Jewish Jewels. http://www.jewishjewels.org/jewish-jewels-television-series/weddings-and-marriage/(abgerufen am 07.22.2014)
- Missler, Chuck. Pattern is Prologue: The Rapture, Part 2:The Wedding Model; Koinoia House, 01.01.2003; www.khouse.org (abgerufen am 23.07.2014)
- Pragor, Reuven. "Biblical Weddings and Anniversaries." Beged Ivri. http://www.begedivri.com/wedding.htm (abgerufen am 22.07.2014)

KAPITEL 1

1 HELPS Word-Studies. https://tdb2018.thediscoverybible.com/features/word-studies/ (abgerufen am 20.05.2020)

Strong's Concordance and Strong's Exhaustive Concordance, Biblehub.com:
Kallah; kalal; nasah; sakar; Kedar; Ruach

Brown-Driver-Briggs Hebrew and English Lexicon, Unabridged, Electronic Database. Copyright © 2002, 2003, 2006 by Biblesoft, Inc.: Nashaq

Strong's Exhaustive Concordance, Biblehub.com: Neshiqah

2 Jonathan Cahn, The Book of Mysteries, The Secret of Colors, S. 140 und The Two Waters S. 73

Strong's Exhaustive Concordance, Biblehub.com:
daka H1792; Shemen H8081; Shem: H8034

HELPS Word-studies copyright © 1987 Biblehub.com: *Ónoma*

KAPITEL 2

Kolosser 1:22
Unblemished: (Gr. Amomos: Unblemished), amomos (am'-o-mos) blameless "unblamable," without blemish "without spot," faultless

Irreproachable: above reproach (Gr. anegklétos : Irreproachable) in His sight—

anegklétos (an-eng'-klay-tos) a derivative of egkaleo (eng-kal-eh'-o) to bring a charge against; unaccused not convictable "making legal charges against someone in a court of law" not to be called to account (for sins)

1 Lily: Singer, Isidore, PhD, Projector and Managing Editor. Entry for 'Lily'. 1901 The Jewish Encyclopedia. https://www.studylight. org/encyclopedias/tje/l/lily. html. 1901.

2 Lily: Fausset, Andrew R. Entry for 'Lily'. Fausset's Bible Dictionary. https:// www.studylight.org/dictionaries/fbd/l/lily.html. 1949.

Strong's Exhaustive Concordance: Shushan, shoshan, shoshannah, Shoshannim: H7799; Suws: H7797

3 Banqueting-house, Wine Brown-Driver-Briggs Hebrew and English Lexicon, Unabridged, Electronic Database. Copyright © 2002, 2003, 2006 by Biblesoft, Inc.

Thayer's Greek Lexicon: Agapé. Electronic Database Copyright © 2002, 2003, 2006, 2011 by Biblesoft, Inc., biblehub.com

Agapé: HELPS Word-studies copyright © 1987, 2011 by Helps Online im Internet: https://biblehub.com/ zugegriffen am 22.07.2014

Strong's Exhaustive Concordance, biblehub.com
Hinneh: H2009; Hen: H2005; Kothel H3796;

Gesenius' Hebrew-Chaldee Lexicon, https://www.blueletterbible.org/study/lexica/ gesenius/index.cfm) Kedar H6938 von H6937 Qadar

Strong's Exhaustive Concordance, biblehub.com
Tselel H6738; Tsalal H6751; Bather H1334; Tor (tore) H8449; Yonah; Yayin

4 Sensitivity of the Spirit: R. T. Kendall, Charisma Media 2002 ISBN 9780884198444... P19
5 Sensitivity of the Spirit: R. T. Kendall, Charisma Media 2002 ISBN 9780884198444 PP. 20–21
6 Stone, Perry: The Code of the Dove and the Holy Spirit; in Charisma Magazine charismamag.com,05/01/2013
7 Scripture Alphabet Of Animals: Turtle-Dove biblehub.com

Strong's Exhaustive Concordance, biblehub.com
mohar H4119; mahar H4117; Adom; Kethem: H3800; Katham: H3799

8 Singer, I.; Adler, C.: "Purple" in: The 1901 Jewish Encyclopedia (1901)

Strong's Exhaustive Concordance, biblehub.com
Eliezer H461 Eleazar, EL—Gott, und EZER—mein Helfer; Shishshim

Shishshim: Brown-Driver-Briggs Hebrew and English Lexicon, Unabridged, Electronic Database. Copyright © 2002, 2003, 2006 by Biblesoft, Inc., Biblehub.com

teléō G5055 and télos G5056 HELPS Word-studies Copyright © 1987,2011 by Helps Ministries, Inc.

Kallah: Strong's Concordance Transliteration: Feminine noun Kallah or Callah: bride, from the verb kalal or calah: a bride (as if perfect); perfected ("made" complete, perfect)

9 From Ani Lo and Dodi Li; Jonathan Cahn The Book of Mysteries p. 208, 254

KAPITEL 3

1 Orr, J.: International Standard Bible Encyclopedia (1939); qumH6965; halak H1980; – Copyright Statement: These files are public domain and were generously provided by the folks at WordSearch Software. Bibliography Information Orr, James, M.A., D.D. General Editor. Entry for 'Church'. International Standard Bible Encyclopedia. 1915. (abgerufen am 9. Juli 2020)

2 Wikipedia, The Free Encyclopedia, https://en.wiki- pedia.org/w/index.php?title=Leopard&oldid=833845935 (abgerufen am 3. April 2018).

paralambanó G3880

KAPITEL 4

Strong's Concordance, Strong's Exhaustive Concordance biblehub.com
Chermon (kher-mone'): Hermon From charam;(khaw-ram'):, rosh (roshe) H7218, Yarden H3383 Jordan, From H3381, abar (aw-bar') H5674, argaman H713, hāraḥṣāh H7367 or rachtsah, rachats H7366, rachats H7364, migdal or migdalah H4026, gadal H1431, Lebanon H3844 Lebanon From H3825 lebab H3824. lebab; shelach H7973; shalach H7971,

NAS Exhaustive Concordance of the Bible with Hebrew-Aramaic and Greek Dictionaries Copyright © 1981, 1998 by The Lockman Foundation All rights reserved Lockman.org: kopher Henna H3724, Kephir H3715, kaphar H3722

1 Henna Fausset's Bible Dictionary Fausset, Andrew R. Entry for 'Camphire'. Fausset's Bible Dictionary. https://www.studylight.org/ dictionaries/fbd/c/camphire.html. 1949.

Nard: Morfix™, ™Mמורפיקס , copyright © 2000–2018 Melingo Ltd morfix.co.il

2 Saffron 51: Hausenblas HA; Saha D; Dubyak PJ; Anton SD (November 2013). "Saffron (Crocus sativus L.) and major depressive disorder: a meta-analysis of randomized clinical trials." Journal of Integrative Medicine 11 (6): 377–83, doi:10.3736/ jintegrmed2013056 PMC 4643654 Freely accessible. PMID 24299602. 52: Lopresti AL; Drummond PD (2014). "Saffron (Crocus sativus) for depression: a systematic review of clinical studies and examination of underlying antidepressant mechanisms of action." Human Psychopharmacology: Clinical and Experimental. 29:517–27 doi:10.1002/hup.2434. PMID 25384672. From Wikipedia, the free encyclopedia

Strong's Concordance, Strong's Exhaustive Concordance biblehub.com
qaneh H7070: "sweet cane"

3 sweet cane Fausset's Bible Dictionary

Strong's Concordance, Strong's Exhaustive Concordance biblehub.com
qanah H7069, qinnamon H7076

4 Frankincense: Easton's Bible Dictionary -Copyright Statement: These dictionary topics are from M.G. Easton M.A., D.D., Illustrated Bible Dictionary, Third Edition, published by Thomas Nelson, 1897. Public Domain. Bibliography Information; Easton, Matthew George. Entry for 'Frankincense'. Easton's Bible Dictionary. https://www.studylight.org/dictionaries/ebd/f/frankincense.html. 1897.

Strong's Concordance, Strong's Exhaustive Concordance biblehub.com
lebonah H3828 Frankincense, laban H3836: white

Aloe: Copyright Statement These files are public domain. Bibliography Information Fausset, Andrew R. Entry for 'Aloe'. Fausset's Bible Dictionary. https://www.studylight.org/dictionaries/fbd/a/aloe.html. 1949.

Spices: Copyright Statement These files are public domain and were generously provided by the folks; WordSearch Software. Bibliography Information: Orr, James, M.A., D.D. General Editor. Entry for 'Spice; Spices'. International Standard Bible Encyclopedia. https://www.studylight.org/encyclopedias/isb/s/spice-spices.html. 1915.

KAPITEL 5

1 The Brain and Mental Health, Amygdala. Online im Internet: https://bryanfmp.wordpress.com/2016/03/21/the-brain/ und https://www.sciencedaily.com/terms/amygdala.htm (abgerufen am 21. März 2016)

2 Cahn, J. (2016): The Book of Mysteries: The Audible Sapphire, S. 106 FrontLine, Charisma Media/Charisma House Book Group

3 Abedah studylight.org Bible Encyclopedias, The 1901 Jewish Encyclopedia, 6.11.2017

4 Sapphire: www.minerals.net/gemstone/sapphire_gemstone.aspx © Copyright 1997–2017 Hershel Friedman and Minerals.net, all rights reserved.

5 Cahn, J. (2016): The Book of Mysteries: The Purple Mystery, S. 289, FrontLine, Charisma Media/Charisma House Book Group

Strong's Concordance, Strong's Exhaustive Concordance biblehub.com
gizrah H1508, gezer H1506

6 Cahn, J. (2016): The Book of Mysteries: The Death of the Zachar. S.268 FrontLine, Charisma Media/Charisma House Book Group

Strong's Concordance, Strong's Exhaustive Concordance biblehub.com
shesh H8336, meshi H4897, eden H134, adon H113, bachar H977

NAS Exhaustive Concordance of the Bible with Hebrew-Aramaic and Greek Dictionaries Copyright © 1981, 1998 by The Lockman Foundation, biblehub.com: bachar H977

KAPITEL 6

Strong's Exhaustive Concordance Biblehub.com: chabah H2247, chabab H2245, chaba H2244

1 Brown-Driver-Briggs Hebrew and English Lexicon, Unabridged, Electronic Database. Copyright © 2002, 2003, 2006 by Biblesoft, Inc. Biblehub.com: chabab H2245, chabah H2247

2 Chumney, Eddie. Sources for the Jewish Wedding Ceremony. 04 02, 2008. http://thebodyofmessiah.com/fm/weddingsources.htm (abgerufen am 22.07.2014)

Kidner, Derek. Psalm 1–72 An Introduction & Commentary. Downers Grove, IL: Inter-Varsity Press, 1973

Strong's Concordance and Strong's Exhaustive Concordance, Biblehub.com: nephesh H5315, merkabah H4818, merkab H4817, rakab H7392, Rekeb H7393, sum or sim H7760

NAS Exhaustive Concordance of the Bible with Hebrew-Aramaic and Greek Dictionaries Copyright © 1981, 1998 by The Lockman Foundation, Biblehub.com: sum or sim

Strong's Concordance and Strong's Exhaustive Concordance, Biblehub.com: nadib H5081; ammi H5971, nadab H5068, shub H7725, Mahanaim H4266, Mecholah H4246, Machaneh H4264, chanah H2583, zoth H2063, zeh H2089, nedabah H5071, nadab H5068

3 Dr. Chuck Missler, "The Harpazo" (2003)

KAPITEL 7

Strong's Concordance and Strong's Exhaustive Concordance, Biblehub.com: ayom H366, dagal H1713, Ayin H5869

KAPITEL 8

Strong's Concordance and Strong's Exhaustive Concordance, Biblehub.com: Baal Hamon H1174

1 The Jewish Heart The Secret of Elul By Sara Esther Crispe, https:// www.chabad.org/theJewishWoman/article_cdo/aid/424441/jewish/ The-Jewish-Heart.htm – abgerufen am 23.10.2018

2 Jonathan Cahn Offers Biblical Insight on Elul 29—The Day of Nullification https://www.charismanews.com/world/50468-jonathan-cahn-offers-biblical-insight-on-elul-29-the-day-of-nullification – abgerufen am 23.10.2018

3 Beyond the Shemitah with Rabbi Jonathan Cahn March 3, 2016 http://www.daystar.com/news-updates/general-updates/beyond-the- shemitah-with-rabbi-jonathan-cahn/ – abgerufen am 23.10.2018

Jeremiah Johnson

Die Kraft der Hingabe

Eine prophetische Botschaft an die Braut Christi

Gott möchte Wunder und große Taten durch ein **Ihm abgesondertes Volk** wirken. Die Frage ist, haben wir unser Leben dem Herrn und Seinen Absichten *völlig* übergeben? Nur eine prophetische Sicht auf das baldige Kommen Jesu bringt dieses Maß der Übereignung hervor.

In unserem Leben ändert sich alles, sobald wir uns nicht nur mit christlichen Verhaltensweisen beschäftigen, sondern als Jesu Braut verstehen und die Rückkehr des Bräutigams eifrig erwarten.

EUR 12,80
Paperback, 128 Seiten
ISBN 978-3-96588-042-9

king2come

Starenweg 14, 32699 Extertal
Fon (05262) 99 51 309
info@king2come.de **www.king2come.de**